作者简介

王德胜，男，1964年12月出生，山东安丘人。1987年7月毕业于山东大学，获哲学学士学位；2002年获管理学硕士学位；2006年起攻读天津大学管理学院博士学位。现任山东大学管理学院党委副书记、副教授、硕士生导师。一直从事市场营销、消费者行为、企业文化与管理伦理等领域的教学与研究工作。作为课题负责人，主持教育部人文社科基金项目《中国企业危机预警管理研究》，山东省软科学项目《和谐视角下的企业社会责任研究》等省部级科研项目和行业、企业委托的横向课题10余项。出版过《新编消费者心理学》、《收入与分配的心理调适》等教材和著作；先后在《山东大学学报》、《华东经济管理》、《国际经贸探索》、《东岳论丛》等CSSCI期刊上发表学术论文10余篇。

作者简介

余大胜，男，1973年11月出生，河南固始人。1994年毕业于郑州轻工业学院财务管理专业；2006年获山东大学工商管理硕士学位。现任天津国正投资咨询服务有限公司常务副总经理、天津金融创新工作组成员。先后从事管理咨询、信用评级、财务顾问等工作，在国内各类报纸杂志发表数十篇企业管理相关文章。

现代企业管理创新丛书

XIANDAI QIYE GUANLICHUANGXINCONGSHU

基于成长视角的中小企业评价研究

——五维度分层评价体系的构建

王德胜　余大胜　著

经济科学出版社

责任编辑：吕　萍　田　媛
责任校对：杨　海
版式设计：代小卫
技术编辑：邱　天

图书在版编目（CIP）数据

基于成长视角的中小企业评价研究：五维度分层评价体系的构建／王德胜，余大胜著．—北京：经济科学出版社，2008．12
（现代企业管理创新丛书）
ISBN 978－7－5058－6079－7

Ⅰ．基…　Ⅱ．①王…②余…　Ⅲ．中小企业－经济评价－研究　Ⅳ．F276．3

中国版本图书馆 CIP 数据核字（2008）第 191296 号

基于成长视角的中小企业评价研究
——五维度分层评价体系的构建
王德胜　余大胜　著
经济科学出版社出版、发行　新华书店经销
社址：北京市海淀区阜成路甲 28 号　邮编：100142
总编室电话：88191217　发行部电话：88191540
网址：www．esp．com．cn
电子邮件：esp@ esp．com．cn
北京汉德鼎印刷厂印刷
永胜装订厂装订
787×1092　16 开　19．75 印张　300000 字
2008 年 12 月第 1 版　2008 年 12 月第 1 次印刷
印数：0001—4000 册
ISBN 978－7－5058－6079－7/F·5340　定价：32．00 元
（图书出现印装问题，本社负责调换）

《现代企业管理创新丛书》
编　委　会

总　序

人类社会进入20世纪末，特别是进入21世纪以来，企业经营环境发生了根本性的变化，一是以知识经济为主体的新经济特征逐步形成；二是经济全球化趋势日益显现；三是信息技术飞速发展，基于互联网技术的网络经济方兴未艾。因此，企业要在复杂多变的环境中生存与发展就必须不断进行技术、制度与管理的变革与创新。管理理论产生于管理实践，管理实践呼唤管理理论的创新。为了分析、探讨和解决企业管理实践中出现的新情况和新问题，现代管理思想、管理理论、管理方法和管理手段不断涌现与演进。近半个世纪以来，中国经济高速发展，经济规模迅速扩大，企业竞争力有了提高，同时，面临的机遇与挑战不断增多。为应对日益严峻的国际竞争的挑战，中国企业急需加强创新能力。为此，除了需要研究总结我国企业管理的成功经验外，还必须学习、引进、吸收、消化世界先进企业的经验与知识。为了从不同视角反映现代企业管理最新研究成果，我们组编了这套《现代企业管理创新丛书》。

在浩如烟海的管理知识海洋中，这套丛书不过是我们注入的点滴浪花。我们难以企求丛书全方位展示管理学发展的趋势，也难以使选辑的作品都是“高、精、尖”的顶峰之作。我们力求为构筑中国管理学发展的巨大工程增砖添瓦。我们追求的目标有三：一是着力推出学术功力深厚、思想新颖独到的专著问世；二是反映管理学领域前沿学科、边缘学科和综合学科研究的新成就、新成果；三是借鉴国外企业管理研究的前沿理论，密切联系中国管理实践的发展，提出供管理学界同行关注并共同探讨的新课题。

这套丛书还是山东大学“985”二期工程人文社科重点研究基地“现代企业管理创新丛书”项目标志性成果之一。经过充分论证，山东大学管理学院承担了“985”工程二期重点建设项目。面对新形势与环境要求，确定了以现代企业管理创新为研究重点，力求在企业制度创新、企业组织管理创新、企业人力资源管理创新、企业品牌管理与营销创新、企业金融与财务管理创新、企业技术创新等领域取得突破性进展。《现代企业管理创新丛书》作为山东大学“985”二期工程规划项目，将陆续出版原创性企业管理创新成果，并介绍国外的优秀成果。以期对中国企业管理理论与实践做出应有的贡献。

当我们推出这套丛书的时候，有点惶恐不安。我们深知丛书选题存在许多不足之处，作品理论水平也参差不齐。但我们也深知，理论创新是永无止境的，我们希望广大管理界同仁对这套丛书提出批评、建议与忠告，并参与这套丛书的编写，把你们的宝贵成果提供丛书出版。我们的目的是一致的，那就是推动中国管理理论的繁荣和管理理论指导下的中国企业的可持续性发展！

我们和国内管理学家们一起展望中国管理学发展和企业腾飞的未来！

李京文

2006 年 1 月

目　录

理 论 篇

应 用 篇

政 策 篇

第1章 导言

§1.1 研究背景与视角

中小企业是国民经济的重要组成部分。我国的中小企业绝大部分属于非公有制经济。改革开放30年以来特别是近年来，我国中小企业和非公有制经济的发展环境进一步改善，促进中小企业和非公有制经济发展的政策体系日趋完善，中小企业和非公有制经济继续保持快速健康发展，已经成为促进社会生产力发展的重要推动力量和社会主义市场经济的重要组成部分。2006年，我国各地中小企业达4 200万户，创造的最终产品和服务价值占到国内生产总值的60%，提供了75%以上的城镇就业岗位，商品出口占全国的68%，上缴的工商税收占到全国的53%，完成了全国65%的发明专利和80%以上的新产品开发。原国家发展和改革委员会中小企业司①发布的《中国中小企业发展报告（2007）》中以大量翔实的数据指出：中国中小企业和非公有制经济在国民经济和社会发展中发挥着重要作用。主要体现在以下几个方面：一是中小企业和非公有制经济已经成为数量最多、比例最高的企业群体；二是中小企业和非公有制经济已经成为国

① 根据《国务院办公厅印发工业和信息化部主要职责内设机构和人员编制规定的通知》要求，中小企业司从国家发展和改革委员会划至工业和信息化部。

民经济持续增长的主要推动力；三是中小企业和非公有制经济已经成为扩大就业的主渠道；四是中小企业和非公有制经济已经成为对外开放的生力军；五是中小企业和非公有制经济成为推动县域经济发展和加快农村城镇化进程的重要力量；六是中小企业和非公有制经济自主创新能力明显增强，已经成为高新技术产业中最活跃的新生力量；七是中小企业和非公有制经济的发展有力地促进了产业结构调整和优化；八是中小企业和非公有制经济发展已经成为完善社会主义基本经济制度的重要推动力量。

我国的中小企业在改革开放不断深化的背景下获得了迅速的发展，但在其成长过程中仍然面临一些问题和矛盾。主要表现在以下两个层面：一是从外部环境看，存在着创业门槛高、市场准入和退出机制不健全、资金融通难、区域发展不平衡、服务体系不健全、社会化服务滞后等发展环境问题。二是从企业自身看，则存在着增长方式粗放、结构不合理、战略不清晰、创新能力弱、管理水平低等自身素质问题。这些问题的存在制约了中小企业的发展，最突出地表现为中小企业的成长性不强。2008 年以来，随着全球金融危机和宏观经济形势的变化，上述问题和矛盾更加凸显出来。

1973 年，德国经济学家 E. F. 舒马赫在他的著作《小的就是美的》一书中，第一次提出中小企业是最具有经济活力的一部分，对于提高经济发展水平，激活创新潜力，推动科技进步和促进劳动力就业等方面有着不可替代的作用。由于在市场经济的条件下，中小企业作为市场经济活动的一个活跃的微观经济主体群，在社会财富的创造、积累和增值活动中发挥着不可替代的作用，因此，其成长性问题便引起了越来越多的关注和研究。

在这样的背景下，研究和开发适合于揭示中小企业成长规律的评价模式和技术，客观、公允地反映中小企业的成长状况，就具有十分重要的理论意义和现实意义。具体表现在：第一，通过对中小企业的成长性评价研究，有利于各级政府贯彻实施“扶优限劣”、“分类指导”政策措施的实施，集中有限资源重点扶持具有发展潜力的企业，进而带动中小企业的整体发展。第二，通过进一步探究中小企业的成长机理，引导企业走内涵式成长的道路，进一步提高中小企业的经济效益水平，实现又好又快的发展。第三，通过对中小企业的综合评价，为改善企业的成长环境提供必要的数据支持，在投资界与企业界搭建投资与合作的桥梁，对推动国民经济的持续增长打下良好的基础。

§1.2 研究思路与方法

1.2.1 研究思路

本书通过探寻国内外企业成长及评价方面的最新研究成果和理论方法，在此基础上形成对中小企业成长评价全面、准确的认识，继而结合中小企业成长和发展的内在机理，构建符合企业实际的成长评价方法框架。并以新框架为指导，对中小企业成长评价方法进行深入的实证研究，最终构建适合中国中小企业现状的成长评价方法。

1.2.2 研究方法

1. 文献借鉴与分析。通过对文献资料的综述，梳理国内外有关企业成长评价特别是中小企业成长评价的理论成果，形成对中小企业成长评价的含义、模式和特征的认识。结合相关的理论成果，研究并建立科学的中小企业成长评价（定量部分）的方法和评价指标体系。

2. 问卷调查与访谈。根据指标体系的分项，设计问卷，结合访谈国内企业成长研究方面的专家，获取各项指标的权数设计值。

3. 数据模型与实证。根据各项指标的含义及特征，设计各项指标值的计算公式及需要采集的数据，通过建立健全企业评价相关数据库，设计不同的数据应用模型，实现对数据的有效利用，以强化分析的有效性、针对性和广泛性。

§1.3 研究的结构与创新

1.3.1 研究结构

除了第 1 章导言之外，本书共分四个部分（见图 1－1）。

第一部分是对相关基础理论和研究动态的综述，分三个章节。

第 2 章　中小企业及成长评价概述：本章主要介绍了国内外关于中小企业的界定方法和标准，以及中小企业成长及评价含义。

第 3 章　企业成长研究综述：本章在对国内外企业成长理论研究情况回顾的基础上，系统地介绍了国内外关于企业成长评价的起源、早期研究、最新视界及我国企业成长理论的研究现状。

第 4 章　我国企业成长评价相关研究：主要介绍了企业评价的相关研究和应用，阐述了企业评价的大致体系及企业评价的主要实践方面，着重介绍了以企业绩效评价和综合评价为代表的状态评价，以企业活力、竞争力、发展力为代表的企业能力评价研究，以及企业成长评价的相关研究。这些研究对本书的研究有重要启发和参考。

第二部分　主要介绍本书中小企业成长评价的相关思想，分三个章节。

第 5 章　中小企业成长评价的需求分析：主要从中小企业成长的障碍、成长的需求等方面分析中小企业分层评价研究的必要性和可行性。

第 6 章　中小企业成长的五维度分析：本章以中小企业成长战略选择影响因素、中小企业成长的复杂性和非对称性及企业成长理论资源观和能力观的融合为前提，分析了构成企业成长力的五个维度，即：企业资源、企业能力、企业成长方式、企业成长阶段和企业成长边界。

第 7 章　中小企业成长的五维度分层评价体系构建：提出本书主张的企业成长分层评价设计，创造性地提出本书主张的企业成长评价方法主要适用于中小型企业，并初步构建起适应中国中小企业现状的评价层次及要素的理论框架。

第三部分　主要介绍评价系统的设计及模拟应用，分三个章节。

第 8 章　中小企业成长评价指标体系的设计：主要介绍评价指标体系

的设计及各个指标的含义、计算方法、数据来源、数据采集方法及采集途径。

第9章 中小企业成长评价系统的设计技术：主要介绍指标综合权数的设计原则、方法及其分配，指标评分标准的设计及应用分析。

第10章 成长性评价系统软件化及应用模拟：本章介绍了初步设计的一个企业成长性评价程序，用我国上市公司及中小板上市公司的财务数据进行了模拟应用，进一步解释了本评价系统评价企业的作业过程，同时也进一步验证了本系统的使用范围。

第四部分主要介绍国内外关于促进中小企业成长的政策，分为两个章节。

第11章 国外促进中小企业成长的政策，主要介绍了美国、欧盟、日本、韩国促进中小企业成长的政策体系。

第12章 主要介绍我国促进中小企业成长的政策体系及未来的政策取向。

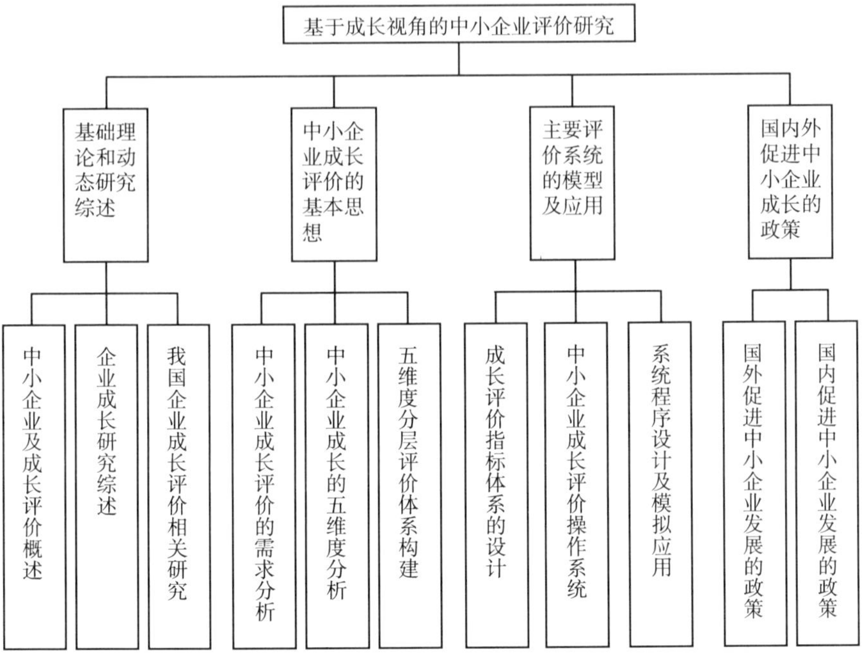

图1-1 中小企业评价研究内容结构图

1.3.2 主要创新

中小企业在世界各国的企业中都占有数量上的绝对多数，但是，优势企业毕竟只是一小部分，如何判定中小企业的优劣，至今在国际上亦不过是经验性和非规范化的。选择一种以企业财务实绩指标和反映企业经营管理实际水平的非定量化指标为直接依据，而非笼统判断或人为因素过多的综合评价判定方法，无疑是我国各级政府部门把握中小企业总体状况，制定系统和有针对性的发展政策，以及进行分类指导社会相关组织开展有效咨询服务的基本前提。

为了进一步研究和跟踪成长性企业并引导有关企业和部门的工作方向，有必要尽快建立一套科学、有效的企业成长评价指标体系，实现企业成长研究和实践的科学化、规范化、程序化和信息化。

本书提出的企业成长评价方法研究，在对象的选择上以中小企业为主，在研究内容上强调关注现在和未来，将企业的成长分为成长性（核心层）评价、成长力（表现层）评价和成长力（影响层）评价，在分析模式的设计上既可以对具体企业进行评价，也可以分行业、分地区进行评价，而且在指标设计上尽量反映企业需要的信息。三个层面的评价在操作上实现了定量分析和定性分析的分离，两个层面评价实现了独立操作，避免了分析过程中的相互影响。

本书着重从核心层和表现层两个层面，通过对企业原始数据的处理，实现对企业成长性和成长力的数值化评价，揭示企业成长的总体水平和成长力的匹配性，并进而通过对影响层的分析揭示企业在资源整合、战略设计、战术运用、执行能力等方面的缺陷，从而帮助企业进行成长规划。

§1.4 研究的理论价值与应用价值

1.4.1 理论价值

在纵览国内外有关企业成长理论、中小企业成长领域研究文献以及对中小企业板上市公司作全面考察的基础上，本书首次提出分层评价方法并建立评价指标体系，对我国中小企业成长性、成长力评价这一重要问题作全面、系统和深入的研究，并力图形成较为完整的理论框架和较为实用的方法体系。其理论价值主要体现在以下几个方面：

1. 对有关中小企业成长的相关理论和学派进行了系统性的回顾和总结

本书对有关中小企业成长的相关理论和学派进行了系统性的回顾，这些理论从不同的角度、不同的层面对企业成长进行了较为科学的研究。对这些理论进行系统的归纳与总结，并在此基础上作一些尝试性的企业成长评价研究，必将有助于后续的研究者在企业成长领域研究的深入和发展。

2. 对有关企业成长评价的理论及其研究现状进行了系统的分析与评价

通过已有的研究成果指出现在研究领域存在的一些问题，尝试提出解决这些问题的方法，并在此基础上确定本书的研究方向——中小企业成长评价方法研究。

3. 中小企业成长评价指标体系的重塑以及分层评价法的提出与构建

现有的理论框架虽然具有相当高的理论价值与现实意义，可几乎所有的研究只是停留在对社会角度的中小企业群体的研究，对中小企业个体的评价研究不够，更谈不上系统，缺乏足够的理论分析和方法探讨。鉴于这样的研究现状，本书通过对企业成长评价指标的分层，实现对企业评价逐步深入和实用的渐进过程。本书认为中小企业成长的核心特征应该表现在营利性、稳健性和加速性三个方面，通过对这三个方面的评价可以从总体上评价一个企业的成长状态；而决定企业成长状态的是企业成长力。鉴于企业成长力构成的复杂性，本书将企业成长力分为两个层面，一是表现层，即能够通过定量指标显示的方面，分运营力、保障力、抗险力、推动力和提升力五个方面；二是影响层，即只能通过访谈、观察等方法定性分析的方面，这些方面影响了企业成长力的表现。

4. 对中国中小板企业成长性评价进行了专题案例研究

为了获得比较权威、比较全面、比较客观的第一手资料，我们专门建立了一个庞大的数据库，将我国上市公司2004年、2005年、2006年和2007年四年的财务数据根据需要全部录入，并通过评价模型对这些数据进行分析研究，从而把整个课题的研究建立在一个真实、客观的基础上，使得对国内中小企业成长评价方法的研究更贴近实际，更具针对性。

1.4.2 应用价值

研究企业成长评价方法，着重研究中小企业成长评价方法，就是要确立一种科学、规范的综合评价方法，整体把握我国中小企业发展的总体状况和未来发展趋势。这不仅有助于理论界深入研究我国中小企业的成长机理，保障我国中小企业的健康发展；而且有助于各级政府职能部门把握中小企业的总体状况，制定系统的和有针对性的政策措施，促进我国中小企业的进一步发展；同时，也有助于社会各种服务机构为中小企业组织开展有效的社会咨询服务。

1. 各级政府职能部门可以据此对中小企业的发展状况作出整体判断，制定有针对性的促进中小企业发展的方针、政策和措施，进一步贯彻落实中小企业“分类指导”原则，集中力量扶持并抓好一批优势企业，促进中小企业整体的健康发展。

2. 企业可以据此全面了解行业内其他中小企业发展的基本状况，判断本企业在行业或全产业中的业绩水平；同时，依据评价结果能够进一步分析企业的成长源和潜力点，有助于企业明确强化管理、提高经济效益和成长速度的基本方向。

3. 有助于社会研究机构开展更加深入的实证分析和理论研究。在我国，对中小企业发展问题的研究仍属起步阶段，各种可供研究的数据、资料还十分匮乏。开展成长型中小企业的评价工作，可以为社会各界提供大量的实证分析和数据支持，有利于深化我国中小企业的研究。

4. 由于本系统指标的设计和统计方法更多地关注到了企业的具体需要，因而对企业的价值更大，可以直接为企业的科学决策提供支持系统。分层评价的思想也非常具有现实意义，比如本项研究曾在山东省中小企业成长计划中进行过应用研究。其中企业成长性评价结合少数几项定性分析就可以构成筛选入选的成长计划标准体系，以成长力定量部分为主体的分析可以构成对入选企业进行跟踪观察的评价体系，以成长力定性部分为主体的评价可以实现对企业的个性化分析。结合前两项评价，从而形成对具体企业非常有参考价值的综合咨询报告，从战略、管理、营销、融资等方面为企业提供咨询意见。而上述工作如果以年度进行则可以实现对企业连续、具体、有效的指导，有着极强的实用性。

此外，对金融机构来说，可以将成长型中小企业的评价结果作为参考依据，决定自己信贷的规模、结构或具体领域；对于社会中介、咨询等社会服务机构而言，可以据此围绕成长型中小企业开展全社会范围的有效的中介、咨询服务，直接或间接地帮助中小企业快速发展；对于各类债权和股权投资机构来说，则可以参照评价结果做出个人消费或投资流向的具体决策。

基础篇

企业的成长与评价一直以来都是理论界和实践界关心、关注的焦点。任何一项研究的基础都在于对基本概念和原理的清晰界定。因此，研究中小企业的成长及评价，首先需要对中小企业、中小企业成长、中小企业成长评价进行界定；其次通过国内外学者对企业成长研究的理论演绎，探究企业成长的一般规律。在此前提下，分析评价目前国内外关于中小企业成长评价的方法，以此奠定本书研究的理论和逻辑起点。

第 2 章

中小企业及成长评价概述

中小企业是一个相对概念，关于中小企业的界定，不同的国家和地区因经济发展的差异而有所不同。我国对中小企业的界定也随着不同时期国家经济的发展而有所变化。同样，对中小企业的成长评价也是因人而异，综合学者们的研究，我们提出了自己对企业成长及评价的界定。

§2.1 中小企业的界定

合理界定中小企业，是研究中小企业成长及评价的基础性理论问题。本书借鉴学者们的研究成果，在对全球 44 个国家和地区从定性和定量两种方法对中小企业界定标准进行比较与评价的基础上，对主要发达国家或地区如美国、日本、欧盟、中国台湾地区的中小企业最新界定标准和演变轨迹、法律依据、形成原因进行专题剖析，并结合我国对中小企业多次界定标准的系统总结基础上，提出进一步界定中国中小企业的对策建议。

综观世界各国和地区对中小企业的界定标准发展，中小企业概念既非统一也非一成不变。这主要是基于以下三个原因：第一，不同国家和地区的经济发展水平不同，企业所处的经济发展环境也有差异；第二，即使在同一个国家和地区，企业的界定标准也会因经济发展状况的变化而相应变化；第三，企业本身的发展是动态的、复杂的，很难找到一个统一的标准将企业的各个方面情况都包容进来。因此，各国和地区都根据具体情况，制定了中小企业的标准。

中小企业是一个相对的概念，它指的是与本行业大企业相比生产规模较小的企业。从世界各国的实践看，虽然界定的标准各不相同，但一般都是从质和量两个方面进行界定。质的指标主要有企业的组织形式、企业在行业中的地位以及企业的市场定位等。量的指标主要有资本规模、销售额、从业人数等。用质的标准界定，能够比较准确地反映中小企业的本质特征，但在实际应用上困难较多，一般用于学术研究，实践中较少采用。定量的标准界定，具有直观性，易于把握和理解，在实际中运用广泛。

2.1.1 世界各国（地区）对中小企业的一般界定与评价

1. 世界各国（地区）对中小企业的界定

一般而言，世界各国（地区）对中小企业的界定有定量（quantitative）和定性（qualitative）两种界定方法，前者主要包括从雇员人数、资产（资本）额以及营业额三个方面进行界定。详见表 2－1 和表 2－2。

表 2－1　部分国家（地区）从定量角度对中小企业界定状况一览

国家或地区	定量界定		
	雇员人数（人）	资产（或资本）额	营业额（年）
墨西哥	制造业：[16，250]		[30 万，70 万美元]
巴西	[5，250]		
智利	[0，200]	资产额（0，100 万美元）	
阿根廷	工业：[11，250] 贸易：[6，200] 服务业：[6，200]		[50 万，2 000 万比索] [60 万，1 850 万比索] [20 万，300 万比索]
委内瑞拉	[6，100]		
哥伦比亚	[5，100]		
欧盟	[10，500] 或 [1，250]		
法国	[10，500]		
意大利	[10，500]	资本额 [0，15 亿里拉]	
奥地利	[0，500]		

续表

国家或地区	定量界定		
	雇员人数（人）	资产（或资本）额	营业额（年）
荷兰	[0，250]	资产额（0，2 400 万荷兰盾）	[0，480 万荷兰盾]
比利时	[0，50]		（0，2.3 亿比利时法郎）
爱尔兰	制造业：[1，500]		
瑞士	[0，500]		
西班牙	[0，500]		
葡萄牙	[5，550]		（0，25 万康托）
希腊	[10，100]		
丹麦	[50，100]		
挪威	[0，100]		
瑞典	[0，200]		
芬兰	[0，500]		
保加利亚	[10，100]	固定资产（0，140 万美元）	（0，170 万美元）
土耳其	小工业：[0，10]		
日本	制造、采矿、运输、建筑业：[0，300） 批发业：[0，100] 零售、服务业：[0，50）	资本额（0，1 亿日元） 资本额（0，3 000 万日元） 资本额（0，1 000 万日元）	
韩国	制造、采矿、运输业：[0，300） 建筑业：[0，200） 批发业：[0，50] 商业及其他服务业：[0，20]	资产额（0，5 亿韩元） 资产额（0，5 亿韩元） 资产额（0，2 亿韩元） 资产额（0，500 万韩元）	
新加坡	[0，100）	固定资产净值（0，1 200 万新元）	
中国台湾地区	制造采掘业：[0，300] 农业、金融、保险及服务业：[0，100）	实收资本（0，1 亿新台币）	（0，1.5 亿新台币）
中国香港特别行政区	制造业：[0，100] 其他行业：[0，50]		
泰国	[0，200]	投入资金（0，1 亿铢）	
马来西亚	制造业：[0，250）	股金（0，250 万马元）	
菲律宾	[10，200）	资产额（100 万，4 000 万比索）	
文莱	[10，100]		

续表

国家或地区	定量界定		
	雇员人数（人）	资产（或资本）额	营业额（年）
印度		小企业设备投资（0，200 万卢比）	
尼泊尔	使用动力：[0，10] 无动力：[0，25]		
巴基斯坦		设备投资（0，75 万卢比）	
孟加拉国		设备投资（0，300 万塔卡）	
斯里兰卡		设备投资（0，100 万卢比）	
澳大利亚	[0，500]		

表 2－2　　部分国家（地区）定量定性结合对中小企业界定状况一览

国家或地区	定量界定		定性界定
	雇员人数（人）	营业额（年）	
美国	[0，500]	(0，1 亿美元)	①独立所有；②自主经营；③在同行业中不占垄断地位
加拿大	[0，500]	(0，2 000 万加元)	①独立所有；②无大公司管理结构特征；③在其经营领域不占垄断地位
德国	[0，500]	(0，1 亿马克)	①独立所有；②所有权和经营权统一；③对企业进行个人或家族式管理；④非其他企业的下属单位；⑤不能从资本市场直接融资；⑥经营者自担风险
英国	制造业：[0，200] 建筑、采矿业：[1，25]	零售业（0，45 万英镑）	①市场份额较小；②所有者依据个人判断进行经营；③所有者（经营者）独立于外部进行支配
以色列	小企业：[0，50]		业主亲自执行大部分或全部管理职能
印度尼西亚	小企业：[0，100]	(0，20 亿卢比)	①利用家庭劳动力；②分工程度低；③劳动成本低；④采用简易的资本手段；⑤利用当地金融资本；⑥生产场所紧靠住宅

注：①根据陈乃醒：《中小企业经营与发展》，经济管理出版社 1999 年版；以及邓荣霖：《中小企业制度与市场经济》，中国人民大学出版社 1999 年版。

②对中小企业的定量界定采用区间法表示，闭区间符号表示含端点值，开区间符号表示不含端点值。

③一些国家（地区）雇员人数界定区间的左端点值为零，表示该国家（地区）的中小企业含“自我雇用”的零雇佣企业；左端点值不为零，表示将“自我雇用”排除在中小企业范畴之外。

2. 对中小企业定量界定的评价

分析表 2－1 和表 2－2，就中小企业的定量界定可以得出以下三个主要结论：

（1）从定量角度界定中小企业是各个国家（地区）的普遍做法。在统计的44个样本中，采用定量界定的为100%。这是因为定量标准简便直观，便于进行统计和比较，为保持和扶持中小企业明确了对象。

（2）中小企业定量界定标准具有相对性。首先，具有空间相对性。表现在三个方面：①不同国家（地区），偏爱的定量标准可能不同。例如，巴西采用雇员人数标准，斯里兰卡则采用设备投资标准。而且，有的采用单一标准（24个，占样本总数的45.45%），有的采用复合标准（25个，占样本总数的54.55%）。在复合标准的掌握上亦有区别，有的要求同时符合两个或三个标准，有的只要求符合其中的一个标准，这是因为不同国家（地区）的政治、经济、文化等具体情况不同。②不同国家（地区）的同一标准，具体取值区间可能不同。例如，雇员人数标准，澳大利亚的取值区间为［0，500），巴西为［5，250），挪威则为［0，100）。这时因为在不同国家（地区），经济规模不同，劳动力、资本的丰缺情况各异。③在不同行业，标准或取值区间可能不同。例如，英国的制造业、建筑和采矿业采用雇员人数标准，而零售业则采用营业额标准；同为雇员人数标准，就取值区间而言，制造业为［0，200），建筑和采矿业为［1，25）。这是因为不同行业的技术特征不同，要素构成各异。其次，具有时间的相对性。即使是同一国家（地区），同一行业，采用同一标准，在不同的经济发展阶段，取值区间也可能发生变化。例如，美国于20世纪50年代将制造业中的250人以下的企业界定为中小企业，现在则将上限提高到500人。这时因为随着时间的推移，行业整体规模和结构也会发展变化。最后，从本质上看，中小企业定量标准的相对性源于中小企业本身的相对性。因为所谓中小企业，指的就是相对于同行业中大型企业而言规模较小的企业。而且，中小企业会成长为大企业，大企业亦有可能衰退甚至故意分解为中小企业（如20世纪90年代西方许多大企业实行“瘦身计划”）。

（3）定量界定又可分为两类：按生产要素界定和按经营水平界定。前者又可细分为按雇员人数这一人的要素和按资产（资本）额这一物的要素界定，后者则指按营业额界定。

以上是从总体上对中小企业定量界定的评价，下面还可根据企业雇员人数、资产（资本）额和营业额三个不同标准进行分类评估。

第一，雇员人数标准。该标准是从企业雇佣人数多少这一人的要素的角度来反映企业规模的大小，往往为劳动部门所偏好。首先，这是绝大多数国家都采用的标准。在44个样本中，除了印度、孟加拉国、巴基斯坦和斯里兰卡四个南亚国家外，其余40个国家（地区）均使用了这一标准，占样本总数的90.91%。即使采用复合标准的，也以该标准为首选。这是因为与其他数量标准相比，雇员人数标准最简单明晰，并且许多国家希望通过发展中小企业解决就业问题。其次，这里的雇员是指企业工资劳动者或全职劳动者（周工作时间35小时以上，季节性劳动者需按劳动时间进行折算），不包括企业所有者及其在企业中工作的家人。最后，雇员人数标准取值区间左端点值为零的国家（地区），表示将“自我雇用”（亦即零雇员企业，只有业主及其家庭劳动者在企业中工作）视为中小企业，这样的样本有25个，在41个采用雇员人数标准的样本中占60.98%；其余的16个国家，相应的左端点值不为零，将“自我雇用”排除在中小企业的范畴之外，占39.02%。

第二，资产（资本）额标准。该标准是以价值或实物形态，从企业资产（资本）这一物的要素的角度反映企业规模的大小，往往为金融部门所偏好。首先，采用这一标准的是部分国家（地区），在44个样本中，有15个采用该标准，占样本总数的34.09%。这是因为与雇员人数标准相比，该标准在计量上存在困难：①中小企业尤其是家族式中小企业，企业资产与家庭资产难以区分。②在无形资产进入总资产或存在技术入股的情况下，评估的技术可操作性差。③在信息不对称条件下，一些业主为了使自己的企业加入中小企业行列，获得优惠条件，可能隐瞒其资产（资本）量，而事实上这些企业按标准不属于中小企业之列。但随着经济制度的完善、资本（资产）评估技术的进步和人们道德水准的提高，在企业资本运营日渐重要的情况下，这一标准将有广阔的应用前景。其次，从地域分布来看，在应用该标准的15个样本中，有11个在亚洲，占73.33%。最后，该标准有助于中小企业进行兼并、收购、出售等资本运营，可以优化资本（资产）配置效率，从而推动宏观经济的增长。

第三，营业额标准。该标准是从企业经营水平角度反映一个企业规模的大小，往往为财税部门所偏好。首先，采用该标准的亦是部分国家（地区），在44个样本中，有12个采用该标准，占样本总数的27.27%。这主要是因为：①企业的营业额是一个极易波动的量，受通货膨胀、销售淡旺季、商业信用水平高低甚至国际汇率等诸多因素的影响。②与资产（资本）额相比，营业额更难以计量，可比性更低，也更缺乏可信性。在市场稳定和会计、统计、税收制度较完善的国家（如美国），在操作上相对容易一些，对于相应制度不太健全的发展中国家则存在一定难度。其次，从地域分布上看，在应用该标准的12个样本中，有10个在欧洲或美洲，占83.33%。最后，税收是国家有效实施宏观调控的物质保证，而营业额则是财税部门对企业征税时确定税率和决定是否实行税收优惠减免的重要参考依据，所以，随着各种制度的完善，该标准的应用范围将会逐渐扩大。

此外，需要说明的是，以上的定量界定可称之为绝对定量界定（用的是绝对数指标），还有个别国家采用了另外一种定量界定——相对定量界定（用的是相对数指标）。后者一般以行业中的相对份额为标准，比如不论行业中企业实际规模的大小，仅确定一个企业数目百分比，在此百分比之内的较小企业界定为中小企业。如美国曾规定：每个行业中占90%数目的较小规模企业为中小企业，这类标准更适合于行业内的分类管理，以保护业内竞争。

3. 对中小企业定性界定的评价

定性界定标准亦称质量界定标准或地位界定标准，在44个样本中，采用这一标准的是美国、加拿大、德国、英国、以色列和印度尼西亚六国，占样本总数的13.64%，且大多为欧美国家。

分析发现，活动范围有限、所有权集中、独立决策、自主经营和业主直接管理几乎涵盖了所有定性标准，但最核心的只有三点：独立所有、自主经营和较小的市场份额，这也正是定性界定标准的本质特征。“独立所有”是多数定量定义的必要条件，但各国间亦有细微差别。例如，美国、德国都强调独立所有，但美国认为只要业主持有50%以上股权，就可“看作”独立所有，而不管企业是否上市；德国则认为上市企业不是独立所有，不属于中小企业。“自主经营”是指业主本人控制自己的企业，但各国把握此标准方法不一。例如，英国强调所有者（经营者）必须不受外部支配，以色列则强调业主要亲自承担全部或大部分管理职能。“较小市场份额”的表达有直接和间接两种方式。例如，加拿大直接规定为“在其经营领域不占垄断地位”，意在防止垄断、鼓励竞争；德国则通过“不能以资本市场融资”和“对企业进行个人或家族管理”两个条件做了间接表达，因为这两个条件必然有碍于企业的扩张和市场份额的扩大。由以上分析亦可看出，即使是定性标准，亦存在一定的相对性。

定性标准的优点是显而易见的。一是与定量标准相比，该标准反映了企业内部具有生命力的特征，更具稳定性，有助于从长远角度把握中小企业这一范畴。二是就本质而言，中小企业备受关注，主要是由于其在竞争中先天的弱势地位，政府扶持中小企业正是为了弥补市场缺陷，保护公平竞争，以促进效率的提高。定性标准以是否在行业中占垄断地位作为一条分界线，为政府政策提供了决策论据。三是定性标准与定量标准相结合，可使政府政策具有灵活性。例如，1996 年，为了使美国汽车公司（American Motors）获得一些只允许中小企业才有投标资格的项目，美国小企业管理局（SBA）以该公司在行业中不占垄断地位这一定性标准为由，将之划为中小企业，而当时该公司有雇员 32 000 名，年营业额高达 9.91 亿美元。

当然，定性界定也存在问题。例如，怎样看待中小企业与其他企业之间的关系？随着生产的社会化，企业间各种形式的联合日渐普遍，而联合之后，中小企业的地位也可能随之改变。对这种情况，美国的处理相当严格，只要中小企业联合后总规模超过原定界限，则丧失原来的中小企业地位及相应的优惠待遇。韩国的做法则相反，中小企业联合后若干年内仍属中小企业，而不论规模大小，其目的在于鼓励各种形式的联合。此外，创新也是中小企业的重要特征之一，虽然创新不只是中小企业的专利。因此，一些活跃在新兴产业、朝阳产业特别是还没有明确形成行业的企业大都是中小企业。或许正是出于这些原因，采用定性标准的国家，也同时全部兼用定量标准。

2.1.2 美、日、欧盟及中国台湾地区中小企业最新界定标准的比较

随着时代的变迁和各国经济的发展，不同国家根据本国国情对中小企业的界定标准进行了不同程度的调整，本书选取中小企业发展较好的美国、日本、欧盟以及中国台湾地区最新的中小企业界定标准进行比较，并详细分析其成因与启示。

美、日、欧盟和中国台湾地区中小企业最新界定标准的具体情况如表 2－3 所示。

表2-3　美、日、欧盟及中国台湾地区中小企业界定标准一览

国家或地区	最新中小企业界定标准
美国	雇工人数不超过500人
日本	制造业等：从业人员300人以下或资本额3亿日元以下 批发业：从业人员100人以下或资本额1亿日元以下 零售业：从业人员50人以下或资本额5 000万日元以下 服务业：从业人员100人以下或资本额5 000万日元以下
欧盟	雇员人数在250人以下并且年产值不超过4 000万埃居，或者资产年度负债总额不超过2 700万埃居，并且不被一个或几个大企业持有25%以上的股权。其中雇员少于50人，年产值不超过700万埃居，或者资产年度负债总额不超过500万埃居并且有独立法人地位的企业为小企业
中国台湾地区	制造业：经常雇员人数在200人以下或资本额在8 000万元新台币以下 矿业与土石开采业：经常雇员人数在200人以下或资本额在8 000万元新台币以下 服务业：经常雇员人数在50人以下或营业额在1亿元新台币以下

资料来源：根据《美国小企业法》（美国国会，2001版）、《日本中小企业白皮书》（日本中小企业厅，2000年版）、Activities in Favour of SMES and the Craft Sector（European Commision，1998）及《台湾中小企业成长》（于宗先、王金利著，台湾中国经济企业研究所，2000年版）等资料编制而成。

通过对表2-3中美国、日本、欧盟和中国台湾地区中小企业最新界定标准的比较，可以发现，他们当前采用的中小企业界定标准都有各自的特征，现分析如下：

美国当前中小企业界定标准最突出的特征是简单明了。目前在美国有关中小企业的定义中，一般使用一种比较简单的划分方法，即雇工人数不超过500人的企业为中小企业。这种简单明了的界定标准有利于在各个不同的部门形成统一认识，协调行动。但也有其缺点，它不能反映不同行业的不同特征，也限制了政府制定政策时的灵活空间。因此，实践中有些部门有可能采取相应的变通措施，如规定服务业中雇工人数不超过100人的企业为中小企业，以符合服务业的行业特征；有时采用“一个企业只要在其行业内不占统治地位就是中小企业”这样的定性界定标准，以增加政策的灵活性等。

日本当前的中小企业界定标准具有两个特征，即分行业制定界定标准和采用复合界定标准。不同的行业，资本有机构成不同，技术特征各异，中小企业界定标准对此应有所体现。日本对制造业、批发业、零售业和服务业分别制定了中小企业界定标准，如从业人员标准在以上行业中分别为300人以下、100人以下、50人以下和100人以下，这样就考虑了不同行

业的具体情况，较为合理。日本中小企业界定标准的另一个特征是采用了复合标准，即从业人员和资本额的复合，而且符合任意一个条件企业便可视为中小企业，这样就增加了政府制定政策时的伸缩余地和空间。日本这种中小企业的界定标准尽管不如美国的中小企业界定标准简单明了，但更能反映经济现实，又增加了政策的灵活性，因而应该是更为合理的做法。

欧盟当前的中小企业界定标准具有三个特征，即复合性、将小型企业界定标准单独列出和在一定程度上考虑了企业的法人地位。欧盟当前中小企业界定标准的复合性特征又不同于日本中小企业界定标准的相应特征。日本规定，凡符合从业人员条件或资本额条件之一的，便可界定为中小企业；欧盟则规定，凡符合“雇员人数 250 人以下并且产值不超过 4 000 万埃居”或“资产年度负债总额不超过 2 700 万埃居，并且不被一个或几个大企业持有 25% 以上股权”条件之一的为中小企业，同时每一条件其实又都是两个次级条件的复合，并且需同时具备两个次级条件。这样看来，欧盟对中小企业界定标准的复合性尽管增加了政策伸缩空间，但由于受同时具备两个次级条件的限制，其灵活性要小于日本企业的做法。欧盟当前中小企业界定标准的第二个特征是将小型企业界定标准单独列出，这样就可以制定专门针对小型企业的扶植政策，从而在一定程度上增加了政府政策的选择空间。欧盟当前中小企业界定标准的第三个特征是在一定程度上考虑了企业的法人地位，体现在“不被一个或几个大企业持有 25% 以上的股权”和“有独立法人地位”，这样就将一些大型企业（集团）的全资子公司、控股子公司和分公司排除在中小企业行业之外。

中国台湾地区当前的中小企业界定标准总体上与日本相应的界定标准特征接近，都具有分行业特征和复合性特征。中国台湾地区中小企业界定标准中对行业的划分与日本不同，日本采用的是“制造业等行业、批发业、零售业和服务业”的四分法，而中国台湾地区采用的是“制造业、矿业与土石开采业和服务业”的三分法，比较而言，日本的划分方法更为合理一些。就复合性而言，日本各行业的复合性标准都是从业人员和资本额的复合，中国台湾地区略有不同，制造业、矿业与土石开采业采用了经常雇员人数和资本额的复合，服务业则采用了经常雇员人数和营业额的复合。

总体而言，美国、日本、欧盟和中国台湾地区的最新中小企业界定标准各有特色，但也都有不足之处。通过比较可知，日本和中国台湾地区的做法更值得我们借鉴。

2.1.3 中国中小企业的界定与评价

1. 我国对中小企业界定的历史沿革

从新中国成立初期到现在，我国的中小企业标准经过六次大的调整，正在逐步完善。

1962年，改为按作业人员标准对企业规模进行划分：企业职工在3 000人以上的为大型企业，500～3 000人之间为中型企业，500人以下为小企业。1978年，原国家计委发布《关于基本建设项目的大中型企业划分标准的规定》，把划分企业规模的标准改为“年综合生产能力”。

1988年对1978年的标准进行了修改和补充，重新发布了《大中小型工业企业划分标准》，按不同行业的不同特点分别作了划分，将企业规模分为特大型、大型（分为大一、大二两类）、中型（分为中一、中二两类）和小型四类六档。当时，中小企业一般是指中二类和小型企业。具体为：凡产品比较单一的企业，如钢铁企业、炼油厂、手表厂、水泥厂等，以生产能力为标准划分；一些企业如发电厂、棉纺厂，习惯上以生产设备的数量为标准划分；对于产品和设备比较复杂的企业，以固定资产原值和数量为标准划分。

1992年又对1988年的划分标准作了补充，增加了对市政公用工业、轻工业、电子工业、医药工业和机械工业中的轿车制造企业的规模划分。1999年对原有标准再次修改，将销售收入和资产总额作为主要考察指标。分为特大型、大型、中型、小型四类，其中年销售收入和资产总额均在5亿元以下、5 000万元以上的为中型企业；年销售收入和资产总额均在5 000万元以下的为小型企业。参与划分的企业范围原则上包括所有行业各种形式的工业企业。

2003年2月，原国家经贸委、原国家发展和改革委员会、财政部、国家统计局共同研究制订的《中小企业标准暂行规定》正式发布实施。在该暂行规定中根据企业职工人数、销售额、资产总额等指标，结合行业特点制定了中小企业标准，见表2－4。

表 2－4　　不同行业企业标准划分

行业	工业企业			建筑企业			批发企业	
指标	从业数	销售额	资产总额	从业数	销售额	资产总额	从业数	销售额
单位	人	万元	万元	人	万元	万元	人	万元
大型	2 000 及以上	30 000 及以上	4 000 及以上	3 000 及以上	30 000 及以上	40 000 及以上	200 及以上	30 000 及以上
中型	300 ~ 2 000	3 000 ~ 30 000	4 000 ~ 40 000	600 ~ 3 000	3 000 ~ 30 000	4 000 ~ 40 000	100 ~ 200	3 000 ~ 30 000
小型	300 以下	3 000 以下	4 000 以下	600 以下	3 000 以下	4 000 以下	100 以下	3 000 以下

行业	零售业企业		交通运输业企业		邮政业企业		住宿和餐饮业企业	
指标	从业数	销售额	从业数	销售额	从业数	销售额	从业数	销售额
单位	人	万元	人	万元	人	万元	人	万元
大型	500 及以上	15 000 及以上	3 000 及以上	30 000 及以上	1 000 及以上	30 000 及以上	800 及以上	15 000 及以上
中型	100 ~ 500	1 000 ~ 15 000	500 ~ 3 000	3 000 ~ 30 000	400 ~ 1 000	3 000 ~ 30 000	400 ~ 800	3 000 ~ 15 000
小型	100 及以下	1 000 及以下	500 及以下	3 000 及以下	400 及以下	3 000 及以下	400 及以下	3 000 及以下

资料来源：林汉川：《中国中小企业创新与持续发展》，上海财经大学出版社 2006 年版，第 267 页。

2. 对中国中小企业界定的评价

通过对中国中小企业界定的历史考察，可以发现，1999 年之前的六次界定、修改或补充标准有以下四个特点：第一，界定标准变动快。新中国成立后到 1992 年左右有过六次变动。第二，适用范围窄。一方面，几次规定的企业规模界定标准一般只适用于工业，而不适用于商业、交通运输业、建筑业和其他服务业，只是在《国营企业第二步利改税试行办法》中才增加了对公交、零售、物资回收等国营小企业的界定；另一方面，划分企业也一般指国有和集体企业，而不包括非公有企业。第三，企业规模档次越分越细。一方面，不仅增加了特大型企业，而且对大型企业进行了细分，分“大一”、“大二”、和“中一”、“中二”；另一方面，对行业也逐渐细分。第四，界定标准取值不断提高。例如，棉纺厂 20 世纪 60 年代规定 6 万锭以下为中小型企业，到 20 世纪 80 年代改为 10 万锭以下为中小型企业。

在上述四个特点中，第四个特点即界定标准取值不断提高是合理的，因为一国整体经济水平总是不断增强的，相应取值也应上浮。因此，界定标准随其他经济情况变动而变动有一定的合理性，这也符合国际通行做法，但却不能变动太快。否则一方面易给人以政策不稳定之感；另一方面也过于主观，特别是通过调高标准保持中小企业数量不仅没有好处，而且有一定的问题。比如有些行业不适合中小企业发展，界定出一定比例的中小企业去支持反而于行业不利，比如采掘业、纺织业等。第二、第三个特点是不合理的，其深层次的原因在于生产力和生产关系（特别是经济体制）两个方面。一方面，当时生产力水平落后，除工业外，商业、交通运输业、服务业不太发达，工业内部各行业也是产品比较单一、设备较为简单，因而造成了只对工业划型和划分档次越来越细；另一方面，也是更主要的原因，在于当时的计划经济体制及其后来的惯性影响，使得国家忽视非公有企业的发展，而只对于公有企业特别是国有企业包揽一切，“关爱有加”。

1999 年的划分标准与以前的划分标准相比有了质的进步，表现在两个方面：第一，采用销售收入、资产总额等价值形态标准取代原来的以生产能力为主的实物形态标准，符合从计划经济向社会主义市场经济的转变。第二，包括了各种组织形式的企业，符合“非公有制经济是社会主义经济有机组成部分”的精神，体现了市场经济的公平原则。

到了2004年，我国中小企业的界定标准基本成熟，主要体现在两个方面。一是该标准明确了雇员人数标准，与国际惯例接轨。二是该标准包括了非工业领域的企业，因为建筑业、商业和服务业内的中小企业比例很大。但是，参照一些国家（或地区）中小企业的界定标准，可以看出我国2004年的界定标准仍有不完善之处：比如该标准没有定性界定标准，从而没能有效拓展政府实行政策的伸缩空间，这同时也折射出我国经济理论研究对这方面的忽视，这需要中小企业研究理论的进一步发展。

企业成长与创业管理专家张玉利将小企业定义为由一个或少数几个高层决策人员直接的、独立从事生产经营活动的规模较小的企业组织①。本书研究的中小企业主要是指企业规模基本符合我国中小企业标准规定的企业。但从长远打算，我们将基于本书所提倡的中小企业成长评价系统积累的数据进行分析，研究不同经济特征和控制方式的企业在主要数量指标上的表现，把便于管理和扶持中小企业作为重要因素加以考虑，从而动态确定中小企业范围。

§2.2 中小企业成长及评价含义

2.2.1 企业进化的形态

环境是独立于组织之外的外生权变因素，是对企业经营绩效产生持续显现或潜在影响的各种外部力量的总和。企业与其相处的外部环境不相匹配，会对其生存和发展产生极大的反作用，所以环境是影响企业经营的重要因素。面对生存环境的不断变化，有些企业被动地作出反应，有些企业主动去迎合，有些企业则毫无反应。然而适者生存！在与环境的动态适应过程当中，企业也会表现出三种进化形态：衰落，维持和成长。在某种意义上，衰落可以看作成长的反过程，维持可以看成是企业围绕某种存在状态长期交替发生低水平有限成长与衰落的过程。

① 张玉利：《小企业成长的管理障碍》，天津大学出版社2001年版，第12页。

1. 衰落

衰落意味着是从一个相对高点向相对低点的持续滑动，典型的是原本领先的企业沦为产业中的后进企业，这恰恰是成长的一个反过程。

衰落的外部原因可能在于企业在一个正走向衰退的市场或产业中不得不随波而下；或者更强大的对手以更快的速度成长导致企业的战略地位相对下降，即此时企业自身在成长但竞争环境已有所恶化。内部原因可能有领导人问题、技术设备问题和管理体制问题等。但总体看应更多地与企业成长管理水平有关，即持续成长的企业会根据自身资源和能力状况，适应环境变化，设计出一条柔性的企业成长路径，并在企业成长的不同阶段调整成长方式，以调整内部资源和能力，接受环境变化的挑战。

企业失误会导致两种形式的企业衰落：渐进式和突发式。（1）渐进式衰落来自于企业安于现状的保守型战略，其实质是企业不再采用较有进攻性的或较具风险的战略决策。相对于咄咄逼人的对手，渐渐丧失竞争优势。如对外界变化不再敏感；偏信于自己的技术或感觉，过于相信引导市场和顾客需求的力量；某些价值链环节正逐步失去优势；关键技术或管理人才的流失等。（2）突发式衰落往往来自于企业过于激进的战略举动，其实质是将成长过多地建立在高风险的市场基础之上，引发的衰落常是突发性的。比如企业在越来越多的领域内进行竞争，逐渐偏离企业能力的支持；财务结构的风险性大大超过正常范围；使用孤注一掷的冒险行为，以及越来越多的投机性行为等。此时，由于存在较高的转换成本和退出壁垒导致企业力不从心地进行战略改变，眼睁睁地看着企业进入被收购或破产的行列，彻底丧失再成长的能力。

2. 维持

现实中很多企业可能处于这种状态，即企业长期维持某种存在状态，或围绕此状态上下波动，交替实现有限的成长与衰落。

以上两种形态都表明企业处于一种非成长状态。反过来说成长是必须具备一定条件的。本书认为企业成长一般应具备以下条件：以企业资源和能力作为成长的基础，准确识别成长阶段的演进特征及其影响，准确识别成长边界及其对成长空间的影响。

3. 成长

成长状态与维持状态的不同之处在于这一过程相对具有速度和持久性，这是所有企业所追求的。可以用两种标准衡量企业成长：一是绝对成长，即相对于企业自身的进步成长；二是相对成长，即相对于某个或某些参照企业的成长。我们所期待的一般是绝对成长，但在评价企业成长时，比较特定企业相对于某个或某些参照企业的成长状态却是常用的方法。

2.2.2 企业成长的本质

关于企业的成长，学者们从不同的角度和各自的理解进行了阐述。毛蕴诗从企业与市场的关系角度（2005 年），认为企业的成长可以是企业为节省市场交易成本，为获取更大的利润而努力的结果。这一理解对企业成长评价有一定的启示，即企业成长性的表现首先应该是企业的营利性，但这还不够。企业正是通过一系列的支配市场、创造市场、替代市场等的行动而获得成长与发展的。而陈高林的观点更具有代表性，他把企业成长解释为“在企业的核心意识指引下，不间断地积累企业发展的动能，推动企业从无到有、由小到大、循序渐进的有机发展过程”。他还从三个方面进行了阐述：（1）企业成长表现为企业循序渐进地渡过创业、早期成长、高速成长、成熟等企业生命周期各个阶段，并且要努力实现基业长青、成为百年老店的过程。企业成长的这一基本规定性，通常被人们概括为“做长”。（2）企业成长表现为企业经营的规模及其范围不断扩张的过程，即“做大”。（3）企业成长表现为不间断地积累企业发展的动能，向一个更富有生机和活力的企业组织的发展过程，即“做强”。这一理解非常通俗，却也非常实用。本书提出的企业成长性与成长力分层评价和这种观点有暗合之处。而孙学敏的理解更接近企业成长的本质①。他认为“企业成长是一个不同于简单的规模扩张的复杂调整过程，它是以对企业内部和企业内部与外部的各种关系的平衡调整为实质特征，寻求从不平衡到平衡，从低一级平衡到高一级平衡的平衡发展的过程”。

① 孙学敏：《中小企业成长的实质与成长路径》，载《郑州大学学报》，2004 年第 7 期。

从不同角度审视成长现象实际揭示出了成长的各种表现，一般可分成：（1）外在表现：包括财务指标、价值链的规模和水平、品牌和声誉、核心业务状况以及产业区间和地域区间的变化等，一般表现为经营规模和经营领域的扩大。本书将这些表现归纳为企业成长性和成长力表现。（2）内在表现：关键资源的变化、以核心能力为基础的整体能力的变化以及反映在竞争力上的变化等，这应是企业成长的本质表现。而所以称其为本质表现原因在于：第一，这种成长是其他企业仅仅依靠短期内大规模资源投入也难以做到；第二，这种成长还有能力支持企业今后更大规模和更长时期的进一步发展。本书将这些因素归纳为企业成长力影响层。

但企业成长是非常复杂和多样化的过程，正如创业管理和企业成长知名专家张玉利所说，“企业成长过程具有一定的随机性，也有一定的混沌特征”①。

本书将企业成长理解为：通过生存环境和成长能力分析，整合企业资源从而形成符合成长战略的能力优势，保持成长路径的相对清晰和柔性，分阶段、有目的的采取不同成长战术并承担相应风险，从而获取更多资源、支持企业持续增长的过程。

2.2.3 企业成长评价的含义

成长性是企业发育的客观标志。只有当企业在未来生产能力、资产规模、市场份额以及利润保有等各方面均保持某种程度的整体增长状态时，才能被认为具有成长性。如果一个企业仅是销售额或利润出现了增长，而生产能力、资产规模等其他方面并未发生相应增长，则并不能构成严格意义上的成长型企业②。也就是说对企业成长性的评价就是对其成长特征的评价，而最终的特征都将通过财务指标表现出来，这些指标应该能够分别表明企业的赢利状况、企业运行的稳健性及企业成长态势，即本书主张的企业成长性评价体系的结构。

不过，企业成长能力的评价更加重要。在以往的研究中，可以发现，企业成长能力构成和来源的复杂性及对企业成长能力影响因素的多样性都

① 张玉利：《企业成长的非对称性问题》，载《首都经济贸易大学学报》，2004年第6期。

② 《中小企业发展问题研究》联合课题组：《2003年中国非公经济成长型中小企业发展报告》。

使得这一评价困难重重。在企业成长的过程中，必须不断提升企业的内在素质，形成自己独特的核心能力，才能在同行中形成竞争优势。而这种核心能力又包括了企业组织体系的合理性、企业经营行为的理智化、企业治理结构的有效性等等。通过资源获取、产品功能、制造成本、市场营销、客户服务等在同行中形成竞争优势。企业的多面性决定了企业的复杂性，企业的阶段性决定了企业的过程性，企业的阶段重复性决定了企业的循环性。外部环境、内部因素、机会张力又决定了企业的随机性，诸如此类种种因素，形成了企业的特点。而在中小企业成长的不同阶段，愿景及目标、理念及领袖、在产业链中的位置、品牌影响力与文化凝聚力、商业模式的有效性、核心能力与业务集中程度、生命周期战略、机会与增长点、成长的途径选择、企业整体行动力这十个因素影响着中国企业的成长①。而还有一些人则将推动企业快速成长的关键性力量总结为产业环境、企业家精神和组织运行机制这三方面因素及连接它们的企业经营战略②。基于资源基础观的企业成长理论差不多构成了企业成长研究过去几十年来最重要的成果。而基于企业成长阶段和生命周期的研究则让我们更难把握那些影响和支撑企业成长的资源要素，直到《企业生命周期》一书的出版③。这本书分析了不同生命阶段企业成长因素的作用，这让我们能够较好地处理企业成长因素和企业成长阶段对企业成长评价的影响。

概括地讲，本书对中小企业的成长评价可以理解为：基于企业资源基础观和企业生命周期理论，以企业为核心考察企业及其生存的产业、市场和社会环境，通过企业成长特征分析和企业能力要素的分析，结合企业成长方式，对企业成长进行判断。

---

① 雷家骕：《企业成长的本质、要素与途径》，清华大学经管学院网站。

② 梁新弘：《企业快速成长的战略模式及障碍分析》，载《商业时代》，2006 年第 4 期。

③ ［美］爱迪斯（Adizes）著，赵睿等译：《企业生命周期》，中国社会科学出版社 1997 年版。

第 3 章

企业成长研究综述

§3.1 企业成长理论起源及早期研究[①]

企业成长理论一直是西方经济理论研究的重要内容，但其研究重点因时代背景的不同而有所差异。除了早期的企业成长研究以外，随着知识经济时代的到来，企业的生存环境发生了很大的变化，同时由于相关经济理论研究的不断扩张与深化，企业成长理论的研究内容也就显现出鲜明的时代特征。

3.1.1 企业成长理论起源

有人认为[②]，由于亚当·斯密在 1776 年的《国民财富的性质和原因的研究》一文中，分析了分工和市场对企业成长的影响，所以斯密有关

① 此部分内容根据张玉利、任学锋所著《小企业成长的管理障碍》，天津大学出版社 2001 年版，第 45～51 页，第 53～61 页及《企业成长理论研究述评》等整理。

② 刘淑敏：《打破短寿宿命——冲出企业生命周期理论的迷宫》，载《企业管理》，2005 年第 7 期。

分工的理论以及规模报酬递增的原理应当是分析企业成长的理论渊源。但显然斯密并没有对企业成长做刻意的思考。

1912 年，美籍奥地利经济学家约瑟夫·熊彼特在他的早期代表作《经济发展理论》中，开创性地提出了以技术创新为基础的经济创新理论。这一理论成为揭示企业成长外部机制的基础，即“竞争——创新——成长”。熊彼特认为，创新是企业成长的动力源，而企业成长的根本动力是竞争。竞争本质上是一个动态过程，竞争的胜者成长，败者衰退。通过竞争产生外部的不均衡对企业形成压力，要想生存，企业就必须通过创新谋求更多的收益。

1931 年，法国经济学家吉布莱特在其代表作《非均衡经济学》中提出了企业成长是一个随机过程的观点。吉布莱特强调，企业的成功与否是一个概率事件，并不能完全由企业自身控制。吉布莱特强调企业的成长实现与否是存在概率的，同样的努力未必带来同样的成功。这种带有一定宿命论色彩的观点未能对企业在实践中怎样提高成功的概率提供有效的指导。不过他对企业成长的外部因素的强调仍然很有价值。

到 1933 年，经济学家钱伯林（Chamberlin）与罗宾逊（Robinson）对企业拥有的特定资源的重要性进行了研究，提出了特殊的资源或匹配的能力是保证企业在非完全垄断竞争状态下获取经济回报的关键要素。他们认为这些要素是企业异质性的体现。钱伯林还专门列举了几种资源，包括我们所熟知的管理人员协调配合的能力、企业的技术能力等。这些理论可以看作是资源基础理论和资源概念理论的原型，也可以说是后来基于资源基础的企业成长理论的发端。新古典经济学家马歇尔早在《经济学原理》一书中就曾提出了企业内在性特征对企业绩效的影响问题，将企业成长规律阐述成“一个企业成长、壮大，但以后也许停滞、衰朽，在其转折点，存在着生命力与衰朽力之间的平衡或者均衡”。从这个意义上说，马歇尔才是基于资源基础观企业成长理论的先驱创始者。

科斯（Cease，1937）的交易费用理论及此后的新制度经济学则对企业的边界及产权安排问题进行了革命性的分析。科斯认为，企业将倾向于扩张直到在企业内部组织一笔额外交易的成本，等于通过在公开市场上完成同一笔交易的成本，或在另一个企业中组织同样交易的成本为止。科斯还指出，倾向于使生产要素结合得更紧和分布空间更小的创新，将导致企业规模的扩大。科斯的交易费用理论着重告诉人们企业发展确实存在着边界。但是对于具体的边界究竟怎样界定，企业成长到怎样的规模和状态才是最佳，科斯无法给出一个清晰的答案。科斯只是主张，实业家们不断地进行试验，多控制一点或少控制一点交易，用这个办法来维持均衡。他的理论就像是一颗启明星，指引了企业成长边界理论的发展。

英国约翰·霍普金斯大学管理学教授艾迪斯·佩罗兹（Edith T. Penorse）女士是系统论述企业成长过程的第一人，她发表于 1959 年的《企业成长理论》，被认为是一部继承熊彼特传统，从经济学角度通过研究企业内部动态活动来分析企业行为的开山之作，也是基于资源的企业观和企业能力理论的奠基之作。她在其成名作《企业成长理论》中提出了企业成长的管理约束导致的企业阶段性成长问题。她把企业描述成“被一个行政管理框架协调并限定边界的资源集合”①。她认为，企业的内部资源是企业的增长动力和源泉，企业的增长是资源过剩和关于资源认识水平提高的产物，并将企业成长归结为企业内部资源的运用。因此，企业的管理资源约束着企业的成长，充分发挥企业内未充分利用资源的潜力，则可以实现企业的成长。但她的理论也并不准确：一是没有给出企业成长的准确概念，混淆了企业成长和规模扩大两个不同概念；二是强调企业“内部化”成长，忽视“外部化”成长②。仅就内部化成长而言，佩罗兹也未给出判断企业扩张管理资源合适程度的标准。并且她没有解释这种带有鲜明的路径依赖色彩的成长模式，一旦成长方向发生错误，导致南辕北辙式的“成长”时应如何纠正。方向错误的扩张不是加速企业的成长，而是加速企业的灭亡。佩罗兹没有解决企业成长的方向性这一致命的问题，只是对企业成长的现象进行了一般性的解释。她回答了企业为什么成长，需要什么条件成长，怎样成长等问题，但却未能在企业成长是否适度，方向是否合适的问题上做出阐述。当然这并不是关键，其后企业成长理论一直受到经济学界、管理学界的重视，相继又出现了不少研究成果。

---

① Penrose E. T. The theory of the growth of the firm 1Oxford: Blackwell, 1959.

② 孙学敏：《中小企业成长的实质与成长路径》，载《郑州大学学报》，2004 年第 7 期。

3.1.2 早期的企业成长研究[①]

1. 基于产业组织的成长理论

经济学企业成长理论以产业组织经济学家的理论为主。马瑞斯是其中重要代表。他认为企业成长没有极限，只是在特定的阶段存在着特定的成长速度，所以规模只不过是成长速度的一个函数。此外，在研究企业成长时应当把企业当作一个能对竞争环境产生影响的经济实体，而并非只被动地接受市场结构支配。马瑞斯于 1963 年在《管理型企业模型》中首次提出了他的企业成长理论，并于 1966 年在《管理资本主义经济理论》中建立了完整的管理型企业成长理论模型。马瑞斯模型在分别考察了企业成长需求和供给两方面的因素后认为，随着企业的成长，一方面为了满足市场对产品的需求，企业需要获得更多的投入；另一方面，为了避免能力或需求过剩，企业管理者总是试图保持供需均衡，从而导致企业成长。

值得一提的是，针对中小企业存在的现实与规模经济理论的冲突，还有另一种认识思路。按照经济规模理论，中小企业为了降低成本以便在市场竞争中生存和发展，它就有扩大企业规模的内在动力，并且随着企业规模的不断扩大，中小企业自身也在不断成长。因此，中小企业成长的过程也可以理解为企业寻求最优规模的过程。事实上，规模的适度性比无限制扩大可能更符合中小企业的利益。英国剑桥学派的代表人物之一奥斯汀·罗宾逊，在 1931 年出版的《竞争的产业结构》中解释了中小企业的成长规模。他指出，虽然大企业可以带来诸多优越性，但并非规模越大越好；当企业规模超过一定界限后，会出现收益报酬递减的现象。中小企业虽然不能享有大规模经济所带来的益处，但却拥有决策效率高、员工富有责任心，以及组织管理费用低等优势。基于上述观点企业规模存在着一个最佳值——长期费用最低点，而这一点未必就是大规模。因此，中小企业只要规模适度，就能够健康发展。与罗宾逊观点相类似的还有美国芝加哥学派的乔治·施蒂格勒（George J. Stigler）。他通过大量的实证研究后认为，

① 本书将这段时期大致界定在 20 世纪 60 年代到 20 世纪末，随后将阐述的最新研究视界由于是基于这一时期的研究成果，所以在时间上会有一些交叉。

某一行业的最佳企业规模应该是一个区间而并非一个点，即企业长期平均成本曲线应呈“碟形”而非“U形”。

日本学者末松玄六教授在其所著《中小企业经营战略》中，详细分析了一些大企业未必就比中小企业具有竞争优势的原因。诸如，大企业管理层次多，管理协调费用高；大企业人际关系不和谐；大企业规章制度繁杂，决策不灵活等。而后末松玄六教授认为，中小企业只要能够充分发挥其自身优势，主动调整其生产经营规模，就能够获得规模经济，与大企业共存并取得较快的发展。末松玄六教授还认为，一个企业能否生存、发展，是与企业能否形成最佳规模有直接关系的。如果能够形成最佳经营规模，它就必然能够取得最佳经济效益，进而在其他条件不变的情况下，也就能够生存和发展，同时出现问题（如破产、倒闭等）的可能性也较小①。

对末松玄六教授的观点，后来的日本学者马场正雄又做了进一步的验证。他认为，企业规模越大，企业发展也就越快的结论是没有根据的，即企业规模大小与利润的高低没有必然联系。

这些观点虽然对企业成长的支持不大，但对于揭示中小企业生存有着重要意义。

2. 基于资源基础的成长理论

20世纪80年代以来资源基础理论发展很快。与传统经济学对企业的定义不同的是，企业“异质性”假设是资源基础理论的建立基础。异质性资源的一大特征是企业之间流动性极差。如果这个假设成立，那么拥有独特、价值性、稀缺性和非流动的资源自然而然是企业获得超额利润的源泉，而且这种资源难以被其他资源替代。因此，企业要获取有利或统治性的竞争地位必须要具有一定的内部资源条件，尤其是其他企业所缺乏的具有战略性资产特性的企业资源，这是资源基础理论的推导逻辑基础。

1984年，沃纳菲尔特（Wernerfelt）发表文章研究了企业内部资源对企业获取经济利润并维持竞争优势的重要意义②。他把资源定义为“任何可以被认为是一个给定企业的力量或弱点的东西。更正式地说，一个企业

---

① 李玉潭：《中小企业理论与政策》，吉林大学出版社1992年版，第36页。

② Wernerfelt, B. A resource-based view of the firm 1 Strategic Management Journal, 1984, 5 (2): P. 170.

的资源可以被定义为企业所永久性拥有的（有形和无形的）资产。资源的例子是品牌、内部的技术知识、高技能的雇员、贸易联系、机器、高效的程序、资本等等”。他认为，企业内部的组织能力、资源和知识的积累是解释企业获得超额收益、保持竞争优势的关键，与外部环境相比，企业内部资源具有更重要的意义，并对企业创造市场竞争优势具有决定性的作用。他的观点对 20 世纪 90 年代以来的企业成长理论研究产生了非常深远的影响。后来更多人加入这一行列，研究企业内部资源和能力对企业竞争优势的形成和保持，形成了所谓的资源基础理论学派。如巴尼（Barney）对企业控制企业资源能力并由此制定和执行改进效率和效能之战略的研究；皮特瑞夫（Peteraf）对资源的供给有限研究；奥丽芙（Olive）对企业内部稀缺资源的研究；哈怀特（Helfat）和罗比茨切克（Raubitschek）则进一步扩大资源概念范畴，将对知识的管理作为企业战略性资源。1994 年，美国战略管理杂志授予沃纳菲尔特（Wernerfelt）最佳论文奖，称其研究成果是“在关键领域内具有开拓性的研究成果”。

3. 基于技术创新的成长理论

在中小企业生产力本位理论领域中做出突出贡献的代表人物主要有阿科斯（I. J. Acs）、卡尔松和中村秀一郎等人。值得指出的是，如前所述，在阿科斯和卡尔松之前的美籍奥地利经济学家熊彼特，于 1912 年在他的著作《经济发展理论》中就已首次向世人提及“技术创新理论”。尽管该理论并不是专门针对中小企业成长和发展而提出，但却恰恰对中小企业起到了至关重要的指导作用，即中小企业成长更为重要的是创新，通过持续不断的创新来寻求自我发展的空间。

阿科斯认为，由于科技革命，技术轨道发生了转移，人类开始步入一个全新的技术时代。由传统技术支撑的大企业生产经营步履维艰。与此同时，新科技带动了新产业的出现，从而为中小企业的生存和成长提供了难得的机遇和选择空间，再加上中小企业直接与消费者接触，决策灵活，能够通过捕捉跟上科技变动的节奏，故能够快速健康发展。

卡尔松认为，科技进步有效地降低了企业生产的最小有效规模，使平均成本曲线向左移动，弱化了规模经济壁垒，使得许多中小企业可以进入原来难以进入的领域。因而他认为，中小企业的蓬勃兴起应从科技进步中寻找答案①。

美国未来学者阿尔夫·托夫勒在《第三次浪潮》中指出，农业的兴起是第一次浪潮，工业革命是第二次浪潮，由于生产力的发展，人类正迎来第三次浪潮。与前两次浪潮不同，第三次浪潮的特征是生产短期的、个别的甚至完全定制的产品，小批量、多品种成为这次浪潮的有效生产方式。正是这种生产力发展引起的生产方式的变化，使得大量中小企业发展起来。

日本经济学家中村秀一郎在其《大规模时代的终结——多元化产业组织》一文中提出，进入20世纪70年代以后，由于诸多原因，大企业生产经营步履维艰，“大规模时代”已经终结，中小企业将进入结构性大发展阶段。他认为，日本自20世纪70年代已从重化工业阶段跨入信息化时代，即呈现出生产力快速发展阶段，这为中小企业的存在和成长创造了极为有利的条件。中小企业蓬勃兴起的根本原因是生产力的发展。

4. 基于成长阶段的成长理论

（1）斯坦梅茨（Stinmetz）的四阶段模型。1969年，美国克罗拉多大学教授斯坦梅茨最早开始系统地分析和研究小企业的成长过程。他发现典型的小企业成长过程呈现为一种S形状的曲线，并可划分为四个阶段，即：直接控制阶段、指挥管理阶段、间接控制阶段和部门化组织阶段。他对每一阶段的特征和可能面临的主要问题进行了描述。

（2）格雷纳（Greiner）的五阶段企业成长理论。组织学家格雷纳1972年较早地提出了五阶段企业成长理论，这一理论被广泛引用。他把企业成长分为五个阶段：依靠创新成长的领导危机阶段、依靠指导成长的自治危机阶段、依靠授权成长的控制危机阶段、依靠协调成长的官僚主义阶段和依靠合作成长的未知危机阶段。其中前四个阶段是中小企业成长的研究范畴。

（3）邱吉尔和李维斯（Churchill and Lewis）的五阶段企业成长理论。邱吉尔和李维斯在1983年提出了另一种企业成长模式，也把企业成长分为五个阶段，阶段的划分取决于一个由规模、产品多样化和结构复杂性组成的指标体系。此外，每个阶段可以用五种管理因素来进行描述：管理风

① 刘伟东等：《中小企业现代经营》，东北财经大学出版社2002年版，第57页。

格、组织结构、正式组织体系、主要战略目标及企业所有者在企业经营中的地位。他们认为企业能否顺利成长一方面取决于企业自身；另一方面取决于企业主。

（4）弗莱姆兹的七阶段理论。弗莱姆兹在《增长的痛苦》一书中将企业的生命周期划分为七个阶段，即：新建阶段、扩张阶段、专业化阶段、巩固阶段、多元化阶段、一体化阶段以及衰落和复兴阶段，这些阶段至少是部分地由公司的规模决定的。

（5）生命周期理论。在 20 世纪 80 年代末，国外出现了一些专著，从企业生命体的生存、发展角度来考察企业的成长，把企业看作一个活的生命体，动态地评价企业成长各阶段的特点及对策。如伊查克·爱迪思（Adizes I.）的《企业生命周期》（1988 年），阿里德·赫斯（Ariede Geus）的《长寿公司》（1996 年）。

《企业生命周期》通过生命周期理论，为企业如何从内部适应企业自身生命力的演变规律提供了指南。这本书把企业比拟为生物体，认为企业如同生物体会经历出生、成长到死亡的生命历程一样，企业也有一个产生、成长、老化、消亡的过程。随着企业灵活性的逐渐降低和可控性的逐渐增强再逐渐减弱，企业可分为成长阶段、再生与成熟阶段、老化阶段。成长阶段包括：企业孕育期、婴儿期、学步期；再生与成熟阶段包括：青春期和盛年期；老化与消亡阶段包括：稳定期、贵族期、官僚化早期、官僚期与死亡。

《长寿公司》提出“生命型公司”与“经济型公司”的区分。“生命型公司”为生存而管理，而“经济型公司”为利润而管理。该书作出了两个假设前提是：第一，公司是个有生命的发展实体；第二，生命实体的一切决定都是在不断地学习过程中作出的。通过对不少长寿公司的研究，概括出长寿公司的四个特征：①能对环境保持敏锐的反应以便适应；②凭着强烈的绝对的认同感以达到一致；③允许打破常规和不落俗套的思考和试验；④为积蓄财力而在财政上采取保守政策。

（6）企业蜕变理论。美国学者高哈特（Raneis J. Gouihart）和凯利（James N. Kelly）的《企业蜕变》[①]（1995 年）一书则把企业看作是有机体，把企业的各种影响因素看作基因、染色体，视角比较独特。该书提出“生物法人”（Biological Corporation）的概念，认为“生物法人”这一生

---

① 高哈特、凯利：《企业蜕变》，经济管理出版社 1998 年版，第 8 页。

命体永生不死的秘诀在于是否有能力带动全体系统同步蜕变，并勾画出这些系统——“十二大生物法人系统”。根据基因学，个人的不同是因为个体的“基因印记”。同理，可认为，企业这一生物法人在其“十二大生物法人系统”中每一个系统也都由为数众多的“基因印记”组成，这“十二大生物法人系统”被称为“十二对染色体”。企业蜕变理论提出领导人担当的角色为生物法人的基因工程师。企业蜕变生物模型包含四大方法——蜕变四要：①重新规划打开企业体头脑，注入新的眼光；②重建组织结构；③重振活力，增强环境适应力；④重启新生，加强人的使命感。

5. 动态能力理论

经济学家理查德森（Richardson）受佩罗兹的启发，在《企业组织》一文中首先提出了企业能力概念，认为“能力”（Capabilities）是企业的知识、经验和技能，企业倾向于专门从事其能力可以带来比较优势的活动。普罗哈拉德（Prahalad）和哈默（Hamel）（1990 年）在《哈佛商业评论》上发表的《企业核心能力》一文中提出的企业能力理论，则强调企业自身能力对企业成长的驾驭作用，其焦点在于围绕企业核心能力培养的企业内生成长过程及其竞争优势的来源。其后众多的学者从能力和知识的角度分析企业的成长，形成一股研究热潮并延续至今。他们认为，企业的长期竞争力来自于其以比竞争者更低的成本和更快的速度开发具有差异性的创新产品的能力。企业是一个能力体系或能力的集合，企业能力最终决定企业的竞争优势与经营绩效。而在超级竞争的背景下，企业持久竞争优势的源泉是企业的核心能力，即企业内嵌化的具有范围经济效应的知识与组织技能。在另一本名著《引导革命》中，哈默提出企业的创新不是传统上所认为的开发新产品或采用新技术，而是要产生“新概念”。因此企业要积极开发新的概念，并将概念转化为现实的企业核心竞争优势。

动态能力理论是在当代战略管理领域迅速发展的一种理论。基于核心能力的刚性局限，该理论集中探讨企业组织能力的演进与竞争优势之间的核心关系，并把组织能力看成是企业竞争优势的根本源泉。匹萨诺（G. Pisano）和苏安（Shuen）（1997 年）的《动态能力与战略管理》一文被誉为是动态能力理论里程碑式的文献。在这篇文献中，作者把演化经济学的企业模型和“资源观”结合起来，提出了一个“动态能力”战略观的框架。作者强调了以前战略理论所忽视的两个关键方面：第一，“动态”即为适应不断变化的市场环境，企业必须具有不断更新自身胜任（整合重构内外部组织知识、技能和资源）的能力；第二，“能力”是指战略管理在更新自身胜任能力以满足环境变化的要求方面具有关键的作用。在匹萨诺（G. Pisano）和苏安（Shuen）的理论框架里，提出了组织和管理过程、资产状态和发展路径三个关键要素。动态能力理论是一个正在发展中的理论前沿，当前的重点集中于知识、资源和能力的内生创造上。

综合考察企业成长理论的发展，本书可以得出以下三点结论：一是企业成长理论的发展从对整体经济现象的关注逐渐转移到对企业个体的关注；二是对企业成长阶段的研究逐渐深入到将企业作为一个生命体的物质研究；三是基于资源的企业成长理论和基于能力的企业成长理论经历了一个从细分到现在的相互融合的过程。这种伴随着时代变迁和经济发展的理论演绎和学者们的不懈探究，对企业成长理论的进一步发展产生了直接的影响。

§3.2 企业成长理论最新视界[①]

3.2.1 制度安排与企业成长

1. 索尔斯（Thorsten）等关于融资、法律和腐败对企业成长率影响的调查

索尔斯（Thorsten）等人（2002 年）用 54 个国家企业层面的调查数据分析了融资、法律和腐败是否对企业成长率产生实质性影响。实证分析表明：这些因素对企业成长构成的影响在很大程度上取决于企业的规模大小，小企业最易受到其影响；企业成长在发展中国家比在发达国家要更多

---

① 此部分参阅邬爱其、贾生华：《国外企业成长理论研究框架探析》，载《外国经济与管理》，2002 年第 12 期。

地受融资、法律制度和高腐败率的影响。他们同时指出，法律制度对企业成长的影响有一种特殊的运行机制，只有在与企业生存和发展密切相关的法律要素不断得到完善和强化的情况下，企业才能真正得到快速成长；银行官员的腐败也会影响企业的成长。

2. 岗斋莱滋（Natalia Utrero Gonzalez）关于经济管制对企业成长影响的研究

岗斋莱滋（Natalia Utrero Gonzalez，2002年）研究了经济管制对企业成长的影响，他用充分的事实证明了金融发展水平与经济增长、企业成长之间存在的正相关性。由于法律结构对企业成长的作用还鲜为人知或未被确认，因此他就选取了银行管制、借贷条件放松、公司法和破产法、会计准则及市场竞争规则这几个因素。分析表明：高效率的法制环境不仅会极大地促进企业成长，而且对影响企业成长的金融市场的发展也产生了很大的影响力。对股东和债权人权益予以充分保护，对那些外部融资比重较大的企业的成长会起到十分积极的作用，但是借贷条件放松并不能有效地促进企业成长。

3.2.2 产业演进与企业成长

自从波特提出了竞争战略的产业分析理论之后，在产业范围内研究企业成长是目前的一大热点。产业的性质、进入和退出壁垒、产业容量以及供求关系都会对该产业内的企业成长产生重要影响，而基于动态视角的产业演化对企业成长的作用力十分复杂。

1. 产业阶段对企业规模分布的影响

洛蒂（Francesca Lotti）和桑特雷里（Enrico Santarelli）（2001年）通过运用选择机制对一些产业内的企业演化进行了分析，发现在产业成长初期企业规模大小的数量分布很不规则，即大中小企业数量分布没有规律可循。但经过一段时间后，不同企业的规模会彼此越来越接近。

2. 企业规模与产业演化均衡模型

费希曼（Arther Fishman）和若博（Rafael Rob）（1997 年）发展了一个有关企业规模与产业演化的均衡模型，证明产业内各企业没有能力随意增加其顾客量。新进入的顾客虽然可以随意选择购买哪家企业的产品和服务，但必须支付在企业间转移的搜寻成本，这些成本促使其产生留在现在的企业进行购买的压力。因此，在位企业可能享受与老顾客之间已建立的长期稳定关系所带来的好处，而新进入的企业则只能接受那些初次购买、尚未隶属于任何企业的顾客。随着时间的推延，各企业可以获得持续增长的客户量，忠诚客户群体也不断扩大，年长一些的企业就会占据更大的市场份额。他们的模型说明，规模大且年长的企业与规模小且年轻的企业相比，较难从产业中退出；在成本波动较大的产业里，规模相同的年长企业的期权价值要大于年轻企业，因为前者已经积累了大量的基本顾客。

3.2.3 学习创新与企业成长

1. 劳森（Keld Laursen）将知识结构纳入企业成长模型的研究

时代特征在国外企业成长的理论研究方面体现得淋漓尽致，因为影响企业成长的主要因素因时代而异。例如，一般认为，企业成长可以大致分为需求拉动阶段、投资驱动阶段和创新驱动阶段。随着知识经济时代的来临，知识成为企业成长的主导要素，而知识的非常规扩散和流动给企业的知识管理增加了难度。由于现有的企业成长理论还存在着两方面的缺点：一是实证分析不能很好地解释理论的预测；二是相关文献没有在企业、部门内部及其之间考虑知识结构问题。为了弥补这个缺陷，劳森（Keld Laursen）等人（1999 年）从人力资本、企业及其部门层面对知识结构和知识流进行了考察分析，并将知识结构纳入企业成长模型。他们将企业成长视为企业雇用、培育、激励员工的能力得到增强的过程。这种方法突出了一般人力资本和特殊人力资本对促进企业成长的意义。其重大贡献在于：第一，在现有的理论和实证文献的基础上，提出了评价企业成长的理论框架，并为未来实证研究提供了可以验证的假设；第二，强调了外部知识环境对企业成长路径的影响；第三，认为可以从部门层面尤其是企业的知识结构层面来解释企业成长规律、部门权力安排等对企业成长产生很大影响的原因；第四，知识结构角度的研究方法对于分析人力资源组织等问题指明了方向。

2. 兰得万（Karl Lundvall）等关于企业规模对技术效率改进的研究

技术创新会对企业成长产生很大的影响，兰得万（Karl Lundvall）和贝蒂斯（George E. Battese）（1999年）通过对不同产业中企业技术改进与企业年龄、成长关系的研究，认为是企业的规模而不是企业年龄经常与技术效率存在高度正相关性。这种关系几乎可以在任何产业中得到验证。而企业年龄对技术效率提高没有显著的作用，但纺织业除外。企业规模对技术效率改进的边际效应为正值，尤其对于那些年龄在五年以上的企业。所以，如果企业规模是效率改进的动因，那么企业可以通过扩大规模来实现效率改进，这种过程一直持续到某个年龄段为止。他们同时指出，一个产业内企业的接管频率越高，即企业平均年龄越短，就越可能会限制由规模导致的技术效率提高。

3. 组织学习与企业成长研究

米歇尔（Michael A. Hitt）等人（2000年）的研究认为，不确定性和变化无常等市场竞争新环境在不断改变着竞争基础，技术学习在企业取得竞争胜利方面起着关键作用。因为技术学习与企业发展、维持和开拓动态核心竞争力的能力密切相关。虽然很难达到持续的竞争优势，但是企业都希望能够建立和维持一段时间的竞争优势，所以必须加强知识管理和技术学习能力的培养。

思密斯（Eugene Sadler-Smith）等人（2001年）认为，组织学习是通过经营管理知识资产来提高企业竞争力的有效途径，并试图在组织学习与绩效之间建立起某种联系。他们认为，组织学习无论在个体层面还是集体层面，都可能在被动定位（在现有框架中活动）和主动定位（对现有框架提出质疑）之间变动。运用其主动—被动结构框架，通过对300家制造和服务类小企业的学习定位的考察，他们发现高成长率的制造企业具有很高的主动学习意识，它们能够比成长缓慢的企业更充分地利用知识资产。

4. 业主特征的影响

圣地伯格（Sandberg，1986）则提出了一个可以对中小企业绩效进行实证分析的理论模型［NVP = f(E，IS，S)］，其中 NVP 为新创建企业绩效，E 为企业家特征，IS 为产业结构，S 为战略，这一模型把企业战略、环境因素与企业经营者的行为特征紧密结合起来，在此基础上分析论证影响中小企业绩效及其成长的关键因素。

盖瑞斯（Garys，1999）认为，中小企业业主的个人自然特征与职业特征决定了他们的决策方式、所采用的企业战略和对企业的控制方式，而这三个因素对企业成长有着决定性的影响。

盖帝尼（Gadenne，1996）对影响企业成长的因素进行分析，从管理因素到业主特征等方面，涉及的管理因素有雇员关系、计划与控制、革新、预测、营运资金管理、市场营销、客户服务、信用管理、竞争优势、专业咨询等问题，他发现财务杠杆、职工参与管理、良好的营运资金管理对中小企业的成长有显著影响。

3.2.4 转轨经济与企业成长

如何有效地促进企业成长和增强企业竞争力，对于处于转轨过程中的国家来说极为重要。因为由计划经济体制向市场经济体制的转变使得企业的生存和发展环境发生了重大变化，企业面对着全新的产品和要素市场竞争，促使其成长的动力来源也发生了变化。

1. 孔尼氏（Jozef Konings）的斯洛文尼亚模型

孔尼氏（Jozef Konings）和安那科斯威尔（AnaXavier）(2002 年）以斯洛文尼亚这个从计划经济向市场经济转型的国家为例，考察了 1994～1998 年间企业层面以雇员人数为指标的企业成长和以剩余企业的比例为指标的企业续存问题，试图找出决定转型国家企业成长和续存的主要因素。他们先对转型前企业和产业的运行绩效进行了考察，以便理解哪些类型的企业会续存下来或在转型过程中实现良好的绩效，并以最小二乘法和汉科曼选择纠偏模型（Hckman Selectioncorrection Model）为基础，建立了一个用于分析转型背景下企业成长的基本模型。在该模型中，企业绩效被视为一个受企业初始规模、所有制性质、企业创新、市场定位、资本集中度、企业融资约束、企业成本和利润率、沉淀成本、最小最佳规模和市场结构等许多因素影响的函数。实证研究表明，在斯洛文尼亚的第一个四年转型期间，私有企业和外资企业及资本集中度相对高的企业发展得最快；小企业比大中型企业成长得要快一些；大企业或那些原先利润水平较好的企业续存下来的可能性较大，而那些有财务隐患或融资高成本的企业很可能会关闭；参与国际贸易的企业因承受了比其他企业更大的竞争压力而很可能失败，但一旦它们续存下来的话就会拥有较高的成长绩效。

2. 孔尼氏（Jozef Konings）的私有化质疑研究

孔尼氏（Jozef Konings，1997）用企业层面的数据研究了罗马尼亚、保加利亚和匈牙利三个国家的国有企业、私有企业和新建企业的绩效情况。通过对企业生命周期阶段、企业规模和市场竞争情况的调整控制（将不同国家的分析层面相统一），发现新建企业的业绩要好于国有企业和私有企业，这就对私有化的必要性和重要性提出了疑问。他认为，私有化企业的业绩与国有企业并无多大差别的原因很多，如不合理的管理体制、不合理的管理激励或政治约束等因素仍然存在。他为未来的相关研究至少指出了两个方向：一是必须高度关注转型时期新建企业所扮演的角色；二是需要合理解释私有化企业的运行绩效并没有比国有企业有任何改善的原因。此外，发展中国家的企业成长问题也引起了学者的关注。

3. 李奥·斯洛瓦根（Leo Sleuwaegen）等人关于企业规模和年龄的研究

李奥·斯洛瓦根（Leo Sleuwaegen）等人（2002年）用企业规模和年龄两个变量来解释企业成长，认为企业成长是规模扩张和不断学习的结果，但是企业的信誉机制和法律制度会影响其对市场和要素资源的获取情况，进而影响成长速度。通过对非洲国家制造企业的研究发现，在企业成长过程中中型企业的数目很少，原因除了基础设施和金融服务不足以外，所有制性质是限制中型企业继续成长的极大障碍。

3.2.5 融资环境与企业成长

特别对于上市公司来说，企业成长与其资本结构和企业运行信息披露程度密切相关，因为企业通过信息的披露可以减少投资者的信息搜寻成本，从而拓宽融资渠道和降低融资成本，使得企业的资本结构趋于合理化，这样就会促进企业快速健康成长。

1. 哈里·海地恩（Ari Hyytinen）等企业成长过程中的融资需求研究

哈里·海地恩（Ari Hyytinen）和米卡·帕加雷恩（Mika Pajarinen）（2002 年）在前人研究的基础上，考察了企业成长过程中的外部融资需求问题，指出了企业的过度成长必然会增加外部融资需求。他们认为，有关企业信息的披露程度可以影响企业是否按照预期的速度成长，并为企业提供预期的、必要的融资市场选择；企业素质情况信息的披露程度越高，就越要求企业为了发展而提高其财务杠杆作用或发行股票。他同时还认为，企业层面信息的披露是公司治理的一种重要机制。

2. 威得汉克·古亚（Vidhank Goyal）等人关于企业成长机会变化对债务结构影响的研究

威得汉克·古亚（Vidhank Goyal）等人（2002 年）以 1980 ~ 1995 年间美国 61 家国防企业和 61 家制造企业为对比样本，考察了这段时间内企业成长机会变化对企业债务水平、债务结构变动的影响情况。与其他类型的企业相比较，国防企业在里根时期成长机会非常多，但随着冷战的结束以及 20 世纪 80 年代晚期和 20 世纪 90 年代早期，国防经费预算的削减，成长机会不断减少。武器制造企业随着成长机会的下降，其债务水平显著上升，上升幅度大于其他类型的企业。成长机会的减少使得企业都会不同程度地减少中长期债务比例和私人与公众债务的比率。企业的资本结构合理程度与企业的投资行为相关，因为对于那些拥有较多可以保证较高投资收益率的投资项目的企业来说，其融资成本进而融资风险可能会比其他企业低一些，财务结构也就有所差别。

3. 杰森（G. Jason）等人的资本动态结构模型

杰森（G. Janson）等人（1998年）认为，资本的异质性在以往的投资行为研究过程中被完全遗忘了。为了弥补新古典经济模型解释力不强的缺陷，他们建立了一个不同类型资本与企业产品生产、技术变动（调整）成本相关的动态结构模型。研究结论是，投资并不是与企业以现金流量的内部资本净值高度相关的，不同类型资本之间的替代弹性明显大于单位替代弹性；通过对以多种类型资本为变量的静态模型的分析，发现产品的变化都会导致不同的投资反应，动态模型显示了技术方面的充足投资会产生一种有利于企业大幅度提高投资收益的放大传播机制。

3.2.6　不确定性与企业成长

纷繁复杂、动荡不定的外部环境会对企业成长构成实质性影响，因为只有那些对外部环境变化反应快捷且应对能力较强的企业才能生存和发展，企业成长也就更多地要受不可预期因素的制约。

1. 罗伯特·兰斯克（Robert Lensink）等人的企业成长与不确定性之间的关系研究

罗伯特·兰斯克（Robert Lensink）等人（2000年）运用荷兰1 097家企业的相关数据考察了企业成长与不确定性之间的关系。他们将研究中心置于不确定性与不同类型的投资、劳动用工需求及企业预期成熟度之间的关系，将不确定性分为销售量不确定性和投资收益率不确定性两大类。研究发现，销售不确定性对不同类型的投资决策都会产生消极的影响，劳动用工环境的变动也会对销售产生消极的影响，销售不确定性与企业成长概率之间存在正相关性。企业对现有资产的较强利用能力和流动资产的较高收益率很可能会对投资决策形成影响，从而加剧销售不确定性，小企业在不确定性加剧时投资积极性就很低。不确定性和风险程度在很大程度上通过影响成长机会的多寡来影响企业的市场价值。

2. 信友翰（Hyun-Han Shin）等人的风险模型

信友翰（Hyun-Han Shin）等人（2000 年）用托宾值 Q 来表示企业市场价值与账面价值的比率。这个比率会随着企业股票的系统风险和非系统风险的变化而上升或下降。系统风险变动与 Q 值变化之间存在正相关关系，非系统风险与 Q 值的变化之间存在负相关关系，它们导致总体风险变化与 Q 值变化之间存在负相关关系。他们还通过对样本的时间序列分析，验证了总体风险变化与 Q 值变化之间存在的这种关系。但这对于大型企业并不成立，也不是很重要。因为大型企业比中小企业更容易进入资本市场和获取风险管理的规模经济性。在环境经常变化的情况下，大多数企业或同一产业内的企业是否具有类似的成长可能性问题引起了学者的兴趣。

§3.3 我国企业成长现状研究

3.3.1 杨杜的企业成长论

1996 年，杨杜的博士论文《企业成长论》的出版[①]对我国关于企业成长理论的研究起了重要的影响作用。在其论文中，杨杜把经营资源作为其研究的关键概念，从经营资源的数量、性质、结构和支配主体特征四个侧面来考察企业成长。特别强调未充分利用资源是企业成长的源泉。分析了构成企业成长理论之核心的规模经济、成长经济和多样化经济，以及它们的结合状态——复合经济。指出企业成长包括量的成长和质的成长，即企业成长不仅仅是一种单纯的数量扩张，还必须包括质的变化。

该文给出了三个成长规律：（1）企业成长模型。从企业规模和事业

① 杨杜：《企业成长论》，中国人民大学出版社 1996 年版。

结构两维空间观察其关系特征。企业初始阶段，规模小而产品变动多样；随着企业成长，规模增大，专业化程度提高，为了维持企业的进一步成长，又需依靠产品多样化或事业多样化，生产规模停滞或下降。（2）非均衡成长模型。企业在成长过程中是不均衡成长的，成长曲线的摆动受企业多样化战略和经营制度的集权、分权变化所左右。企业通过发展多样化来追求更高的成长，但过度多样化会导致资源分散，影响企业效益，企业又将趋向专业化。分权化会促进企业成长，但过度分权会影响所有者利益，因而到一定程度，企业可能又会停止分权。综合考察多样化、分权化与企业成长的关系，其成长过程为：成长目标——多样化战略——分权制度——收益制约——利益目标——专业化战略——集权制度——收益上升制约缓和——成长目标。（3）复合经济模型。杨杜进一步指出规模经济、成长经济、多样化经济三者之间的关系是既相互独立，又相互关联。具体表现为：一是共存性，二是相容性，三是相接性。在长期成长过程中，不同时期有不同的中心目标，一般是先追求规模扩张，再追求继续成长，然后追求多样化。

3.3.2 南开大学的四维企业成长论

南开大学商学院教授张玉利于1998年对上述企业成长模式进行了修正。他认为，仅有规模经济和多样化经营两维是不够的，应当增加企业竞争能力这一因素，并据此提出了三维空间企业成长模式。其理论主张有两点：一是在企业成长过程中，竞争力随着规模的扩大而增强，当企业规模超过最佳规模后，竞争力又开始下降；二是在企业成长过程中，企业因达到最佳规模而走上多样化经营道路，由于多样化经营效应，导致企业竞争能力进一步加强，但企业的多样化率超过最优多样化率时，企业的竞争能力呈现停滞或下降趋势。

2001年，张玉利教授和任学锋在对天津市万户小企业进行调研的基础上出版了《小企业成长的管理障碍》。该书一方面对企业成长理论的发展脉络进行了仔细梳理，从经济学、战略管理理论、社会心理学等角度论证了小企业成长的理论基础；另一方面还重点结合国内小企业成长的实证分析，对国内小企业成长的管理障碍进行了识别和归类，并提出了小企业成长的一些对策。尤其是该书主张的“小企业不是规模小的小企业”观点，对指导我国小企业成长的理论研究和实践活动都有极强的现实指导意义。

2005年7月26日，中国中小企业国际合作协会会同南开大学公司治理研究中心及国家发展和改革委员会中小企业对外合作协调中心，在北京首次向社会发布“中国中小企业经济发展指数”,① 李维安教授又将他的关于中小企业成长的相关研究发展为制度环境、企业治理、市场组织和财务实力四个维度，加入了企业治理这一维度。

3.3.3 其他主要研究成果

企业成长研究在国内日益受到重视，南开大学、首都经贸大学、浙江大学、厦门大学、吉林大学、郑州大学等高等院校纷纷开设企业成长相关课程，并启动企业成长或创业管理研究。林汉川、管鸿禧（2001年）通过实证的方法对湖北、广东的中小企业发展现状与面临问题进行了剖析。贾建忠（2002年）通过对广东中小企业发展的调查研究，提出了广东中小企业集群、聚类、龙头带动的发展策略。周国红、陆立军（2002年）从静态和动态两个方面论述了科技型中小企业在其成长过程中合理的人才结构建立、人才匹配和战略等问题，并根据知识型员工的工作性质和个性特征，讨论了企业人力资源的开发、管理和激励。郑传均、李自如（2001年）认为企业比较优势有五大要素，即内部优势、绝对竞争优势、比较竞争优势、区位优势和行业优势。企业比较优势整合战略的基本思路是，比较优势是企业赖以生存和成长的基础，在竞争中合作是创造企业内生比较优势的主要策略，进行企业内部优势和外部优势整合是实现企业比较优势向竞争优势转化的有效途径。陈德明、周三多（2002年）以苏南中小企业为例，对中小企业的竞争力形成、影响因素，如何形成和培育竞争力等进行了系统的探讨。

近几年，关于中小企业成长的最新研究成果的论著也越来越多。蔡宁（2004年）在《中小企业竞争力与创业板市场》一书中，以中小企业创业板融资为切入点，从创业板上市要求这一独特的角度对中小企业竞争力

---

① 资料来源：南开大学新闻网：http://news.nankai.edu.cn/nknews/News.aspx?id=6534 下章介绍其评价方法。

的问题进行了阐述。周晖（2007 年）在《中小企业及其群体成长研究》一书中，对中小企业的生命模型做了实证分析，并探讨了中小企业集群的成长。管鸿禧（2007 年）在《我国中小企业竞争力研究——评价体系、实证比较与提升对策》一书中，通过对七省市中小企业的问卷调查，分析影响中小企业竞争力强弱的关键要素以及内在运作机理，比较不同区域和不同行业中小企业竞争力差异的程度和内外部原因，并依据中小企业的发展趋势与我国国民经济的发展目标，提出了东中西部、不同发达区域、不同行业中小企业提升竞争力的战略思路与对策建议。范钧（2007 年）在《区域软环境与中小企业竞争优势》一书中，以浙商为例，对中小企业竞争优势的关系进行了探讨。姜海龙（2008 年）在《中国特色中小企业演进研究》一书中，从更广泛的视野突出“中国特色”，探究了中小企业演进的内因、条件、过程等问题。学者们从不同的角度对中小企业成长的研究，从理论上和实践上都会对推动中小企业的成长产生积极的作用。

第4章

我国企业成长评价相关研究

§4.1 企业状态评价

国内外学术界对企业成长性评价的研究并不鲜见，只是研究的视角和方法各异，但目的都在于试图通过寻找一种更为科学合理的方法对企业成长进行评价。通过梳理各种评价思想和方法，可以对当前的各种企业成长的评价方法进行理性的认识与借鉴。

4.1.1 企业绩效评价

企业绩效评价是较早应用于企业评价的评价体系，不同的利益相关者从不同目标出发，利用相应理论和方法对企业业绩进行评价。对企业业绩指标的划分由于评价主体的偏好也不尽相同。

1. 国外绩效评价方法的发展

国外企业绩效评价指标随着企业规模、组织方式和现代管理观念的发展等变化，基本上可以分为三个阶段，即以成本控制为目标阶段、以投资收益为目标阶段和以战略执行结果为目标阶段。

（1）以成本控制为目标阶段。这一时期主要是指19世纪初到20世纪初这段时间。资本主义经济处于自由经济阶段。一方面是简单的大规模生产，另一方面是没有销售压力、无差异化的市场，企业最关心的就是生产效率，成本控制就成了核心目标。

（2）以投资收益为目标阶段。这一时期主要指20世纪初到20世纪90年代这段时间，先后经历了以销售利润率为中心、以投资报酬率为中心和以财务指标为主的阶段。20世纪20年代，运用得比较广泛的绩效评价指标是销售利润率，这是因为在当时情况下，许多控股公司的重点目标是税负最小化。随着多元化企业组织形式的发展，投资报酬率指标的应用范围得到拓展，影响最大的就是杜邦公司提出的杜邦财务分析体系。20世纪60年代运用得最为广泛的业绩评价指标主要是预算、税前利润和剩余收益等。20世纪80年代后产生了非财务指标，从而出现了以财务指标为主、非财务指标为辅的绩效评价指标体系。

（3）以战略执行结果为目标阶段。进入20世纪90年代以后，企业经营环境面临着巨大的变化，企业之间的竞争空前激烈。企业更加关心战略性竞争优势即核心竞争优势的形成与保持，于是出现了以美国纽约Stem Stewan咨询公司创立的经济增加值为代表的财务指标创新和以卡普兰和诺顿创建的平衡计分卡为代表的非财务指标创新。

2. 我国绩效评价方法的发展

我国企业绩效评价方法的发展在国有资产监管方面表现得最为明显。20世纪90年代前，与过去计划经济相适应，我国形成了以产值、产量、企业规模等为重点的国营企业财务管理体系，且侧重于实际数与计划数的比较。这一时期的企业财务业绩评价指标体系主要有：固定资产产值率、定额流动资金周转天数、可比产品成本降低率、利润总额完成率、销售成本利润率、销售利润率、资金利润率等。1992年，原国家计委、国务院生产办、国家统计局联合下发了工业经济评价考核指标体系，包括6项指标。1993年财政部颁布《企业财务通则》规定了8项财务评价指标，分别从偿债能力、营运能力和获利能力方面对企业的经营业绩进行全面、综合的评价。1995年，财政部又发布了企业经济效益评价指标体系，包括 10 项指标。1999 年 6 月，财政部、原国家经贸委、人事部、原国家计委联合颁布了企业效绩评价指标体系，包括 8 项基本指标、16 项修正指标和 8 项评议指标，将部分非财务指标纳入业绩评价指标体系之中。

为适应社会主义市场经济体制下政府职能转变和强化国有企业监管的需要，财政部、原国家经济贸易委员会、人事部、原国家发展计划委员会四部委于 1999 年 6 月联合颁布了《国有资本金效绩评价规则》和《国有资本金效绩评价操作细则》，此后财政部又先后发布了《国有资本金效绩评价指标解释》、《国有资本金效绩评价计分方法》、《国有资本金效绩评价评议指标参考标准》、《企业效绩评价行业基本分类》。2002 年 2 月，财政部等五部委联合印发了《企业绩效评价操作细则（修订)》。修订后的评价内容与修订前的大致相同。修订后指标体系对第 2 层次的修正指标进行了一定的增减，而且还对评议指标以及各指标权重进行了修正，提高了对企业偿债能力和发展创新能力的评价，使该评价体系更为客观公正，更具有可操作性。2006 年 4 月又公布了《中央企业综合绩效评价管理暂行办法》。至此，一套适合我国现状的国有资本金效绩评价指标体系已初步建成。现行指标体系以资本运营效益为核心，以净资产收益率为主体指标，采用多层次指标体系和采取多因素逐项修正的方法。运用系统论、运筹学和数理统计的基本原理，实行定量分析与定性分析相结合，克服了长期以产值、利润或利税为主考核评价企业经营业绩的弊端，其科学性、规范性、公正性均比财政部 1995 年颁布的十大经济评价指标体系有较大的完善。

由于我国国家部门与国有企业之间的关系密切，国家规范的绩效评价体系在一定程度上左右着企业的改革方向，对企业经营者决策具有明显导向作用。因此，可以说国家规范的绩效评价对企业尤其国企的绩效和经营具有很强的指导意义。

3. 绩效评价方法的不足

绩效评价体系以投资报酬率为核心，不免具有一定局限性。主要表现在以下几个方面：（1）这种方法主要适用于大型企业，虽然按规模大小把企业划分为大、中、小型，但其评价指标主要是根据大企业和成熟企业的实际情况设计的，不适用于对中小企业的评价。（2）以投资回报为核心的考核主要出发点是对投资人负责，强调资本在一定时间内的回报结果，而不能揭示企业未来的成长能力和赢利能力。(3) 这种方法没有考虑到企业成长的阶段性，用统一的标准来衡量企业绩效并以绩效结果做出评价对那些处于投入期和培育期的项目和企业而言往往是不公正的。(4) 虽然把非财务指标纳入评价体系，但还不够，具体表现为非财务指标数量太少，权重太小。(5) 操作方法过于烦琐，国有资本金绩效评价体系把指标分为评价指标、修正指标和评议指标，具体计算过程相当复杂。(6) 主要分析企业经营结果，对导致经营结果的因素特别是企业外部因素没有进行分析，是一种事后结论性评价。(7) 从根本上讲，这种评价方法是对企业内部状况的一种静态评价。

当然，随着人们管理理念的进步，国内企业管理层对绩效评估的观念也产生了巨大的变化，从单一的注重财务目标的完成转为并注重整体经营成效的提升。而激烈的市场竞争也迫使经营者思考如何提高现有员工的工作效率，以及如何留住企业的核心人员等一系列问题。绩效管理作为一个将公司战略、资源、业务和行动有机结合的完整的管理体系，被企业决策者予以高度的关注，绩效评价与绩效计划、绩效辅导和绩效反馈一起构成一个绩效管理系统，但从现实看效果并不明显。可见以绩效评价为核心的绩效管理有其一定的局限性。

4.1.2　我国的企业综合评价

企业综合评价是相对于单项评价而言，可分为局部综合和全面综合。企业综合评价正朝着三种综合趋势发展，这就是：评价主体及目的多元化之综合；财务性绩效评价与战略性绩效评价之综合；外部评价和内部评价之综合。总体上看，综合评价是朝着评价主体及目的多元化及其相互综合的趋势在发展。

新古典型（Neoclassical）企业理论以资本家（投资者）和经营者两位一体的古典型企业为基础，不考虑企业内部结构对组织效率的影响，企业被简单地假定为在既定的预算约束和生产函数条件下选择价格和产量，以实现利润最大化的投入产出关系。建立在这种理论基础上的评价理论，评价主体界定为单一的投资者，评价目的是促使资本收益最大化。因此，必然形成以资本收益率为核心的事后评价模式。

企业契约理论以所有权和经营权相分离的现代股份制企业为基础，把企业看成是不同要素所有者之间的契约关系的结合体。这种理论已深入到企业内部结构，并分析组织效率对企业绩效的影响。其中委托—代理理论（The Principal-Agent Theory）揭示出现代企业中资本家（持股人）与经营者，以及经营者与员工之间形成的复杂的代理链（Agency Chain），因而需要通过设计一种有激励性的合约去控制各级代理人，以提高企业绩效。企业经营业绩评价被广泛地用于经营者的聘任决策，经营者报酬计划及企业治理结构的构建等方面。其他理论如阿尔钦和德姆赛茨关于团队生产方式下的“偷懒”问题；德姆赛茨关于公有产权的“搭便车”问题；以及哈特的合同不完全性引申出的控制权配置及对组织效率的影响问题，都要求企业评价从事后对结果的评价深入到事中对经营过程的评价。

无论新古典企业理论还是企业的契约理论都是“资本雇佣劳动”的企业理论，强调资本对劳动者的控制。管理理论的发展与上述企业理论相得益彰，20 世纪的管理理论都是建立在“管理的理性和劳动者的非理性”这一假设之上，管理就是对劳动过程的控制和劳动者的控制。劳动者因而失去主体性，资本所有者成为评价客体，劳动者及劳动过程成为评价对象。直至 20 世纪末这种状况发生了变化，企业理论里面出现了利益相关者（Stakeholder）的概念，公司不单纯为资本所有者谋利益，而要为包括股东在内的所有利益相关者谋利益。这种理论的实质是承认各要素所有者都是创造企业价值的源泉，因而都有评价企业绩效的要求。

德鲁克根据日本丰田公司建立的涉及产品经营全过程的价值链或经济联合体的实践，认为再大的企业也不过是价值链中的一个环节，成本控制应包括供货商和销售商的成本，企业的绩效评价和控制应该包括整个经营活动的完整过程（德鲁克，1999 年）。20 世纪 90 年代西方管理界流行的团队工作（Team Work）和学习型组织等概念，主要针对传统管理模式扼杀员工的自主性和创造性，以及僵硬的大规模生产方式和金字塔式层次组织不能对迅速分化的市场做出快速反应。梅耶（Christopher Meyer）认为传统的绩效评价体系削弱了团队的发展，主张建立帮助团队提高绩效的评价指标和方法。克拉克松（Clarkson）提出公司绩效分析和评价的利益相关者框架，把评价主体扩展到包括股东、债权人、管理者、员工、供应商、经销商、消费者和政府在内的利益相关者（Clarkson，1995 年）。这些研究从价值链的角度，以“评价主体多元化”回答了“谁要求评价”的问题，以“揭示企业内在价值和提供创造价值的途径”回答了“因何要评价”的问题。正因为如此，本书把企业评价定义为揭示企业内在价值和提供创造价值的途径的行为。

虽然各评价主体在提高企业价值这方面有共同的利益，但他们处于价值链上的不同环节并因此而形成利益差别，客观上要求评价结果要综合考虑各评价主体的利益要求。现有评价理论根据评价主体及目的，把企业局部综合评价分为五个主要方面：（1）投资者对作为投资对象的企业进行价值分析；（2）债权人对企业进行的信用评价；（3）政府部门为制订产业政策和实行规制（Regulation）所进行的，以企业提供的税金、就业机会、职工社会福利、环境保护等主要内容的社会经济评价；（4）出资者为获取最大化收益对受托经营者进行的绩效评价；（5）经营者为提高效率所进行的内部管理绩效评价。克拉克松（Clarkson）在利益相关者框架中提出了公司社会绩效、公司社会责任和公司社会反响等全面的综合性评价标准。

在企业综合评价的方法方面，亚历山大·华尔（Acexander Wall）对企业外部评价方法作出了杰出贡献，形成至今仍为企业界广泛应用的华尔综合比率分析法。华尔综合比率分析体系采用功效系数法，先确定反映企业负债水平及偿债能力的七个比率指标，然后计算其标准值并确定权数；最后在企业实际比率已知的条件下，求出实际比率与标准值的关系比率，再乘以权数相加，得出综合评价值。虽然华尔综合比率法着重考察企业的负债水平和偿债能力，只能对企业作出局部综合评价，但功效系数法的优点是可以增加评价内容和指标，所以，华尔综合比率法成为企业综合评价的一种经典方法。日本森田太朗介绍的日本经营综合评价法，在华尔综合比率分析法的基础上加进了反映企业成长性、企业活力等内容及指标，并且对具体评价方法进行了一些改善，在给定权数和标准值的基础上，对各指标的实际数值进一步划定若干区域，并给出相应的权数，以消除异常值影响综合评价的结果，从而克服了华尔评价方法的不足。

我国的企业综合评价工作起步很晚。1993 年 1 月开始施行的《企业财务通则》，其中第43 条规定用8 个指标来评价企业的财务状况和经营成果，可以视为是我国最初的财务性绩效评价体系。1995 年财政部公布了企业经济效益评价指标体系，指标增加到 10 个，从投资者、债权人以及企业对社会的贡献等三个方面进行综合评价。1997 年开始原国家经贸委、国家计委和国家统计局公布新工业经济效益考核体系，以后国内对企业综合评价的研究开始增多。

目前，我国官方发布的企业综合评价指标体系主要有4种[①]。(1) 财务评价指标体系，包括8项指标；(2) 经济效益评价指标体系，包括10项指标；(3) 综合评价指标体系，包括12项指标；(4) 资本保值增值考评指标，包括一个主导指标和若干辅助指标。前两种指标体系由财政部发布，第三种指标体系由原国家经贸委和国家统计局公布，第四种指标体系是原国家国有资产管理局规定的。此外，较有影响的指标体系还有原国家体改办制定的"企业活力评价指标"，包括24项指标；《管理世界》中国企业评价中心制定的"企业经济效益评价"指标，共计5项指标；中国人民大学制定的"企业活力评价"指标，共计10项指标。从目前较有代表性的评价模式看，总共涉及了45项企业财务绩效指标。其中，使用频率最高的指标有8项，主要是考察企业的经营效率、偿债能力、获利能力和资产安全性等方面的状况。

从总体上说，国内关于企业评价的研究并未清楚地认识到评价主体是企业价值增值的源泉、企业评价是揭示企业内在价值和提供创造价值途径的行为，而是认为企业评价的目的是对企业进行引导和监管。国内研究的另一重要倾向是，企业综合评价主要针对国有企业。国有资本金效绩评价体系表明了我国目前的企业综合评价还基本上处于财务性绩效评价和局部综合的阶段。根据国外企业综合评价的发展趋势，我国企业综合评价的研究重点应是战略性绩效评价和内部评价。战略性绩效评价不仅有助于企业的战略规划，而且有助于政府部门制定产业政策和促进规范性企业综合评价体系的建立。内部评价有助于企业选择和优化业务流程，通过评价反馈产生学习效应来提高企业的效率，进而促使组织成员努力实现企业战略目标。

从形式上看，本书研究的中小企业成长评价方法是企业综合评价的局部综合评价的一种，但就本质而言，这一评价方法考察的核心是基于企业成长能力的成长趋势。

4.1.3 公司治理指数

公司治理指数是以指数形式对上市公司治理状况做出的系统客观的评

① 《中小企业发展问题研究》联合课题组：《综合评价指标的比较研究与指标体系的设定》，中国企业评价网 http://www.ceea.gov.cn。

价。中国公司治理指数（简称南开治理指数，CCGINK）是公司治理研究专家李维安教授带领的南开大学公司治理研究中心，长期研究和前瞻中国公司治理动态的结果。该指数是在借鉴国际经验的前提下，围绕中国经济转轨时期公司治理中的公司内部治理机制、信息披露、中小股东的利益保护、上市公司独立性、董事会的独立性以及监事会参与公司治理等突出的治理问题，建立的一套适应中国上市公司治理环境，具有中国特色的公司治理评价系统。

他们基于公司治理应“从治理结构向治理机制”转变的思想，基于“内外兼制，科学决策”的新理念，以制衡“内部人控制”为主线，根据我国转轨经济的特殊性背景，构建了中国上市公司经理层治理评价指标体系。具体而言，经理层治理评价指标由三个维度、总共22个指标构成。具体包括：（1）人事任免制度。包括总经理的选聘方式、其他高管人员的选聘方式、高管人员的行政制度和董事长与总经理的两职设置状况；（2）执行保障。包括决策支持、经营控制、双重任职、内部人控制和CEO设置等指标；（3）激励与约束机制。薪酬水平、薪酬结构、薪酬动态激励、持股比重、股权流通性、持股方式、决策报告制度和职务消费制度等。中国公司治理指数以及其中的经理层治理指数是南开大学公司治理研究中心在公司治理理论研究成果基础上，与前期推出的中国公司治理原则（2000年）、中国公司治理指标体系设置（2003年）共同构成了完整、系统的研究成果。

2007年10月，《上证公司治理板块评选办法》正式发布，并接受上市公司自愿申报。截至2007年11月2日，上证所和中证指数有限公司共收到255家公司的有效申报材料，并进行社会公示，进行公众评议。最后，经过公司治理板块专家咨询委员会评议，确定了199家治理板块样本名单。2008年1月，上证公司治理指数正式发布。此外，在2007年8月中国（H股）公司治理指数已经先行发布，是由评级与研究公司RepuTex向全球投资界提供的，主要评价对象是在香港证券交易所上市的中国H股公司，该指数在国际范围内尚属首例。中国（H股）公司治理指数目前包括29只H股股票。

公司治理指数主要从公司治理的角度考察企业治理的成熟度，对中小企业成长评价有着重要的启发。它提示本书在对中小企业成长进行评价时，如何将公司治理的状况及未来变化融入评价体系中，关于公司治理的思想，本书在中小企业成长性的稳健性方面和成长力的相关性方面都有体现。

§4.2 企业能力评价

4.2.1 企业活力评价

目前，企业活力理论已成为美国、日本、韩国等发达国家管理学术界研究的前沿性课题。在我国改革开放初期，受当时国内加大国有企业经营自主权的形势驱动，也曾掀起过一股企业活力研究的热潮。但当时，企业活力研究的重点主要是如何向国有企业放权，使它们由计划的工具，成为真正的企业以及根据当时的一些经济管理指标对国企获得经营自主权的状况进行评价。

现代企业活力评价研究以南开大学李维安的研究为代表。李维安教授提出并主持了作为南开“211 工程”项目的《现代企业活力理论与企业活力评价系统研究》的课题。[①] 该课题组进行的企业活力研究，旨在探索企业生命力机制的内在规律和反映我国企业生命力的表面特征。在此基础上，建立企业活力指标体系，测算出我国企业活力指数，用以科学地评价我国企业的活力状况，并为增强我国企业活力提供具体的方法支持。与以往的有关企业活力研究以及目前时兴的企业竞争力研究工作相比，本项研究在研究范围和深度上实现了进一步的拓展。

这个项目目前已初步构建成新环境下我国的企业活力理论分析框架和企业活力指标体系。围绕对企业活力三要素（生存力、成长力和再生力）的逐级展开，识别和确定出一系列企业活力的决定因素，形成一个由财务和非财务要素构成的复合指标体系，并确立了相关的指标量化方法，用以对企业活力及其程度加以考察。

这一评价方法的视角与本书研究的中小企业成长评价方法最为接近，它是从企业成长的三个层次展开的，明显地考虑到了企业成长的阶段性。这一评价思想放眼动荡的经营形态，着眼于企业整体的持续发展，着眼于企业的生命力，把企业看作“生命体”，在如何看待中小企业的组织特征

① 李维安等：《现代企业活力理论与评价》，中国财政经济出版社 2002 年版。

方面，给了本书很好的启发。其企业活力指标体系设计也较清晰地围绕企业活力三要素即生存力、成长力和再生力逐级展开，而且设计出了操作性较强的企业活力评价软件及数据库模型。但活力评价似乎更倾向于直接、连续地为企业提供信息咨询和管理支持服务，对于日趋活跃的中小企业投融资活动关注较少。

4.2.2　企业竞争力评价

截至目前，企业竞争力评价的方法至少在20种以上，进行企业竞争力评价研究的学者也不少，其中比较有代表性的是金碚、胡大立和聂辰席三位学者。

金碚在《论企业竞争力的性质》[①] 中提出了因素分析法、对比差距法和内涵解析法。他认为对企业竞争力的评价可以采取"由表及里"的因素分析方式，即从最表面、最容易感知的属性入手，逐步深入到更为内在的属性和因素。一般来说，越是内在的因素对企业竞争力的影响越深刻、越长久，但其产生作用的逻辑因果关系可能非常复杂；而越是表面的因素对企业竞争力的影响越直接、越短暂，但其产生作用的逻辑因果关系却较简单。最表面、最容易感知的属性和因素可以表征为企业竞争力的显示性指标，这类指标可以选择能够直接反映企业市场地位的数值。例如，产品或服务的市场占有率及其增长率、企业的盈利率、企业规模等。因素分析法的基本要求就是尽可能地将决定和影响企业竞争力的各种内在因素分解和揭示出来。对比差距法是假定同类企业中最优秀的一家或几家企业的一系列显性特征对竞争力具有明显的影响。因而可以通过本企业和最优秀企业的一系列显示性指标的比较来评估本企业在竞争力上存在的差距。内涵解析法的特点是将定性分析和定量分析相结合，重点研究影响企业竞争力的内在决定性因素，对于一些难以直接量化的因素可以采取专家意见或者问卷调查的方式进行分析判断。与前两种方法主要分析竞争力的外延性指标不同，这种方法重点分析竞争力的内涵性因素。这种方法要达到的目的是揭示企业的核心竞争力，并对其作用进行评价。金碚将他的理论发展成中国经营报企业竞争力监测体系（China Business Competitiveness Monitor,

① 资料来源：《中国工业经济》2001年第10期。

简称 CBCM）用于监测企业竞争力[①]。

胡大立在《企业竞争力论》[②] 一书中就企业竞争力评价提出了两种方法。一是模糊综合评价法。企业竞争力模糊评价的理论依据是：企业竞争力的评价具有模糊性。通常我们把竞争力强度分为很强、较强、一般和差 4 个等级，但很难界定每个等级的标准。这种等级的分类也只是人们主观意识的结果，分类本身就有“模糊性”。在企业竞争力评价中，一些因素因具有模糊性而不能简单地用一个分数来评价。考虑到这些因素，采用模糊数学的综合评价方法来对企业竞争力做一定量的评价。模糊评价法有单因素的模糊评价和多层次的模糊评价两种方法。由于企业竞争力受多因素的影响，宜采用多层次的模糊评价法来评价企业的竞争力。二是灰色多层次评价法。人们常用颜色深浅表示信息完备的程度，将系统分为 3 类：信息完全明确的系统称为白色系统，信息完全不明确的系统称为黑色系统，信息部分明确部分不明确的系统称为灰色系统。经济系统、管理系统、生态系统等都是灰色系统。1982 年，邓聚龙教授创立了灰色系统理论[③]。灰色系统评价方法主要有灰色聚类、灰色统计和灰色关联分析。企业竞争力的灰色评价的依据在于：企业竞争力评价系统是一个灰色系统。首先因为影响企业竞争力的因素太多而且复杂，人们在评价时，只能选取有限的主要指标来进行分析。其次，所选取的评价指标的数据，有些是已知的——可以从现有的统计资料中获得，有些指标的数据却是未知的——无法从统计资料中获得。因此，该系统具有信息不完全，或者“灰色”的特征。鉴于该系统的灰色特征，运用灰色系统理论评价此系统是非常适宜的。

聂辰席随后提出了综合指数评价法[④]。综合指数评价法是一种综合指标体系评价法。其评价的方法是：第一步确定评价项目的权数。由于本指标体系为多层次的，所以既要求一级系统的权数之和为 1，又要求各子系统内部各项目之和为 1，确定权数的方法目前多采用专家咨询主观定权的方法。第二步计算各子系统的综合平均指标。对于正指标直接用其报告期与基准期对比；对于逆指标，先求其倒数值，然后用上述相同的方法进行对比，算出“个体指标”，最后用事先确定好的项目权数对它们进行加权

---

① 《中国经营报》网站，http://www. cb. com. cn/jzl/rqzs. htm.

② 胡大力：《企业竞争力论》，经济管理出版社 2001 年版。

③ 1982 年，邓聚龙发表了“参数不完全系统的最小信息正定”、“灰色系统的控制问题”等系列论文，奠定了灰色系统理论的基础。

④ 聂辰席：《企业竞争力定量评价的综合指数法》，载《河北建筑科技学院学报》，2002 年第 2 期。

平均，得出子系统综合评价的平均指数。第三步对各子系统的平均指数进行加权平均，求出综合平均指数。包括反映企业生产要素投入的统计指标T、反映企业产出水平的统计指标O、反映企业财务效益（经济效益）状况的指标F、企业资产运营状况的指标A、企业债务水平和偿债能力的指标D、反映企业发展潜力的统计指标P、反映企业国际竞争力的指标I、企业服务能力的指标S等8个子要素。在此基础上，可以建立反映企业竞争力的数学模型。评价的标准在于：如果综合平均指数接近于1，则说明甲乙两企业的整体无明显差别；如果综合平均指数大于1，则说明甲企业优于乙企业；如果综合平均指数小于1，则说明甲企业劣于乙企业。综合平均指数与1的离差越大，说明不同企业的差异越明显，故各企业能依据综合平均指数的大小，进行企业间的比较，确定本企业在同行业中的地位，制定自己的发展战略。

企业竞争力评价在方法上和指标选取方面也给了我们很多启发，但也存在选取指标较多，指标之间有相互交叉或覆盖的现象，加剧了权数设计的难度。另外，如何将一些影响竞争力的外部环境因素（如产业环境、社会环境等）纳入竞争力评价体系也值得商榷，如何评价外部环境对具体企业的影响及企业的回应能力在竞争力评价设计中也没有体现。从总体上讲，目前的中小企业竞争力研究还缺乏成熟的理论基础，在定量评价方面囿于数据的缺乏，实证研究的文献偏少，这对本书的研究同样有一定的制约。

4.2.3 企业发展力评价

企业发展力或发展潜力是经常提到的经济词汇，但鲜有系统研究。首都经济贸易大学工商管理学院黄津孚教授的《企业发展潜力——分析评价与挖掘提升》[①] 是比较系统的一本论著。这本书首次阐明了企业发展潜力的含义、阐明了关于企业潜力与竞争力的关系，界定了机遇及机遇价值的概念；澄清了关于资源和能力的概念，阐明了相互关系。该书还提出了新时期的发展观，系统阐明了效益－活力－素质理论，提出了企业素质由资源禀赋、技术素质、管理素质与人员素质四方面构成的观点；认为企业

① 黄津孚：《企业发展潜力——分析评价与挖掘提升》，经济管理出版社2001年版。

发展潜力存在于市场、资源和能力的耦合关系之中。企业发展面临市场约束、资源约束和能力约束，企业的发展空间就是由这三种约束围成的空间；提出了机遇可能出现在不均衡、不稳定、不一致或不完善之中的观点；提出了企业核心竞争力是由核心资源与核心能力构成的观点，建立了核心竞争力形成机制的逻辑结构，提出了企业的能力包括技术能力、商业能力和管理能力的观点；阐明了企业创新的基本途径和内容层次。

暨南大学管理学院的王惠芬则从方法上实现了企业发展潜力的等级划分，在一定程度上是对企业发展潜力的评价。她提出对企业发展潜力在企业活动和过程层次进行测量，针对企业生命周期的发展阶段划分企业的发展潜力等级为初始级、可重复级、已定义级、可管理级、可优化级，建立了测量发展潜力的关键活动领域和能力指标。最后，利用企业发展潜力的等级划分标准分析出网易公司的企业发展潜力处于可重复级。

在实践中，中证·亚商中国上市公司 50 强评选活动在进入第六个年头（2005 年）时，开始将评选活动的主体变更为“最具发展力”上市公司 50 强。其创新和特色大体上可以概要地归纳为四个方面：（1）以“发展力”作为在新的外部环境下对可持续发展理念的诠释；（2）以发展力的要素矩阵作为评价企业发展力的理论基础；（3）以 4 个分排行榜作为对主排行榜的有效补充；（4）以标准和量化的评选技术在一定程度上降低评选结果的主观性并减少相应的工作量。其中，前面两点是核心内容。

§4.3 企业成长评价方法研究

4.3.1 中小企业的 GEP 评价法①

2000 年初，原国家经贸委中小企业司、国家统计局工业交通统计司和中国企业评价协会，共同发起设立了《中小企业发展问题研究》课题，重点研究我国中小企业，特别是成长型中小企业的发展状况与变动趋势。2001 年 4 月，由原国家经济贸易委员会中小企业司、国家统计局工业交

① 相关内容参见中国企业评价网：http://www.ceea.gov.cn.

通司、中国企业评价协会共同组成的联合课题组，运用 GEP 评价法对 15.42 万家中小企业进行调研评价，并形成了《成长型中小企业发展报告》。这次评价方法采用的是二维判断法。所谓二维判断法，就是从两方面同时考察企业的变动状况：一是空间概念，即正确反映中小企业在本行业（或全产业）时点状态所处的地位；二是时间概念，即尽可能考察一段时期内中小企业连续成长的速度和质量。二维判断法的评价方法是：首先确定中小企业所在行业的总体状况，然后测算评价期前若干年（一般为 3 ~5 年，本方案选择 3 年）企业的发展状况（包括企业在行业中的变动状况和企业自身的变动状况），最后用企业评价期的实际水平与前若干年的发展状况再进行比较，最终从整体上反映评价期中小企业的变动状况是越来越好，还是有进有退，抑或是逐渐萎缩。

对中小企业成长性的评价要着重考察中小企业在本行业的经营实力、以往的经营业绩、目前的经营状况以及未来的变动趋势。以二维判断法确立的“成长型中小企业评价方法”不同于已有的国际、国内开展的企业“经营规模评价”或“经济效益评价”等其他方法的评价目的和方法。它不仅较准确地确定了指标权数作用的区间，而且妥善解决了状态指标的科学评价问题，较之其他方法具有十分明显的优势。（1）时间概念不同。此方法侧重于考察企业的动态发展过程，尊重了企业发展的连续性，使时点评价与动态评价合为一体，从而较客观地反映了企业自身成长的变动状况；其他方法只是考察企业的时点状态，判断时点状态的企业是好还是不好。(2）空间概念不同。此方法注重结合企业空间位置（在行业中的水平）的变动状况评判企业的优劣，不仅能够较准确地反映企业未来的发展趋势，而且使不同行业具有了可比性。这一点其他方法是做不到的。(3）适用性不同。此方法需要连续考察企业若干年的变动发展（如果选取最低标准，即企业评价期前 3 年的指标数据，则实际要连续考察企业 4 年的发展变化情况。当然，也可以根据实际需要和可能考察更多年份的情况)，排除了中小企业创业初期高成长或高死亡等不稳定期的许多变化因素，保证了评价结果的准确性。（4）实用性不同。此方法能够较为科学地确定不同企业的成长状态，而且能够依据“个体指标成长指数”进一步分析企业的成长源，判断企业改善经营状况提高成长速度的潜在增长点，为企业提供一些有效的咨询服务。

2003 年，课题组又联合了国家工商总局个体经济监管司、全国工商联经济部，在认真总结首次实际评价效果，广泛征询专家意见和连续开展了两年的企业个案研究的基础上，按国家新发布的中小企业划分标准，针对我国非公经济6.8万家中小企业进行评价，重新对“成长型中小企业评价方法”提出修订方案，形成了A、B、C三个子指标评价体系。A系统指标体系是2000年制定的定量（财务）指标体系，B系统指标体系是定性（非定量）指标体系，B系统的评价方法采用模糊数学评价方法。在分别测算出企业定量指标实际分值DA和定性指标实际分值DB的基础上，加入国家产业政策和企业所在地区的经济发展水平等影响因素，进一步测算出企业综合成长指数。

《中小企业发展问题研究》联合课题组采用这一评价方法从2000年起编制发布中国成长型中小企业发展报告，将中小企业作为一个整体进行研究。但是这种评价方法和视角至今仍没有关注具体中小企业作为个体日益增长的两大迫切需求，即提升企业素质和拓展融资渠道。

4.3.2 部分省市成长型中小企业的评价方法

随着国家实施中小企业成长工程，各省市都纷纷开展中小企业的成长评价，比较早的有浙江和山东两省。

2004年，浙江省中小企业局和浙江省统计局共同研究出台了“浙江省成长型中小企业评价方法（ZJGEP）”①。该评价方法包括发展状况、盈利水平、经济效率、偿债能力、营运能力和行业成长性等六大方面共十五项指标体系，并结合企业战略、企业管理、企业信用、产品创优、出口创汇和环境保护等指标对成长型企业进行综合评价。

此次推出的评价方法是在2003年国家发改委、国家统计局等部委采用的成长型中小企业评价方法（即GEP）的基础上，针对浙江省的市场经济发展的特殊环境，在企业信用潜质等六个方面进行了改进。ZJGEP采用浙江省统计局提供的权威数据，将实时评价和动态评价相结合，全面考察企业在过去4年的发展，排除了企业初创时期的一些不稳定因素，保证了评价结果的准确性、科学性和实用性。

浙江成长型中小企业评价方法包括六大方面十五个指标体系：发展状况（销售收入增长率、净利润增长率、净资产增长率、新产品产值率、

① 相关内容参见浙江省中小企业局网站。

出口产品交货值占销售产值的比重）、盈利水平（内在投资价值、总资产贡献率）、经济效率（销售净利润率、工资增加值率）、偿债能力（资产负债率、速动比率、利息保障倍数）、营运能力（应收账款周转率、存货周转率）和行业成长性（行业销售收入增长率）。同时，结合一些定性指标对成长性企业进行综合评价，这些指标包括企业战略、企业管理、企业信用、产品创优、出口创汇和环境保护等。

ZJGEP 评价法与国家 GEP 评价法相比，具有六个方面的改进：一是更加注重企业信用潜质的考核。浙江省制订的 ZJGEP 评价法，为了与“中小企业成长计划”相配套，与银行对企业的信用评价相衔接，所以在设定指标时更注重考核企业偿债能力和企业营运能力。为此，除国家 GEP 评价法五个方面的指标外，还增加了营运能力方面的指标。营运能力方面，增设两个指标：应收账款周转率和存货周转率。偿债能力方面，增加两个指标：速动比率和利息保障倍数。二是更加注重企业创新能力的考核，在企业的发展状况中增设了新产品产值率指标。三是更加注重企业外向度指标的考核，在企业的发展状况中增设了出口产品交货值占销售产值的比重指标。四是更加注重企业社会效益的考核。考虑到整个指标体系中利润用的是税后利润，为了全面评价企业的综合效益，将总资产报酬率改为总资产贡献率，即在该指标的分子“利润总额 + 利息支出”中加入一块税金，即为“利税总额 + 利息支出”。五是注重指标间的低相关性。在检验指标相关性时，删去了资本收益率指标。六是注重减少人为因素。比如在计算成长指数时，由于企业单个指标计算得分为 0 的现象较普遍，为减少人为因素，用评价期企业各指标所得总分除以用评价期前 2 年平均指标计算的各指标所得总分，而不是用各指标的分值直接相除后再相加。

2005 年 10 月，山东省中小企业办公室发布了“山东省成长型中小企业评价办法（SDGEP）”①。该办法以 GEP 评价法为基础，同时进行了简化。它在定量评价方面也是考察发展状况、盈利水平、经济效率、偿债能力、营运能力和行业成长性等方面。选取的指标相对集中，包括销售收入增长率、净利润增长率、总资产报酬率、净资产增长率、内在投资价值、资本收益率、资产负债率、新产品产值率等 8 项指标。定性方面主要考察生产工艺设备先进程度、企业的信用等级、企业信息化水平、企业质量管理、研发机构的设立、企业员工素质水平、企业战略实施等七个方面。他

① 本办法由山东省中小企业办公室提供。

们对定量指标运用国家GEP二维判断法的基本原理进行评价，实现对企业评估期实际水平与前若干年发展状况的比较，从而在整体上反映评估期中小企业的变动状况，最终得出定量指标的发展水平；对定性指标根据其发展状况直接打分[①]；最后，根据定性、定量指标得分之和乘以行业与区域发展系数，得出山东省成长型中小企业的评价综合分数，据以判断其成长性。该评价方法有两个特点。一是简便性，其定量指标和定性指标的选取都很简明，不仅克服了中小企业信息数据采集的困难，而且操作方便。二是务实性，其充分考虑到行业特点和区域发展的不平衡，将具体企业置于特定的行业和区域内进行评价，这样可以动态平衡不同行业的支持力度，以及不同区域重点支持企业数量的确定，对于引导中小企业具体扶持方向非常有意义。

各省的中小企业评价办法适应了中小企业发展的需要，基本满足了结合实际优选重点支持中小企业的目的，但这些评价方法无法满足持续追踪评价中小企业发展状况和能力的需要，尤其不能具体揭示中小企业的真实需求或为针对性支持提供指导。

4.3.3 中小企业经济发展指数评价法[②]

2005年7月26日，中国中小企业国际合作协会会同南开大学公司治理研究中心及国家发展和改革委员会中小企业对外合作协调中心，在北京首次向社会发布“中国中小企业经济发展指数（China Small and Medium Enterprise Index of Economic Development，SMEI）”。该指数是我国第一个涉及中小企业经济发展的评价指数。该指数是受原国家发展和改革委员会和财政部委托，由中国中小企业国际合作协会联合南开大学公司治理研究中心、原国家发展改革委员会中小企业对外合作协调中心，在对全国部分省市的中小企业经济发展状况进行问卷调查的基础上，从制度环境、企业

① 具体是：生产工艺设备先进程度国际领先10分，国际先进7分，国内领先6分，国内先进4分，省内领先省内先进1分；企业的信用等级达到银行AAA级加6分，银行AA级3分，连续三年获重合同守信誉单位2分；企业信息化，建立了局域网或企业网站2分，财务管理、营销管理、仓储管理等每一管理模块实现了计算机管理加1分；企业质量管理，通过ISO9000认证3分，连续三年无重大安全事故2分；研发机构，设立2分，没有0分；商誉与无形资产，中国驰名商标6分，中国名牌5分，省著名商标3分，省名牌1分，每拥有一项专利加2分；企业管理，确立中长期发展规划2分，会计、统计、财务报表规范，按规定及时上报加5分。

② 本部分内容整理于中国中小企业信息网（www. sme. gov. cn）等公开发表的信息。

治理、市场组织和财务实力四个维度对中国中小企业的经济发展状况进行的全面系统评价。

制度环境指数考虑了中小企业成长与发展的政策环境、经济环境和法律环境三个大的方面因素；企业治理指数是通过一套包括正式或非正式的、内部或外部的制度及机制来协调企业与所有利害相关者之间的利益关系，保证企业决策的科学化，最终维护企业各方面的利益；市场组织指数包括市场竞争能力、销售渠道、竞争强度、研究开发、品牌、供应商等六个维度，既充分关注中小企业现有的竞争能力和资源，又特别关注对企业在市场组织方面发展和竞争潜力的评价；财务指数包括资产管理能力、偿债能力、盈利能力三个维度，分别反映中小企业资产的效率与效益、偿还本身所欠债务的能力以及在一定期限内赚取利润的能力。“中国中小企业经济发展指数”首次将决定企业发展基石的“治理要素”纳入到国内中小企业经济发展测评体系，并采用定性和定量方法设置了中小企业经济发展指数评价指标体系，建立了中小企业经济发展的“晴雨表”。

“中国中小企业经济发展指数”亦称“中国中小企业经济发展指数评价系统”，通过运用统计学、技术经济学、运筹学原理，采取科学分析方法，以指数形式对中小企业发展的科学性做出客观、系统和准确的评价，最终建立起一个较为完善的中小企业经济发展指数评价系统。其目标是希望以科学、客观和系统的方法展示我国中小企业最新的成长和发展成就；为我国中小企业树立有公信力及认可性的成功指针，以促进和推动我国中小企业健康发展；确立“中国中小企业经济发展指数”的国际基础，并争取发展成为与国际相类比的国际认可的经济指标，成为政府管理部门、经济学家、投融资机构等分析和评价我国中小企业发展和投资环境的一项重要参数。

相比于其他有关中小企业的评价研究，该项目一个显著的创新之处，在于将公司治理的内容引入到对中小企业经济发展的评价中。公司治理本身既是现代企业制度的产物，更是有关企业决策权力优化配置的制度安排。完善的治理机构与治理机制是企业发展的基石，中小企业由于其自身的条件面临的风险更多，完善的治理结构与治理机制的建立，将使中小企业具有科学的决策与监督机制，提升其抗风险能力，培育其长久竞争优势。“中国中小企业经济发展指数”首次决定将企业发展基石的“治理要素”纳入到国内中小企业经济发展测评体系。在得到专家学者们肯定的同时，也有人提出了质疑，认为将“治理要素”纳入到国内中小企业经济发展测评体系是否过于超前，是否过多地侧重与国际接轨，而忽视了中国中小企业的现状。

4.3.4 国内中小企业评价方法的评述

企业成长从来没有像今天这样被重视过，企业成长现象和规律也成为理论界和学术界研究的热点问题。然而，由于中小企业群体的多构成、多生态的复杂性，也由于中小企业成长现象的非规律性，还没有为社会所普遍接受的企业成长评价研究成果。我们对近几年来国内有关企业成长评价研究的文献进行了整理，认为分析和研究工作还不是很深入，还有诸多缺陷。具体可以归纳为以下几点。

（1）企业成长评价的应用分析不深入。在我们所能整理到的文献资料中，一般都专注于研究评价方法，而对评价结果的应用思考很少。所以虽然有一些研究成果，但大多无法应用于实践当中去。目前在实践中应用的只有中小企业发展问题研究联合课题组研究的 GEP 评价法，即二维评价法。如前所述，浙江等省就是以二维评价法为基础研究设计了各自的成长型中小企业评选方法。但这种方法只满足了成长型企业评选的需要，无法进一步对中小企业成长扶持提供更深入的分析支持。中小企业发展问题研究联合课题组近年来发布的报告也只是从总体上概括地提供了一些评价分析，对具体企业的指导及中小企业服务机构具体措施的落实发挥的作用有限。

（2）企业成长评价研究强调成长性忽视成长力。二维评价法就是典型的专注于成长性评价，当前主要的研究成果也大都是集中在成长性评价方面。成长性评价结果的确可以很好地应用于评选成长型企业，但无法发挥更大的作用。随着中小企业社会服务体系的完善，解决融资难和提升管理能力的各项服务功能已经具备。因此，对企业成长评价的需求绝不只是识别性地评价，而是要求能提供多层次的、满足不同需求的评价结果，以更系统、更全面、更有针对性地为中小企业综合服务提供指引。

（3）定量与定性相结合的评价体系设计中忽略了评价指标互为因果、相互覆盖和交叉的实际问题。为了实现评价系统的完整性，充分反映企业成长状况，研究者们越来越倾向于在评价指标中加入一些定性评价的要素和指标，这样的做法看似更进一步了，实际却可能导致评价结果的失真。

我们认为定量评价与定性评价相结合是没有问题的，关键在于一定要从根本上纠正过去的单一层面评价指标的做法，消除相关联指标对特定评价方面的重复体现，避免关联性指标对评价结果准确性的影响。

此外，在实际的评价操作上也存在一些问题。一是就现象讨论现象，用大企业的管理经验作为衡量成长型中小企业管理的标杆。主要表现是以成功经验的研究代替成长规律研究，这种思想影响了研究工作的对象和内容，在对象的选取上会很自然地倾向于大企业；在内容的选择上很自然的是对结果的研究而不是过程的研究，是对战略思想的探索而不是操作细节的关注。二是以社会统计代替个案跟踪。这种思想首先是影响了指标设计和统计方法设计，其次很自然地只能对企业成长的一般规律进行总结，而对具体企业的揭示甚少。三是过分强调指标系统的完整性。过多的指标设计不仅使分析变得复杂，而且更重要的是，定量指标和定性指标的混合，加大了权数设置的难度，降低了分析的客观性。

总而言之，目前各方面的研究和探索还在进行当中，关于企业成长的决定因素等方面的研究结论甚至存在相互冲突的成分，在企业成长性评价和企业成长力分析方面还没有成熟的体系和标准，需要多角度审视中小企业的成长，探寻更为客观、更为科学、更为系统的评价方法和体系。

理论篇

研究中小企业的成长及其评价，不仅是企业成长理论中关于中小企业成长管理理论的深入探究，更为重要的是基于利益相关者的现实需求。首先是来自创建者和经营者对企业成长管理的需求，其次是源于投资者对投资回报和风险的关注；同时还是各级政府政策选择和政策检验的重要依据。因此，要从分析中小企业成长评价的需求入手，在相关企业成长理论的基础上，提出中小企业成长的分层评价体系。

第5章

中小企业成长评价需求分析

中小企业的成长评价源于中小企业自身成长的需求。在中小企业的成长中，既存在内生缺陷，也面临着外部制约，尤其是中小企业的融资需求成为其成长和发展的最迫切需求。满足和实现中小企业成长的需求，从现实层面搭建中小企业的综合服务平台不失为一种有效路径，在这样的思想下形成中小企业分层次评价的体系。

§5.1 中小企业成长的障碍

5.1.1 中小企业的内生缺陷

1. 中小企业的存活率低

据美国《财富》杂志报道，美国大约62%的企业寿命不超过5年，只有2%的企业存活达到50年，中小企业平均寿命不到7年，大企业平均寿命不足40年；一般的跨国公司平均寿命为10~12年；世界500强企业平均寿命为40~42年，1 000强企业平均寿命为30年。日本《日经实业》的调查显示，日本企业平均寿命为30年。《日本百强企业》一书记录了日本百年间的企业变迁史，在百年中，始终列入百强的企业只有一家。在中国，有关企业存继周期尚无如此明确的统计，但《科学投资》在1993年、1995年、1997年、2000年、2002年连续进行的5次全国私营企业大规模抽样调查表明，1993年以前私营企业平均存继周期只有4年，2000年提高到7.02年。《科学投资》相信，这是一个比较乐观的估计。中国中小企业的寿命普遍很短，2005年中国首部民营企业发展报告"蓝皮书"表明：20年来中国每年新产生企业超过15万家，而每年消亡的企业接近10万家，60%的民营企业在5年内破产，85%的民营企业在10年内死亡，平均寿命不过2.9年。

有人把企业成长过程中要经历的生死劫总结为四道门槛[①]：第一道门槛称为"三年入门"，认为在这一阶段有60%的企业还没有入门就会被淘汰；第二道门槛称为"八年入道"，认为在剩下的40%中有60%～70%的企业又将被淘汰；第三道门槛称为"25～30年入画"，认为在剩下的12%中又有60%～70%将被淘汰而没有"入画"；第四道门槛被称为"40～50年入定"。此时，只有1%～2%的企业能"入定成仙"，成为百年老店。企业间的生态关系与人的成长一样，只有极少数人能成就大业，这是自然规律，我们不能期望所有的中小企业都能基业常青，我们要做的是通过对企业内生缺陷和外部制约的研究，帮助最值得支持的中小企业更好地成长。

2. 中小企业可能存在的内生缺陷

绝大部分中小企业都是在近十年创立成长起来的，企业成长的自然规律和我国不完善的市场机制决定了中小企业可能存在的内生缺陷，主要表现在以下两个方面。

（1）企业家及经营团队缺陷。我国社会主义市场经济的发展不过短短20多年，大部分中小企业的创立与发展也不过十年左右，很多中小企业的决策人尤其是民营企业家是靠其自身的胆识、战略眼光甚至是善于投机、善于打政策的擦边球而创立企业并发展起来的。他们往往是依靠某一个好的产品、好的项目，或者是瞄准了一个好机会，然后毅然决然、不顾

---

① 谢康：《企业成长的四道门槛》，载《IT经理世界》，2003年第23期，第6页。

一切地冲进去并一举成功。但是，这种成功并不伴随着老板的人格、企业文化及管理水平的提升，于是，在企业的后续发展中，就出现了企业发展的需要与管理乏力的矛盾。

许多企业在我国社会的转轨中凭借机会或特殊资源而获得了爆发式成功，另有一些企业凭借特殊的技术专长或资源禀赋巧遇经济转型、产业升级带来的机会而快速成长。而要追求更长远的成长他们不得不面对新的挑战：对经营战略的精准把握、对运营机制的精确设计和对核心竞争力和执行能力的精心培育，他们需要把勇于冒险的精神转变成勇于吃苦和脚踏实地的精神。

从战略意义上看，中小企业的创建者和经营者还要思考：如何从机会导向转变为战略导向；如何从资源整合转变为能力培养；如何从技巧运用转变为系统管理。

（2）经营机制缺陷。经营机制的缺陷与企业的决策人有关，但不止于此。中小企业的快速成长使其不得不面临比一个大企业可能更复杂的管理问题。管理的复杂性一般有三个来源①：由于管理者精力有限所带来职能部门的增加、经营环境复杂性的增加和经营风险的不断加大。所有这些都可能加速中小企业经营机制缺陷的暴露，也对其机制在权变过程中如何确保企业运营的安全与稳健提出挑战。

（3）管理水平缺陷。在中小企业成长的过程中，管理水平的提升往往滞后于企业的发展。实践表明：管理水平的提升与企业的发展不平衡是成长中的中小企业诸多问题的症结所在。因为企业规模扩大往往带来管理难度的加大和新的管理问题的出现。企业规模扩大在形式上往往表现为生产规模的扩大、分支机构的增多、市场规模和经营范围扩大、产品线的延伸、资金流的扩大、融投资活动的增加和复杂化、管理人员和职工人数的增加等等。而这必然带来内部管理问题的复杂化和一系列管理新问题。如在成长战略、组织结构、人员管理、企业家、企业文化、信息传递系统等方面都会因企业规模的扩大而产生新的管理问题。

---

① 张玉利：《中小企业成长中的复杂性管理及知识显性化问题研究》，载《外国经济与管理》，2002年第3期。

5.1.2 中小企业成长面临的主要外部制约

中小企业发展的外部制约有些需要从外部解决，有些还需要通过对企业自身的研究、评价和改善才能解决，主要体现在如下两个方面。

1. 融资与信用建设

中小企业融资难的问题几乎是在讨论中小企业成长问题时的最大焦点。由于银行认为借钱给小企业风险大、运作费用较高、企业信息获取难等原因，长期以来商业银行不愿意给中小企业放贷。当然近来随着大企业融资渠道的多元化和银行对中小企业风险控制能力的提高，情况有所好转。同时担保融资也在政府的大力支持下发展起来。但是，中小企业融资难的问题仍然没有得到更有效的解决。其外部原因很多，其中一个最重要的原因是信用体系的缺失，这也是企业内部的问题。

据《2005 年中国成长型中小企业发展报告》[①] 调查显示，在所有参与调查的中小企业中，认为融资环境较以前有明显好转的不足 7%，稍有好转的也仅为 13.93%。而将近 80% 的企业认为企业的融资环境没有变化或趋于恶化，其中认为融资环境与前几年相比没有变化的企业为 59.02%，同时认为融资环境恶化的企业竟超过了 20%。此外，中小企业的融资目的已发生重大转变，即由过去主要用于维持日常生产经营的临时性资金需求，转变为主要用于提高扩大再生产能力、"做大做强" 企业的中长期资金。而在中小企业目前筹资的首选方式中，48.41% 的企业选择利用企业积累的自有资金，38.89% 的企业选择通过银行贷款来扩大生产规模，而选择通过其他形式来筹资的企业不足 13%，其中仅有 2.38% 的企业首选通过发行股票和债券进行融资。缺乏有效的担保形式和融资渠道是中小企业筹集资金的主要难点（35.29%），其后依次是自我积累和发展能力低（23.77%）。由此可见，我国中小企业的融资环境亟待改善。

2008 年以来，在产业升级转型、国际金融风暴、国内经济波动等多重因素影响下，我国中小企业融资面临更加严峻局面，许多优质企业由于

① 《中小企业发展问题研究》联合课题组：中国中小企业信息网（www.sme.gov.cn），2005 年。

信息不对称无法获得融资支持，经济发达的广东、浙江出现中小企业关闭潮。与宏观经济环境紧张相对应的是政策环境的变化，国家一方面积极支持引导创业投资基金等投资机构直接投资中小企业，另一方面鼓励银行机构对中小企业贷款进行产品创新和倾斜。然而，由于信用体系建设的滞后，中小企业信息不透明、信用信息缺乏仍然成为中小企业与各类资本对接的重要障碍。

2. 创新与成长力培育

据《2005年中国成长型中小企业发展报告》显示，截至2004年底，我国中小企业中有44.1%的企业属于2000年以后的技术水平，48.8%的企业属于20世纪90年代水平，近7%的企业属于20世纪80年代及以前的水平。其中，成长性良好的中小企业技术设备属于2000年以后水平的也仅占35%，而属于20世纪80年代或更早水平的仍有5%，22.8%的企业认为自己的核心技术很难或比较难被他人模仿，47.2%的企业认为自己的核心技术容易或很容易被他人模仿。这一状况表明，我国绝大多数中小企业的技术设备水平令人堪忧，即使是成长性良好的企业，其关键技术设备的水平也不容乐观。

我国中小企业中有66.9%的企业通过引进获得产品和技术（44.7%是从国内引进，25.2%是从国外引进）。但是，只有33.1%的企业具有较强（包括很强）的引进、接纳新的核心技术的能力，45.7%的中小企业表示可以勉强引进新的核心技术，21.3%的企业不具有及时接纳新技术的能力。在这一背景下，60.6%的中小企业从事产品创新的目的是为进一步开拓市场（其中，41.7%的企业开拓国内市场，32.3%的企业开拓国际市场），但只有22.8%的中小企业表示能够及时开发并推出新产品，31.5%的企业则明确表示不具有根据市场变化及时开发新产品的能力。上述状况表明，现阶段我国中小企业依然主要依靠引进的方式解决自身对技术和产品开发的需求，基本不具备技术创新与产品创新的能力。同时，企业的关键技术设备落后、更新速度慢，技术引进与接纳的能力十分欠缺，已成为制约我国中小企业健康成长的重要因素之一。

§5.2 中小企业的融资需求

5.2.1 中小企业融资环境变化

随着中小企业群体日益受到重视，中小企业融资环境也正在逐步改善，同时各相关机构也加大了对中小企业评价的要求。

1. 贷款环境的变化

贷款环境的变化主要体现在两个方面：一是在银监会的要求和指导下，各商业银行加大了对中小企业贷款的研究，纷纷推出针对中小企业的贷款产品。如循环贷款、整贷零偿贷款、存货融资、动产质押贷款、仓单质押贷款等等，这些原来不敢想象的贷款方式，如今已成为现实。为贯彻落实中国银监会指导意见，国家开发银行与商业银行联合，在引进欧洲复兴银行成功经验的基础上积极进行微小企业贷款模式和机制创新；光大银行总行私人业务部门专门设计了“中小企业主贷款”新品种；工商银行总行专门制定了《开拓中小企业信贷业务指导意见》；浦发银行总行计划在3~5年内使中小企业金融业务总量占整体对公业务总量的25%以上；浙商银行计划将小企业贷款业务培养成该行的优势业务。二是各地政府为支持银行机构加大对中小企业的贷款，制订了相关支持政策，采取了相应措施。如有的地方财政支持担保机构发展甚至由财政投资设立担保机构专门为中小企业贷款提供担保，也有些地方政府设立专项资金用于补贴中小企业贷款利息或贷款损失。2008年5月，中国银监会、中国人民银行继贷款公司试点之后又联合下发了《关于小额贷款公司试点的指导意见》，将小额贷款公司作为非银行机构并将审批权交给了地方政府，意味着政府正在推动以新的组织形式适应中小企业融资的现实问题。

2. 股权融资的发展

支持和鼓励中小企业进行私募股权融资是解决中小企业融资难的重要途径。近年来，私募股权投资企业开始蓬勃发展。首先是创业风险投资企业的发展。国家先后发布实施了多项支持创业投资企业发展的支持政策，改变了2000年后我国创业风险投资机构增长回落的趋势。创业风险投资机构从1995年的27家增长到2006年的345家，增长10多倍；资本规模从1995年的51亿元增长到2006年的663.8亿元，增长10多倍；累计投资项目4 592项，累计投资金额410.8亿元[①]。其次是产业投资基金的发展。我国继批准成立渤海产业投资基金之后，开始分批批准组建规模较大的投资基金，国家在2007年批准了中新高科技产业基金、广东核电新能源基金、上海金融基金、山西能源产业基金和四川绵阳高科技产业基金等4只产业投资基金，批准规模约560亿元。2008年还批准船舶产业、西部水务装备制造产业和城市基础设施产业等4只产业基金，总规模计700亿元。这样到2008年上半年我国经国家合计批准的产业基金达到10只，批准设立的总规模超过1 000亿元。此外，在新的合伙企业法正式实施以后，我国私募股权投资基金的发展开始进入高潮，特别是在深圳、上海、天津三个经济热点城市得到了迅速发展。股权投资基金的发展推动了股权投资的活跃，2007年，国内外各类基金共在国内投资371项，3 014亿美元[②]。

无论是债权融资，还是股权融资，中小企业正在被带入我国日益发展的多层次资本市场当中。但是由于中小企业是一个庞大的企业群体，如何筛选优秀的中小企业给予债权融资或股权融资都是一件极为困难的事情。因此，中小企业融资仍然被信息不对称的问题所困扰。在当前信息严重不对称的情况下，大多数针对中小企业的借贷机构和投资机构只能在某个区域内或行业内寻求机会。正是基于这样的认识，我们感觉到研究适合中小企业的企业评价方法，来满足企业筛选及深度个案研究的需要非常迫切。

---

① 王元、王伟中、梁桂主编：《中国创业风险投资发展报告》，经济管理出版社2007年版。
② 资料来自 www.chinaventure.com.cn。

5.2.2 中小企业的融资困境

1. 中小企业的内源与外源融资

中小企业融资困难是个世界性的难题，其间机理和如何破解是近几年实务界和理论界研究和探讨的热门话题。根据伯格（Berger）和乌代尔（Udell）的研究，[①] 企业主要依靠的融资渠道包括内源融资和外源融资。理论上，从融资成本来看，以企业留存收益为资金来源，不需要实际对外支付利息或者股息，不发生融资费用，可以减低融资成本；从对企业的影响来看，以留存收益融资可以避免所有权与控制权稀释以及信息不对称所产生的问题。从内源融资和外源融资的关系来看，内源融资是企业生存发展的基础，企业如果没有一定的自我积累能力，单纯依靠外源融资是难以健康发展。因此，内源融资是外源融资的基础；同时，外源融资又是内源融资的重要补充，企业如果仅仅依靠内源融资是不能满足企业追加投资、扩大生产规模、提高竞争能力的需求的。从资本机构理论来看，企业融资是一个随着企业的发展，由内源融资到外源融资再到内源融资这样一个交替变迁的过程，即企业在创业初期主要依靠内源融资；进入发展阶段后，内源融资重要性下降，内源融资比例减小；到发展成熟阶段，内源融资的比例有相对增加。

2. 中小企业融资的信用障碍

中小企业的不稳定性及高歇业率和倒闭率，加之在市场变动和经济波动中表现出的脆弱性，是金融机构惜贷的主要原因之一。另外，少数中小企业骗取金融机构信任后又恶意逃废债务，这些恶劣事件所造成的负面影响累及其他中小企业，金融机构管理者不得不加大防范这种道德风险的力度，导致金融机构贷款意愿大大降低。信用障碍的最大问题就是导致了优质中小企业被掩盖在大量劣质企业中无法识别。正因此，当人们担心最新

---

① Berger, A. N., Saunders, A., Scalise, J. M., and udell, G. F. The effects of bank mergers and acquisitions on small business lending [J]. Journal of Financial Economics, 1998, (50).

一轮企业破产潮要到来时，经济学家谢国忠却提出“中国很多企业都是在泡沫中生存”，他认为“中国很多企业都是不增值的，本身就是经济的负担。它们中有很多本来就不会做生意，除了价格竞争砍价之外，它们就没有其他的经营方式。这种企业从长远来说是没有生存的机会的”。建议在经济调整过程中把低效率、不该生存的企业泡沫挤掉，让好的企业生长出来。[①] 且不说他的观点正确与否，他却提示了我们，准确地支持最有价值的中小企业是多么困难，那就是我们如何在良莠不齐的企业丛林中找到真正好的中小企业，并帮助它们在挤泡沫的过程中避免成为陪葬品。

从信息经济学的角度来看，一般来说，企业管理者拥有的关于企业的信息要远远多于资金提供者，因此二者之间存在着信息不对称。这种信息不对称反过来增加了金融交易的成本。信息不对称可能导致逆向选择和道德风险，银行在尚未取得完整信息的情况下决定给小企业信贷支持，就会出现逆向选择的问题，也就是给经营失败或发展前景不佳的企业提供了贷款，而拒绝给有困难，但有希望成功的企业提供贷款。道德风险是指企业不按与银行的合约使用资金或者在有偿还能力的情况下，不偿还或延迟偿还银行贷款。为了避免这些问题的出现，银行只好采取信贷配给政策，因此信息成本和信息风险使得规模小的企业难以获得银行贷款。

5.2.3 中小企业成长综合服务平台构想

为了更加有效和具体地支持中小企业成长，我们认为有必要构建中小企业成长综合服务平台，以此平台为载体，具体落实支持中小企业成长的各项政策意图。经过成长研究，我们提出了一个以“五个一”工程为主要内容、以“千百十”为主要目标的中小企业成长综合服务平台(如图 5 - 1 所示)。该平台可以省为单位建设，经济规模较大的城市也可以单独建设。

“五个一”是指一个投融资项目库，一套以成长评价为基础、以信用评价为应用的企业评价体系，一个投融资对接平台，一个中小企业成长服务网站和一个专业服务机构。“千百十”目标是指通过综合服务平台的系

---

① 王诚诚:《中小企业破产潮定会出现 债券市场不保险》，载《东方早报》，2008 年 8 月 23 日。

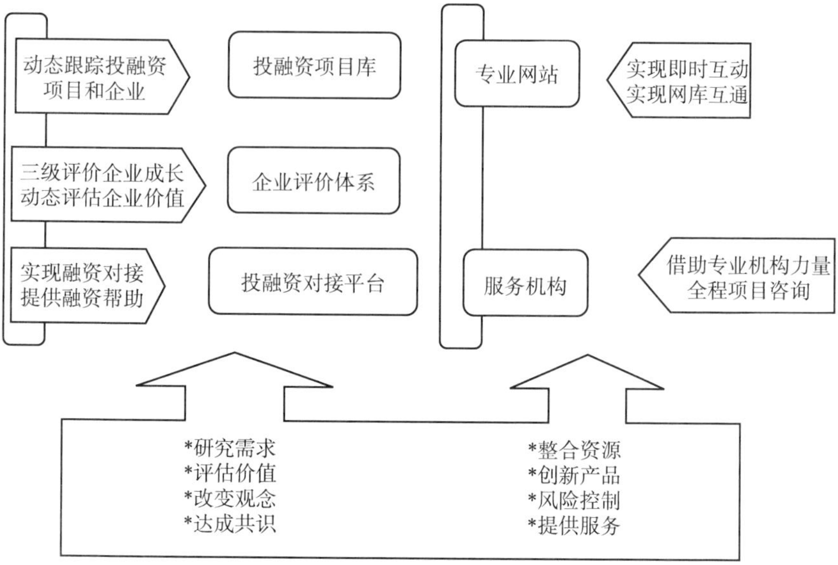

图5-1　中小企业综合服务平台“五个一”工程

统化运作，在每年筛选出一千家最具成长性的中小企业进行重点支持。其中一百家企业能通过各种融资方式较好地满足融资需求，其中十家企业能通过股权融资获得突破性成长。在这个平台中投融资项目库是综合服务平台的核心，企业评价体系是整理投融资项目的基本工具，融资洽谈会等投融资对接平台是集中对接投融资的重要方式，这三个项目以融资服务为主要内容构成综合服务平台的主导性基础。专业网站是收集、接受中小企业项目、提供中小企业评价、融资、咨询的在线平台；专业服务机构是帮助中小企业提升管理水平、规范企业运作、优化企业经营、支持企业融资的专业商业机构，这两个项目以信息整理和专业服务为主要内容构成综合服务平台的辅助性基础。

具体做法是通过社会化、专业化、市场化运作，以服务为核心，建立一个逐步涵盖重点中小企业群体的中小企业项目库，运用专业企业评价工具筛选重点支持的中小企业，再对中小企业成长能力进行深度分析。针对具体企业的实际情况和需要，一方面通过综合服务平台提供创业辅导、技术研发、信息服务、管理咨询、市场开拓等专业服务，提升中小企业成长能力和融资能力；另一方面通过制度创新，有效整合金融机构和投资机构，技术性解决中小企业无担保、无抵押、信用贷款难的问题，提升中小企业利用资本市场直接融资的能力，拓宽直接融资渠道。同时，通过中小企业成长评价，提供中小企业咨询服务，针对性地为具体企业定制培训方案、技术创新方案、企业成长管理方案等，提升中小企业综合服务平台的服务功能。

对于政府管理和服务部门，这个综合服务平台也将发挥强大的管理和调控功能。比如结合企业成长性评价，导入一些定性评价指标，可以在筛选重点支持企业时，发挥产业政策的导向作用，鼓励发展符合区域产业导向的企业。此外，利用企业成长评价的行业评价、集群评价等整体评价，可以健全中小企业、非公有制经济统计监测系统，针对性地掌握中小企业、非公有制经济生产经营状况和发展趋势，为完善中小企业相关政策提供依据。

§5.3　中小企业成长的分层评价需求

5.3.1　企业成长评价的需求分析

在以上的分析中，我们可以发现企业成长评价在中小企业综合服务平台中的基础性作用。之所以这样设计是基于以下认识：

1. 企业成长理论研究的需要

在竞争日益加剧和企业成长环境日益复杂的今天，企业成长现象日益为理论界和学术界所关注，但是近年来关于企业成长的研究在成为热点的同时也鲜有突破性的成果产生。这主要是由于中小企业生存状态过于复杂，对于中小企业的成长研究虽然可以从很多角度入手，却很难深入企业成长的实践研究中。中小企业群体非常庞大，占到整个企业群体的99%以上，而中小企业所处行业的新生性、中小企业成长阶段的多样性等特点，致使整个中小企业群体就像一个物种多样性的丛林一样，难以厘清。另一方面，由于很多中小企业处于创业阶段或管理不规范，从而影响到中小企业研究资料特别是研究数据的获取，使得中小企业的理论研究无法得到有效的实际资料支持。

为了更深入地开展中小企业成长研究，特别是实践性问题的研究，通过采集中小企业相关资料进行有针对性的企业评价，对中小企业成长过程中的共性问题研究就非常重要。我们在致力于中小企业成长评价研究的同时，也在开展中小企业扶持政策、中小企业成长管理等相关研究，主要的目的在于希望企业成长评价在解决现实问题的同时，也能很有效地支持相关的理论研究。

2. 企业成长评价的现实需求

谁需要企业成长评价结果呢？当然是那些关注企业成长的人。首先是企业的创建者和经营者。大多数创业者都会像对待自己的孩子一样珍视自己创办的企业，即使有的创业者会在适当的时候卖掉它，仍然会时刻关注着它的成长。经营者和创业者一样对企业成长的关注是全程的，他们对企业成长评价的需要是出于对企业成长管理的需要，当然现在有企业成长管理观念的经营者还是少数人。然后是企业的投资者。他们对企业成长评价的需求源于他们对投资回报的关心，因此他们需要通过成长评价来判断企业未来的成长潜力，并决定是买入还是卖出特定企业的股权。最后是政府。支持中小企业快速成长是地方经济发展的重要途径，因此，政府需要通过成长评价来选择值得支持的企业，还要通过成长评价来判断如何支持中小企业成长以及检测支持措施的有效性。鉴于不同主体对企业成长评价需求的多样性，同时也导致了企业成长评价方法和评价指标结构的差异。

（1）企业经营管理者对企业成长评价的需求。由于要对企业成长进行规划和管理，企业经营管理者需要通过对企业成长进行评价评估，以形成决策依据。企业经营管理者对企业成长评价评估的方式很多，常常无意识地贯穿在日常的运营分析中。但是对于大多数企业来说，其经营者往往有明显的“隧道”视野倾向。这是因为他们一般专注于所处的领域，对于所处的行业往往有深刻的理解，这种经验性的行业专家感觉会导致他们过于自信，以至于对于自己不熟悉的领域也会盲目自信。这种盲目自信可能会影响他们对企业成长的判断。另一方面，对于那些创业型企业的经营者来说，特别是科技型创业企业，支撑其创业成功的往往是其独特的技术优势，相反他们在企业运营和企业成长把握方面却可能很幼稚，这就是为什么很多身怀绝技的创业者即使在“孵化器”里也难以成功。因此，来自企业外部的创业指导和管理支持非常有意义。这时候，来自外部的企业成长评价至少有两个重要作用：一是对企业经营者来说，一份有价值的企业成长报告可以为其做出企业运营分析、企业战略规划和企业成长管理提供极有意义的参考作用；二是对于企业咨询者来说，初创企业和非管理背景创业企业非常需要外部咨询的帮助和支持，企业咨询者虽然有良好的管理咨询能力，但却无法像企业经营者那样深刻地理解企业。因此，专业的咨询者都非常重视提供咨询建议前的尽职调查，这一部分的成本支出在整个咨询成本的结构构成中非常高。我们提倡的企业成长评价是以企业内部要素为核心进行的评价，但评价的标准却是在相关的企业群体背景下形成的。只要依托强大的企业数据库支持，就能够实现在一个特定的背景下对具体企业的评价。而这样的成长报告，在某种程度上可以实现甚至超出咨询者尽职调查的目的预期。

（2）投资者对企业成长评价的需求。投资者（包括股权投资者和债权投资者，他们关注点的不同暂时不讨论）对企业的投资行为非常谨慎，他们都有自己一套系统的考察企业和项目的评价标准。但是现实的最大难点在于投资者与中小企业的对接存在着诸多信息不对称，一般中小企业不了解投资者的运营方式，他们甚至不知道投资者在哪里，投资者面对庞大的企业群体也面临着快速筛选投资项目的精力和成本压力。而本书的企业成长评价系统正是从这个角度考虑到了投资者的需求。通过企业成长评价，可以帮助投资者做两件事情：一是增强中小企业的透明度，解决中小企业相对于大企业信息公开度差的问题；二是通过企业成长评价，发现最具成长性的企业群体，大大地缩小投资者筛选投资项目的范围，降低投资者在项目筛选环节的成本。

（3）中小企业综合服务机构对企业成长评价的需求。为了更加有效和具体地支持中小企业成长，有必要建立科学严谨的中小企业成长评价方法。一方面遴选最有成长性的企业以进行重点支持；另一方面通过对企业的成长评价掌握企业的具体特点和困难，有针对性地提供支持。一是通过成长性评价选择最应支持的中小企业。目前在一些省市组织的中小企业成长计划中，筛选企业的标准大都过于简单，甚至根据各地区自行上报的名单进行适当的平衡。因此需要进一步完善和优化企业成长性评价方法，结合政府所能整合的资源和能力，选择最具成长潜质的中小企业给予支持。二是通过成长力评价确定支持方向和方式。企业核心竞争力对于中小企业来说就是基于生存能力的成长力。因此，有必要对中小企业的成长力进行结构化评价，以便发现具体企业的具体问题，明确支持方向和方式。三是通过跟踪评价评估支持效果。中小企业的跟踪评价和持续评价意义重大。对于政府来说，通过企业成长性和成长力的级别迁移，可以清楚地看到支持效果；对于企业来说，连续不断的跟踪评价可以大大提高评价的质量，有助于外界更准确地认识和了解企业。四是通过整体评价完善支持措施。不断扩大的中小企业成长评价数据库将成为研究中小企业问题最宝贵的历史资料。它不仅是一部中小企业成长史，更重要的是通过历史数据的研究来不断提高工作方法，完善支持体系。

5.3.2 企业成长评价的需求整合

从政府的角度出发，如何系统地整合各方需求，以综合服务为平台构建既能有效覆盖不同主体、不同层次需求又能让评价体系简便可行，是我们进行评价体系设计中考虑的重要问题。因此，有必要通过分析融合各方面对企业成长评价的需求，从而研究满足需求的可能性和方式。

1. 对企业成长评价需求层次的整理

通过上面的分析，我们可以看出企业成长评价对各方的作用，他们的需求点各不相同，他们对评价不同深度层次的需求程度也不同，见表 5－1。企业经营基本上没有识别性需求，但也不是毫无需求。如一般企业会关注自己在行业或区域合作中的地位，而识别性评价可以是一个参考；认知性层次的评价对经营者有一定价值，即这一层次的评价可以帮助经营者反思自己对企业的认识，从而进一步确定对企业的判断；而深度评价对企业则非常有价值，从企业成长管理的角度全面评估企业的成长状态和成长能力，不仅对经营者认识自己的企业有帮助，还能帮助企业正确认识企业成长在不同阶段的表现，准确识别企业成长风险并有效预防。适时调整企业资源配置和能力培育方向，准确选择成长方式，更加合理地规划和管理企业成长。企业咨询者也需要深度的企业成长评价结果，虽然他们仍然会独立做出自己的专业判断。投资机构和金融机构对深度的成长评价可能并不太依赖，金融机构一般提供债权融资，因此他们对债权的风险识别要求比对企业成长性识别要求更高。因此，对金融机构来说，信用评价比成长评价更有参考价值。而成长评价的意义在于可以帮助投资者缩小客户筛选范围，降低客户经营成本。投资机构也是如此，不同之处在于他们更加关注企业的成长性，因此他们对深度评价的需求同样明显。综合服务机构是专门为中小企业持续提供各类服务的机构，因此不同深度的成长评价都是必不可少的。识别性评价能够帮助综合服务机构用简便可行的方式筛选出重点支持发展的中小企业；认知性评价能够以简便的方式清晰准确地描述企业成长能力的表现，持续跟踪并动态调整重点支持对象；深度评价能够帮助综合服务机构深入分析企业成长能力的各因素并提出咨询建议。

表5-1 企业成长评价需求示意

需求层次 / 需求主体	识别性需求	认知性需求	深度需求
企业经营者		☆	☆☆☆
企业咨询者		☆☆	☆☆☆
投资（金融）机构	☆☆	☆☆☆	☆☆
综合服务机构	☆☆☆	☆☆☆	☆☆☆

注：☆号的增加表示需求程度的增加，空代表基本无需求。

2. 不同层次评价需求的整合

针对各方面主体对企业成长进行分层次评价的现实需求。为了将不同方面不同层次的需求整合到一个可实现的评价体系中，我们结合中小企业综合服务平台的搭建，提出依托这个平台整合各方面多层次需求的设想，以中小企业综合服务平台为核心，向相关需求主体提供企业成长评价报告服务。其中成长性评价满足识别性需求，成长力表现层评价满足认知性需求，成长力影响层评价满足深度需求，如图5-2所示。

如前所述，自从《中小企业促进法》颁布实施和国务院3号文发布以来，我国政府对中小企业的重视程度越来越高，国家发改委从2006年起在全国全面启动中小企业成长工程。为了有效推动这项工程，让这个工程真正整合多方资源和能力，为中小企业成长提供全面的、持久的综合服务，必须搭建起中小企业综合服务平台，在这个平台运行过程中，企业成长评价将在各个环节发挥指引性作用。这就要求有一个动态的、全面的满

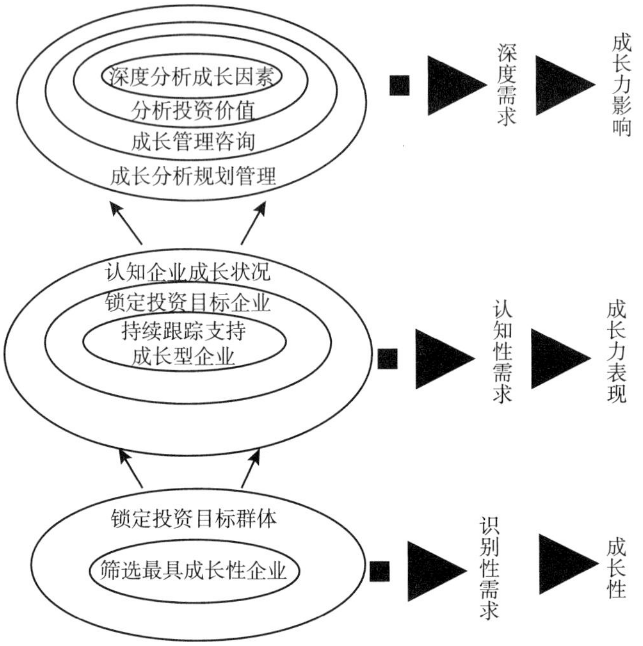

图 5－2　企业成长评价层次解析

足不同层次需求的中小企业评价系统，以便筛选、重视支持、跟踪、培育中小企业。此外，评价系统在更大范围内的使用可以通过扩大数据规模和积累历史数据不断修复和提升评价的准确性，从而成为长期支持全国范围内的中小企业成长工程的基础系统。

5.3.3　分层次评价体系的形成

1. 中小企业成长分层次评价的可能性

上面我们分析了中小企业成长分层次评价的现实需求，那么有没有实现分层次评价的可能性呢？纵观所有企业成长评价的研究无外乎对企业成长特征的描述和成长能力的考察，这两个方面就是两个层次，因此本书认为对企业成长的评价是可以分层次的。首先是企业成长性层次，这一层次主要基于相关财务指标进行评价，这种方法应用也非常广泛，是进行成长型企业评选的主要工具，也是企业价值分析的工具之一。本书把这个层次的评价称之为识别性评价；而一个企业的成长性是由其成长能力决定的，而企业成长能力的表现同样是可以定量描述的，它们不仅表现在财务方面，还表现在技术、营销、管理等相关方面，都可以基本量化。基于这种认识，本书整理出企业成长评价的第二个层次，即企业成长力表现层，简称为表现层评价；而第三个层次是对企业成长力本质进行分析的，它们由企业成长力影响因素构成，形成企业成长力影响层，简称为影响层评价。

2. 三个评价层次的关系

本书之所以将企业成长力的表现要素和影响要素分开，主要是针对目前 GEP 评价法提出来的。GEP 评价法在技术上实现了突破，但是它将各种表现要素和影响要素置于一个评价体系中，没有考虑到其中互为因果的关系，不能对企业的成长原因进行有效揭示，仍然是对成长性的描述。而本书通过分层的思路将上述缺陷解决了；另一方面在每个层次里又从不同维度进行考察，从而形成了企业成长评价的立体、动态系统。

企业成长性、成长力表现层和成长力影响层之间具有递进式的因果关系，作为企业成长的不同方面，它们彼此之间更多地体现为一种递进条件关系。这是一种纵向关系，更多地表现在创业阶段以单一产品为核心业务的中小企业，因此本书认为这种方法最适合中小企业的成长评价。

第6章

中小企业成长的五维度分析

从企业成长理论的发展趋势看，各种研究视角正在走向融合。如基于资源基础的成长理论与基于能力的成长理论正在走向交会；成长阶段理论、生命周期理论及生命蜕变理论都注意到把企业作为“生命体”来看待；随着企业边界的模糊，分别从企业外部和内部两个视角研究企业成长，则有利于把企业开放地置于动态环境中去研究。而纵观各种研究和评价视角，本章认为中小企业成长的评价基本可以归结为五个方面，即企业资源、成长能力、成长阶段、成长方式和成长边界。

§6.1 资源基础观和能力基础观的融汇趋势

6.1.1 企业成长力来源的主要理论

讨论中小企业成长力要从企业能力的概念说起。目前与企业能力相关的概念包括企业活力、竞争力及核心竞争力、发展力和发展潜力等，因此首先要弄清这些概念在讨论中小企业成长问题时的相互关系。

企业活力。在第4章我们已经介绍过，国内对企业活力研究最深入的是南开大学李维安，他提出并主持了《现代企业活力理论与企业活力评价系统研究》的课题[①]，从“生存——成长——再生”三种生命状态的交互运动中把握现代企业组织的生命活力，把企业活力解析为生存力、成长力和再生力三要素。这三要素对于中小企业来说都属于成长力范畴。

竞争力。关于竞争力及核心竞争力的讨论曾经盛极一时，梁汉星认为企业竞争力的形成包含技术竞争力、规模竞争力、团队竞争力、品牌竞争力和体制竞争力五个方面[②]。这五个方面也全部可以包含在本书中小企业成长力的体系内，技术就是提升力中的创新力，品牌和团队属于提升力，规模和体制都属于保障力。

发展力。关于发展力，探讨者只是将其解释为能够影响企业持续发展、长盛不衰的基本要素及其作用力，并未深入研究。黄津孚对企业的发展潜力进行了深入研究，其实也就是对企业成长能力研究。基于以上简单认识，我们认为没有必要讨论这些概念的细微差别，而在本书中，我们将企业成长能力的所有方面都纳入成长力这个概念。

如前所述，艾迪斯·佩罗兹（Edith Penrose）于 1959 年发表了《企业成长理论》，在这本书中她提出了企业内在成长理论的思想。她认为被新古典企业理论视作“黑箱”的企业资源和能力是构成企业经济效益的稳固基础。企业不仅仅是一个管理单位，而且是一个具有不同用途，且随时间推移由管理决策决定的生产性资源的集合体。1984 年随着伯格·沃纳菲尔特（Birger Wernerfelt）发表的“企业资源学说”一文，提出了公司内部资源对公司获利并维持竞争优势的重要意义。他的观点对整个 20 世纪 80 年代以来的战略管理产生了重要的影响。从此企业能力理论开始分化为两个相对独立又互为补充的流派，其中一派是资源学派，另一派继续称为能力学派。

1. 资源基础观

从 20 世纪 80 年代中期到 90 年代初期，资源基础观理论研究取得了巨大的进展。资源学派的出现克服了结构学派和能力学派单方面从企业外部环境和内部条件进行片面性分析的缺陷，它通过对企业所处的外部和内部环境进行综合分析确定了竞争力来源于企业的资源差异。这些资源既包括

---

① 李维安：《现代企业活力理论与评价》，中国财政经济出版社 2002 年版。

② 梁汉星：《从机会成长到竞争力成长》，载《民营经济报》，2005 年 1 月 28 日。

外部资源又包括内部资源，即资源差异——战略差异——竞争力差异——不同绩效。

资源基础理论是一种内生的路径依赖的理论。资源既作为企业的基础，又是企业扩张的诱因。而管理能力决定了企业边界范围，企业扩张的最大极限是由企业为扩张储备的现有管理服务与单位投入扩张所需要的管理服务的比率所决定。扩张需要的管理服务依赖于扩张本身的特点、市场环境、新业务与现有业务的关系及扩张的方法。导致企业扩张的内部诱因主要来源于企业存在着剩余生产性服务、资源和特别的知识。由于这些资源的不可分性，资源功效的多重性及资源的不断创新性导致企业永远存在剩余资源，不可能存在完全的均衡状态，因此企业存在永远成长的动力。而企业“异质性”假设则揭示了企业拥有独特性、价值性、稀缺性和非流动性的资源，这些资源自然而然是企业获得超额利润的源泉，而且这种资源难以被其他资源替代。

在知识经济时代，增强企业知识管理能力成为提高企业内在发展能力的关键，企业发展所依赖的资源要素发生了重要变化，知识创新与知识吸收能力成为企业成长与再生的关键。知识作为企业内在发展能力的外化，成为影响企业发展的要素且内生于企业资源体系之中。

2. 能力基础观

能力学派认为，能力是企业有效使用资源，并使其相互作用，从而产生新的能力与资源的能力。其本质是组织在某一方面的知识，是确定资源组合的生产力。企业能力理论主要研究企业的能力分工，认为企业中蕴涵着一种特殊的智力资本，确保企业以自己特有的方式更有效的从事生产经营活动。企业能力观有三层含义：（1）企业的核心是企业所拥有的竞争力，其本质是一个能力体系；（2）积累、保持和运用能力开拓产品市场是企业长期竞争优势的决定性因素；（3）企业的能力储备决定着企业的经营范围，能力的差异是企业持久竞争优势的源泉。企业能力理论包括核心能力理论、基础能力理论、动力能力理论以及基于流程的能力理论等。

哈默和普拉哈拉德 1990 年在《哈佛商业评论》上发表的《公司核心能力》一文把核心能力定义为“组织中的积累性学识，特别是如何协调不同的生产技能和有机整合多种技术流派的学识”，并集中阐述了核心能力是企业获得竞争优势和持续发展的源泉。普拉哈拉德和哈默把这种核心能力描述为企业在生产经营过程中所体现出来的个别的产品、知识、技能和技术优势。桑切斯（Sanchez R.）和黑恩（Heene A.）等人在核心能力基础上，提出综合动力性的、系统性的、认知性的和整体性的能力概念，把基础能力作为研究竞争战略的基本理论框架。能力是为帮助组织实现目标协同各种资源配置的组织能力，即能力的"知识观"（Knowledge-Based View）或知识资本（Intellectual Capital）。强化企业的能力有两种途径：能力的构建（使现存资产与能力获得数量变化的过程）与能力的杠杆作用（运用现有能力满足现有或新的市场机会）。与此同时，斯多克和伊万斯提出了"整体能力观"理论，他们认为企业的竞争优势并不是来源于企业经营中某方面个别的单个的优势，而是来源于企业内部所有成员的集体的知识与技能以及在企业运行中的相互合作和对各种个别优势的有效整合。

3. 企业资源理论与能力理论的异同

企业资源理论与能力理论产生的理论基础相同，都假设企业是异质的，企业是资源和能力的集合体，都从企业内部和内在发展出发来分析企业和市场。持续竞争优势是两派的共同研究主题。企业间效率差异产生的原因在于企业所拥有的资源和组织能力在本质上有差异。有些企业可以依靠特殊资源和能力在相当长的时间内获得稳定的超额收益，从而建立和维持企业持久的竞争优势。因此，积累和利用这种具有差异性的资源和组织能力来开拓市场，是企业长期竞争优势的决定性因素。两派都认为企业资源和组织能力的建立是一种动态性机制。企业竞争优势的形成、巩固、创新和变革，同企业资源和组织能力的形成、积累、维持和淘汰有着非常密切的关系。企业资源和组织能力最终决定企业的边界，即企业经营的纵深程度和横向多角化程度，是由企业的能力和资源决定的。

基于资源理论与能力理论研究的重点略有不同。两派都试图打开企业这个"黑箱"，但在资源和能力对于竞争优势的作用机制上，二者却有着不同的解释。资源学派强调有价值、稀缺、不可完全模仿、不可完全替代的战略资源是持续竞争优势之源；而能力学派则认为企业的核心能力是竞争优势的源泉。资源学派将核心能力作为企业资源的一部分；而能力学派则强调对资源的配置和整合能力是核心能力的一部分。

6.1.2 理论融合的趋势及启示

上述二大流派和众所周知的迈克尔·波特（Michael Porter）教授的结构学派分别从资源、能力和产业环境视角研究了企业成长的动力源泉及决定的成长路径①。而在20世纪90年代后期，随着信息技术和科技变革的突飞猛进，许多学者认为产（企）业所处的环境由过去的相对稳定演化为充满不确定性，产（企）业的内部资源、条件和发展战略为了适应外部环境的变化要不断地进行调整，上述研究开始融合。艾特金森（Altkinsin）20世纪80年代后期提出的柔性组织概念，迪斯（D. J. Teece）1997年提出的动态能力观点以及布朗（Brown S. L.）与艾森哈特（Eisenhardt K. M.）1998年提出的边缘竞争战略，都从动态角度对竞争力进行了深入的研究。他们在进行竞争力研究时，把影响产（企）业的外部环境因素和内部条件因素看成动态的、不断发生变化的，研究的一项主要任务就是找出这种变化规律并进行预测，从而判断出在不同时点或时段内产（企）业竞争力的决定因素。

其中动态能力理论是当代战略管理领域迅速发展的一种理论。基于核心能力的刚性局限，该理论集中探讨企业组织能力的演进与竞争优势之间的核心关系，并把组织能力看成是企业竞争优势的根本源泉。动态能力理论里程碑式的文献是匹萨诺（G. Pisano）和苏安（Shuen）（1997）的《动态能力与战略管理》一文。在这篇文献中，作者把演化经济学的企业模型和“资源观”结合起来，提出了一个“动态能力”战略观的框架。作者强调了以前战略理论所忽视的两个关键方面：第一，“动态”即为适应不断变化的市场环境，企业必须具有不断更新自身胜任（整合重构内外部组织知识、技能和资源）的能力；第二，“能力”是指战略管理在更新自身胜任能力以满足环境变化的要求方面具有关键的作用。在匹萨诺和苏安的理论框架里，提出了组织和管理过程、资产状态和发展路径三个关键要素。

动态能力理论是一个正在发展中的理论前沿，当前的重点集中于知识、资源和能力的内生创造上。哈怀特（Helfat）和罗比茨切克（Raubitschek）

① 相关内容参见迈克尔·波特先后出版《竞争战略》（1980）、《竞争优势》（1985）、《国家竞争力》（1990）等竞争力相关著作。

建构的知识、能力和产品共同演进（Co-Evolution）模型，以及温特（Winter）的关于能力学习的概念模型等理论成果，把“动态能力”理论的研究推到了一个新的高度。

正是由于上述原因，我们认为基于企业内生成长的评价体系的构建，必须注意到资源和能力概念正在融合为一体的趋势。资源就意味着能力，能力也意味着资源，基于资源和能力的单一评价已经没有意义。但分层评价仍然非常必要，甚至是必须的，只是分层的依据不再是资源和能力，而是资源和能力的表现及其形成的影响因素。资源和能力的融合共同构成企业成长力，从成长力中分解出哪是资源哪是能力已经非常困难而且完全不必要。本章从评价的需求层次对企业成长进行分层，并重新定义和解构了企业成长性和企业成长力。

§6.2 企业成长阶段与成长评价

6.2.1 企业成长阶段理论回顾

企业成长阶段的准确分类有助于研究不同成长阶段企业成长的特征，将特定企业置于特定成长阶段来评价其成长性和成长力才有意义。反过来说，通过企业成长评价应该能够准确判断特定企业所处的企业成长阶段。但如何划分企业成长阶段，将企业成长分为几个阶段更合适，不同的学者有着不同的解释。

企业生命周期是指企业历经诞生、成长、成熟、衰退直至死亡的全部过程。依据传统的企业生命周期划分原则，这一全部过程通常分为创业期、成长期、成熟期和衰退期四个阶段。如果再进一步划分，可以分为创业期、成长前期、成长后期、成熟期、衰退期五个阶段，如图6-1所示。另外，国内外的学者们又从企业的增长方式、成长危机等角度，进一步研究了企业在不同的阶段表现出的特征，如图6-2所示。

将企业整个生命周期划分为若干阶段，并研究其各个阶段上的特征会有助于我们深刻揭示中小企业的成长机理。英国经济学家马歇尔在其所著《经济学原理》一书中将企业比作林木，进行了生动的描述之后。他指出："差不多在每个行业中，大企业是不断地兴盛和衰落，在任何时间中，有些企业正在兴盛，有些企业正在衰落。因为一般繁荣的时代，一方面的衰落必然为另一方面的发达抵消而有余。"①

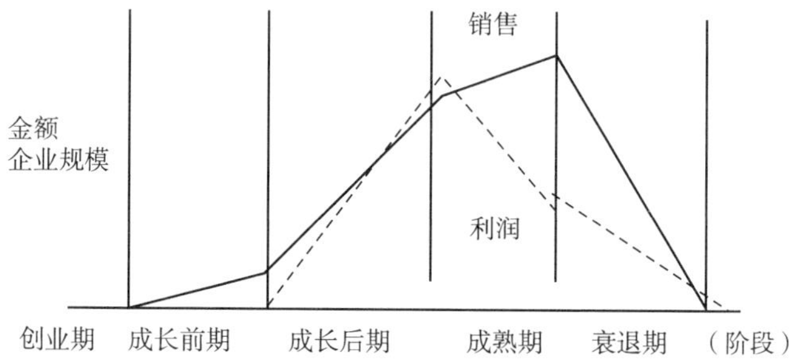

图 6－1 企业生命周期

我们在第 2 章已经介绍了主要的企业成长理论，如果我们将企业成长理论、企业周期理论和企业蜕变理论联系起来，就可以确定企业作为一个生命体必须经历不同的成长阶段。企业像其他生命体一样也会历经生、老、病、死，从创立开始，生命力逐渐旺盛而进入成长期，在企业到达巅峰之后，生命力开始减弱而走向衰退期。若企业励精图治，或许可以再创生机，走向另一个巅峰，而展开第二个成长阶段。否则长期积弱不振，就可能退出成长阶段而结束生命，这就是企业成长阶段。

但不同学者对企业成长的理解不尽相同，其进行的成长阶段分类也不一致。为便于回顾和理解，我们对先前诸多学者关于企业成长阶段的分类整理如表 6－1 所示。

表 6－1 企业成长阶段文献整理

学　　者	分类依据	内　　容
斯坦梅茨（Stinmets，1969）	控制程度不同	直接控制阶段、指挥管理者阶段、间接控制阶段和部门化组织阶段
格雷纳（Greiner，1972）	组织成立时间与规模	将组织成长阶段分为五个时期：创造力推动企业成长的领导危机阶段、指导推动企业成长的自治危机阶段、授权推动企业成长的控制危机阶段、协调推动企业成长的官僚主义阶段和合作推动企业成长的未知危机阶段

① 马歇尔：《经济学原理》上卷，商务印书馆 1964 年版，第 325～327 页。

续表

学　　者	分类依据	内　　容
邱吉尔和李维斯 (Churchill and Lewis, 1983)	组织结构、控制程度	创业期、成长期、正式化控制期、结构完整期
弗莱姆兹 (Eric G. Flamlioltz, 1998)	公司规模	新建阶段、扩张阶段、专业化阶段、巩固阶段、多元化阶段、一体化阶段以及衰落和复兴阶段
伊查克·爱迪思 (Adizes, I., 1988)	生命体规律	成长阶段、再生与成熟阶段、老化阶段

资料来源：根据表中几位学者的著作整理而成。

判断企业成长阶段的依据不外乎组织结构、控制程度、组织规模、业务多角化程度等因素。但是如何将这些依据具体化却是一件困难的事情。以上分类都没有就如何分类企业成长阶段展开操作层面的论述。我们认为这主要是由中小企业成长本身的复杂性所决定的。不同区域的经济发展水平和不同行业属性都会对企业成长阶段的判断标准产生影响。

在处理企业成长阶段与成长评价的关系方面，我们确立了这样的主导思想，一是根据前人的研究成果，确立我们的成长阶段分类；二是在成长评价实践中逐步明确成长阶段分类标准并进行动态调整。

6.2.2 本研究关于成长阶段的确定

我们认为现存的中小企业组织发展模型有一个共同弱点，就是虽然广泛讨论到小企业从简单进化到复杂组织所受到的挑战，但并没有清楚讨论到它们模型的转变，也没有清楚说明中小企业从一个阶段成长到另一阶段所产生的结果和问题。甚至有些模型认为，中小企业成长阶段是不断延续的过程，且认为从一个阶段成长到另一阶段是自然成长因而无因果关系。

而伊查克·爱迪思（Adizes, I., 1988）在《企业生命周期》提出中小企业从一个阶段成长到另一阶段是因果关系形成的，且探讨到每个阶段产生的结果与问题。另外有关中小企业成长阶段之企业主特质、组织特质等也有提到。研究中也强调，企业主从执行角色转变为管理角色时，有赖于企业内部与外部环境的充分沟通。此外，在组织变革过程中，适时授权也是非常重要的。因此我们认为该书的企业成长阶段分类最具有参考价值，但无法照搬其关于企业成长阶段的分类，主要是因为：一是其关于企业成长阶段的分类过细，共分为十个阶段，如果再考虑到行业的分类，将使实践操作变得非常困难；二是其部分阶段如老化与消亡阶段已经超出本研究所关注的范围，本研究主要关注需要扶持和帮助的成长型中小企业。因此本研究结合《企业生命周期》的成长阶段、再生与成熟阶段、老化阶段进行了企业成长阶段的划分。将其成长阶段的企业孕育期和婴儿期确定为创立期。这一阶段的企业主要希望从外界获得创业指导和创业资金支持；将成长阶段的学步期确定为规范期。这一阶段的企业主要是通过内部规范消除内部结构性矛盾，或者获取战略投资者的支持；将再生与成熟阶段的青春期确定为成长期；将再生与成熟阶段的盛年期确定为成熟期。此时企业的自控力和灵活性达到平衡，为生命线中最理想的点，将老化与消亡阶段确定为强制变革期。当然，我们还有一个假设，即中小型企业一般只专注于特定的事业领域，而非多元化经营。①

日本庆应大学清水龙莹博士动态的研究方法也给了我们极大的启发，他分析了企业从小到大的成长规律，提出了与众不同的划分方式。从规模角度进行分析，从小企业到大企业要经过小规模企业、中小企业、中坚企业到大企业这四个过程。从成长阶段角度分析，企业成长主要包括创业、存活、成功、起飞和资源成熟五个阶段。在不同的时期又分为不同的成长类型，这些类型决定了企业的发展方向，如图 6 - 2 所示。

为了确定一个能充分体现中小企业成长特征的成长阶段框架，我们多管齐下，既利用了传统经验，又利用了文献研究和实证性研究，以伊查克·爱迪思（Adizzes，I.）的《企业生命周期》理论和清水龙莹的动态研究方法为基础依据，设计出了我们认为更加实用的成长阶段判断方法。由此而来的框架描述了表 6 - 2 所显示的五个动态发展阶段。每个阶段都用规模的大小、地理分布多样性以及复杂性这一指数来表现其特征，并用五个管理因素——管理方式、组织结构、正规制度的多少、主要战略目标，以及企业所有者参与经营的程度——加以描述。

---

① 这并不表明我们反对多元化经营，我们认为多元化是企业成长到成熟阶段的战略选择之一。

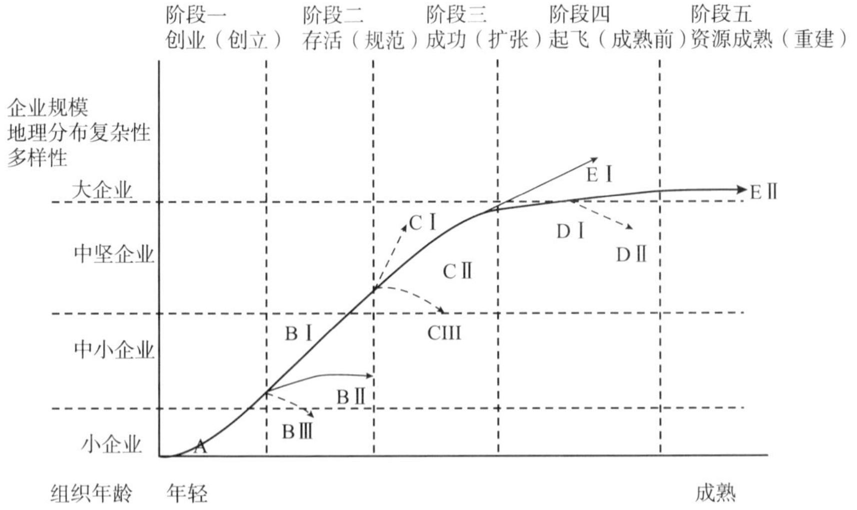

图6－2 中小企业成长五阶段

表6－2 **企业发展阶段分类和判定**

发展阶段	创立期	规范期	扩张期	成熟前期	重建期
特征描述	共同使命感、认可、网络化关系、PAEI型员工结构、团队合作	战略宣言、正式组织、薪酬制度、逐渐强调效率和控制的文化、PAEI型员工结构	战略宣言、自主控制、扁平化结构、控制型信息、强调效率和控制的文化、PAEI型员工结构	二元性：效率和创新并存，生存和发展并重。协调、平衡是战略主旋律。PAEI型员工结构	创新主导，效率其次；使命感、认可、网络化、团队、PAEI型员工结构
判定指标	在创立期的所有研究项目完结，或得到市场的初步认可，或失败	当期累积计划利润额首次超过当期现金投入	行业标准确立，竞争地图上各个公司的市场份额增减曲线趋于平缓	领导的危机判定；各个公司的市场份额曲线发生不合趋势的异常变化，财务绩效滑坡	成熟期的立项和以后为摆脱危机的所有技术开发立项的研究出成果

注：PAEI分别指企业生命中的四个角色，P是指执行角色，A是指行政角色，E是指创新角色，I是指整合角色。它们在企业发展的不同阶段的重要性各不相同。

6.2.3 各成长阶段的特征与识别

从以上对企业成长阶段理论的回顾可知，学者们关于组织发展的观点或许很有创见，但在阶段分类上却较为粗略，没有明确的判定指标。所有这些，使他们的研究在实践应用中大打折扣。获得企业所处阶段的判定，可以对其各项评价指标进行客观分析，以便对企业现实的主要矛盾有清楚认识，在资源配置和组织安排上做相应调整。

1. 创立期

创立期是指从种子期开始直至创立启动的时期，即相当于一般意义上的“种子期”和“起步前期”。在这一时期内，企业在市场中的知名度几乎为零，而且，企业经营组织主要由家庭成员、亲属等成员构成。在这一时期，在于存在某个未被开发的机会，它可能是一个潜在的顾客需求，一个由于环境或人口变化而产生的需求；也可能是一项技术创新或政府倡议的结果。围绕机会，聚集起一批有非凡技术和经验或对该领域里异常现象和未开发的机遇特别敏感的愿意承担风险和义务的人。企业创业的基本前提，主要看创业者的创业欲望和能力是否适应外界的环境或条件，要求创业者有欲望、有能力，而且与创业环境相适。

在这一时期，促进企业成长的主要原因有三个方面：一是创业者的经营能力和经营欲望；二是创业者的技术能力和市场开拓能力；三是能够具有和开发出适合市场需求的商品、服务等的特殊技能。由于企业处于初创时期，并不能较快地打开市场，并依赖于市场求生存。因此，维持企业生存主要通过亲属、朋友等的依赖关系得以维持。

在这个阶段，企业的主要问题是获得客户，并按照合同提供产品和服务。关键问题包括：（1）企业能否获得足够多的客户，交付产品，并提供良好的服务，从而生存下来；（2）企业能否从一个重要客户或一个试验性生产流程发展为销售额巨大的公司；（3）企业何时有足够的资金来满足创业阶段的大量现金流需求。

因此，这个阶段的特点是：能否以创新、有独创性的产品满足市场需求是企业能否站稳脚跟的关键。人们根据爱好和所拥有的技能承担相应角色开展工作。工作没有正式规范，也没有固定程式。通常通过建立一些非正规、多功能团队实现内部交流与合作。志同道合者之间发展起来的密切关系和互相信任、互相承认对方的工作和能力的“认可”形成强大的凝聚力。整个组织靠所有员工树立的一种超越个人抱负的共同使命感连接成为一个大的网络，同时，组织与社会大网络紧密相连，几乎难以分出界限。

这个阶段应该考察的是：创业者对创业意图的兴奋度及是否经过市场检验；创业者是否承担了现实义务；产品导向还是利润导向，在增加产品附加值方面和争取投资回报方面是否平衡；所承担的义务与风险是否相当；创业者是否掌握控制权；所承担的义务会否因风险而丧失等。当然在此阶段缺乏管理深度、缺乏授权、缺乏制度；创业者一定的独角戏状态都是正常的，但也愿意听取别人意见；决策容易出差错；资源获取主要依靠家庭支持和外部特殊资源的支持。

由于这一阶段企业成长特征不太明显，对成长性的评价也相对困难，营利性和稳健性对创业能否成功的影响较大。在成长力方面，企业还很不完整，重点是考虑运营力。

2. 规范期

规范期也是企业的存活期，是企业的现金流逐渐变成正数且销售节节上升的一段时期。这一时期企业成长可以表现为高成长类型（BⅠ）、安定成长类型（BⅡ）和下降类型（BⅢ）。

这一时期，企业已经有了足够的客户，并能够用产品或服务来满足客户从而留住客户。因此企业的关键问题就是能否从生存下来转变为正常的收支关系，能否把企业逐步带入规范运作的状态。主要问题如下：（1）短期内，企业能否产生足够的现金达到收支平衡，并足以支付固定资产损耗后的维修和替换费用；（2）企业能否产生足够的现金流来维持生存，并为发展壮大提供财力，从而能够在现有的产业和市场环境中凭借企业自己的资产和劳动力获得经济回报；（3）能否建立起适应企业进一步稳定发展的公司制度，包括治理结构、公司战略、管理方式等。

这时候的组织结构虽然仍旧很简单，但公司可能有了一定数量的员工，也设定了一些职能部门，但是部门负责人都不能独立做出重大决定，他们的工作就是执行企业主的明确指令。在这一阶段，有较好规划意识的企业家会非常重视制度的建设与发展，也会提出企业文化建设，甚至会超前提出建立学习型组织及股权改革等。因此，这一阶段的企业可能因为制度建设滞后而制约企业发展，也可能因为变革超前而将企业带入危机之中。

这个阶段的特点是：由于成功创业者有条件面临许多机会，容易因暂时的成功而自以为是，所以可能会盲目进入许多新领域；由产品导向转向市场导向，对销售量的追求远甚于对利润的追求；企业开始进入快速成长期，而企业的内部管理机制还远没有建立起来；企业在战略管理和日常管理上都缺乏重点和连续性，企业缺乏战略规划和运行规范化；没有明确固定的组织结构，因人设事；创业者一方面开始尝试授权和分权，另一方面却在努力加强控制权；创业者陷阱日益明显，企业的生存对创业者高度依赖。

这个阶段应该考察的是：共同使命感是否正在转化为更具体的企业文化；纵横交错的网络关系是不是在组织构建中得到一定程度梳理，企业内部、企业与环境之间是否正在建立一些正规的信息传输渠道；团队是否正在被结构化的正式组织取代，以前根据技能和爱好承担的角色是否在转变为根据任务制度化地承担责任的角色；激励方式是否更多以对应责任的报酬取代创立期的精神激励；是否着手通过法律或制度理顺、规范企业内部特别是创业元老之间的利益关系。这个阶段不仅应在制度上为下一个阶段的大发展做准备，还应在专业人才和管理人才管理储备上做工作，并为组织扩充留一些余地。

3. 扩张期

企业正式进入扩张期的重要特征是企业在脱离创业者的影响（有远见的企业家会主动加速这个过程）仍然健康成长，这一转变过程并不一定发生激烈的变革，但却是非常痛苦的过程。

中小企业的扩张阶段是在规范期确定了某种程度的经营基础之后继续成长的时期。这个时期，主要有三种成长类：一是快速成长类型（CⅠ），可以比较迅速地发展为中坚企业；二是高成长类型（CⅡ），属于按照正常发展速度由中小企业进入到中坚企业阶段；三是安定成长维持类型（CⅢ），即企业发展仍然停留在中小企业发展时期。

在扩张期，公司基本上实现了健康运营（CⅠ、CⅡ和CⅢ），有了足够大的规模和产品市场份额来保证经济上的成功，盈利能力也达到或高于行业平均水平。如果环境的变化不破坏其缝隙市场，公司就可能无期限的停留在这个阶段（CⅢ）。这时候企业一般会面临成长方式的再确认或重新选择。企业要么利用已取得的成就进一步发展，扩大区域性市场或消费群体；要么在保持公司稳定盈利的基础上，寻求或尝试多元化发展。理性的做法是从产品线的延伸开始，逐步进入多个领域，也可以以机会为导向寻求非相关多元化。

在组织结构方面，公司已经达到相当规模，因而在很多情况下需要由职能经理来承担企业主履行的某些职责。职能经理应该有一定的才能，但无须具备最好的才干，因为公司目标限制了他们的上升潜力。这个阶段企业现金充足，主要关注点是防止在兴盛期内出现现金流失，使公司在不可避免的困难时期难以经受住考验。此外，首批专业人士进入公司管理层，通常是拥有特殊能力的人，如特殊技术人才、对公司销售有重大影响的营销人才等。

这个阶段的特点是：创业者在维系企业持续成长的努力中反复尝试授权的方式、范围和力度，直到把企业交给职业的管理团队，他可以是聘请专业人才，也可能是把公司卖给一个更专业的母公司；领导风格由企业家向职业管理人员转变，创业者总在不断寻找能够接下企业管理接力棒的人，以期在适当的时候交给他，而接下接力棒的人则要面对元老们的不理会、不合作甚至阻挠和破坏；企业目标开始转变，由过去的追求数量转到追求质量；但同时也要防止企业组织僵化。

这一阶段的理想状态是：由于规范期的准备，一切顺理成章，可能只发生渐进式变革，规模比以前更大，企业越来越依赖职业化管理队伍；在规范期提出的远期战略目标成为近期的战略任务；薪酬制度和所体现的原则更加公开和完善；信息传输的控制倾向更明显；企业文化在强调效率上走得更远。

4. 成熟前期

在企业的成熟前期，一般是企业的飞跃性发展阶段，企业的扩张基本上获得了成功，企业的事业领域也基本确定。这时候企业需要对扩张期的成果进行整理或着手解决企业快速发展所积累的问题。根据企业发展状况，可以将企业的成长类型分为三种类型：安定运行（DⅠ）、再成长型（EⅠ）和衰退类型（DⅡ）。在成熟前期这一阶段，企业营业额增加和事业领域扩展的欲望不再那么强烈，而追求企业自控力和灵活性的平衡则被日益重视。

这个阶段的特点是：企业的制度和组织结构能够充分发挥作用；视野的开拓和创造力的发挥已经被制度化；企业高度注重对顾客需求的满足；

能够制定并贯彻落实计划；无论从销售还是从盈利能力来讲，企业都能承受企业增长带来的压力；企业开始分化出新的婴儿期企业，衍生出新的事业。

在这一阶段，长期居于次要地位、以突变式为特征的产品创新、技术开发工作受到重视，企业开始在内部组建类似创立期的开发团队，或购买现成的技术专利，收购技术型创业企业，为企业在下一个技术周期持续保持优势（或扭转局面）做准备。二元性是一个健康企业在这个时期的典型特征：同时兼顾现在和未来，效率和创新并存并重；对组织结构做渐进式调整，在提高流程效率、过程质量上无所不用其极，同时为产品、技术突变式创新从组织安排上创造条件；员工招聘、队伍建设以同时满足效率和创新的需要为核心任务；为避免“成功综合症”，在总结经验教训的基础上，企业文化工作开始给管理人员，乃至全体员工灌输危机意识，为突变式组织变革进行舆论造势。

在这个阶段，至少部分实现了分权管理——通常在销售部门或者生产部门。主要管理者必须有很强的能力，能够应付复杂的公司成长环境。在增长的驱动下，企业制度变得更加精细，涉及范围更加广泛。企业开始进行投资活动，能够实施运营规划和战略规划，并且相关的管理人员会参与其中。企业主和企业已经明智的分离，但是由于企业主经常参与公司管理并拥有控股权，公司依然由企业主主导。

在企业的生命中，这个阶段非常重要。如果企业主在财务和管理上都能应付成长中的公司所面临的各种挑战。企业就可以成为一家大企业。反之，他们通常可以把公司出售，获取一些利润。在这个阶段，创立公司并未把公司带到成功阶段的企业家，常常会自愿或不自愿地被公司的投资人或者债权人替换掉。

一个企业一般没有绝对的成熟，高度成熟往往只是一个时点。因此对成熟期终结的正确判定非常重要，最高领导者往往需要较强的危机意识，要在成熟前期结束前向员工描述可能面临的危机，宣传进行全面组织变革、技术创新的重要性，甚至制造“建设性危机”，对企业做“创造性破坏”，促使企业重新审视组织结构、制度、战略、文化、人员结构，提前进入强制变革期。否则，企业可能对发展过程中异常信号不警觉，直到发生财务危机，企业不得不被动进入强制变革期。

5. 重建期

这一阶段时间的持续同样受很多因素影响，可能会很长，也可能会很短。这一阶段包括三个时期：一是稳定期，企业重新开始重视短期利益，投资回报成为衡量业绩的重要指标；财务等控制部门的权力超过营销、研发等开拓部门。二是贵族期，企业非常重视规则和秩序，内部创新能力丧失，主要依靠兼并和收购维持企业的创新能力。三是官僚化时期，企业内部开始不断出现问题，而人们都力图逃避问题或责任。

我们认为企业进入这一阶段通常有两种方式：一是由于企业没有在成熟期主动变革，导致企业进入强制变革期；二是企业主动进入重建期。公司进入这个阶段后，最关心的首先是巩固和控制快速成长带来的财务收益，其次是保留规模小的优势，其中包括快速反应和创新精神。公司必须尽快扩充管理队伍，以便铲除增长可能带来的低效率。公司还应该使用诸如目标管理、预算、战略规划和标准成本制度等工具使公司专业化。处于这一阶段的公司，拥有足够的人力和财务资源来进行具体的运营和战略规划；公司在管理上实行分权管理，拥有足够多的员工，积累了一定的经验；制度涉及范围很广，而且很完善，企业主和企业在财务和运营上是相当分离的；这时候的企业拥有了财务资源、规模和管理人才等方面的优势，如果能继续保持这种创业精神，必然成为市场上的强大力量。

§6.3　成长方式与路径的战略选择

6.3.1　成长方式与成长路径

本章力图通过对企业成长方式的研究发现企业成长路径选择的战略安排。在现实中，每一个企业的成长都有其独特的路径，而每一条成长路径都可能在不同成长阶段面临不同成长方式的选择。因此，对企业成长方式的定义非常困难，而形成企业成长路径的发现机制则尤其困难。

我们在整理关于企业成长方式的文献时发现了十多种企业成长方式的分类方法。大致可以归纳为以下几种分类方法。

一是按成长表现分类。一般分为四种基本成长模式（尹义省，1999）：基于经营结构发展的成长模式；基于组织结构发展的成长模式；基于空间结构发展的成长模式；基于技术结构发展的成长模式。其中基于企业经营结构发展的企业成长模式又细分成三类成长模式，即以扩大某一产品产量为特征的规模型成长；以在新的产业从事新的业务为特征的多角化成长；以购买上游或下游企业扩展生产链为特征的纵向成长。基于组织结构发展的成长模式主要是由于企业市场份额增长、雇员人数增加等原因引起的，可以分成两类，即以企业分散和裂解为特征的分散化成长模式和集团化成长模式。基于空间结构发展的成长模式是因为企业成长涉及地域变动，从而形成区域性企业和国际性企业。基于技术结构发展的成长模式是企业通过技术创新进行产品革命或工艺革新来追随或引导产业升级而将企业带入全新的生存境界。在实践中还存在这四种基本企业成长模式之间交叉融合，进而形成更为细化的企业成长模式。

二是从企业的不同层面来划分的。规模成长型——以规模效益的追求为企业成长之动因的一种企业发展模式；产权成长型——主要是产权落实和由一元向多元的转变问题；组织成长型——企业组织成长的方式是多种多样的，如管理手段的更新、人员结构的变化、岗位设置的变动等，它们最终表现为一种组织结构的变化，并以组织能力的成长来表现其成熟度；技能成长型——以技术创新和改造为发展核心的企业成长称之为技能型企业成长；资本成长型——优化企业的资本结构，使企业的资本能产生最大的利润；文化成长型——提炼企业文化，提升企业成员理念和认知，通过认知能力的不断提高优化企业的运营，推动企业持续成长。

三是按照成长方向分为发展现有业务和新业务两类。发展现有业务，包括增加市场份额，地域性扩张，新产品开发，即通过改进和改变产品或服务而增加产品销售等；发展新业务包括垂直一体化（向前一体化和向后一体化）、多元化经营（相关多元化、横向多元化和混合式多元化）等。

四是按资源获取和使用方式分类。这种视角有三种方法：一是我们通常讲的内源性成长和外源性成长，这是从资源获取途径分；二是从资源使用观分，即注重资源能力提升和注重资源规模扩张；三是从企业家资源和企业资源在企业成长过程中的地位变化看，分为三类：企业家社会资本为主导的企业成长；企业家社会资本与企业社会资本均衡主导的企业成长；企业社会资本为主导的企业成长。

五是从竞争合作关系的角度来分析，分为自主型、模仿型和合作型。这种分类方法一般更适用于创业型企业或企业成长的初始阶段。其中自主型包括家庭型和核心型，核心型是指以独特优势求生存和发展的方式；合作型包括联盟型（连锁经营是形式之一）、虚拟型（以品牌经营为核心，生产经营业务外包，如恒源祥、美特斯邦威、恒基伟业等）、集群型和依附型（主要是指对大企业和特殊利益组织的依附）。而集群式成长越来越被关注，一般有市场拉动型、企业孵化型、分工演进型和外来移植型。

六是按成长过程中成长方式转换特征和成长节奏控制分类，即自然型成长模式、渐进型成长模式、跳跃型成长模式和阶梯型成长模式。

无论如何分类，都是通过对企业外部环境和内部资源与能力的分析，对企业成长的更深层次的思考、剖析和定位，从而选择适合企业实际需要的成长战略。因此孙学敏把企业成长的路径归结为三种，即自觉的平衡性成长、自觉的不平衡性成长和被动的不平衡性成长。所谓自觉就是企业通过有效的成长战略，合理规划企业成长的各种要素和关系，使之保持应有的相互平衡和配比关系，保证企业沿生产扩展线以最节约的方式实现持续的成长；或在一段时间内对某种因素的强化和激励，主动打破原有的平衡，使企业各方面达到应有的平衡关系，从而实现企业在新的成长水平上的平衡。其实质就是对企业成长进行规划和管理，也就是进行成长模式的选择和管理。

基于以上研究和文献整理，我们认为要研究企业成长方式，至少有两个核心问题应该被关注：一是如何根据企业自身条件、所处环境和成长阶段进行成长方式选择；二是如何根据成长阶段进行成长方式转换以自觉求得平衡性成长。因此在企业成长评价过程中主要是结合企业成长阶段对成长方式的三个方面进行评价：（1）成长方式转换（或维持）对企业盈利能力的影响；（2）成长方式转换（或维持）的适宜性与安全性；（3）成长方式转换（或维持）对企业成长速度的影响。当然，在实际企业成长评价的操作中，我们建议还要对成长转换的主动性进行评价。

6.3.2 成长方式转换评价及成长路径分析

1. 成长方式转换与成长阶段

企业运营的成长方式转换受多种因素的影响，可能是为了使企业能够适应产业生命周期变化的要求，也可能是企业为了实现对资源充分利用的需要，也可能是企业为了整合和提升企业能力。在企业运作的实践中，企业发展到一定的程度，往往将管理提升和经营平台调整放到非常重要的位置上，有时甚至为此不惜牺牲一定的速度。这正是企业为实现彻底的成长方式转换所作的努力。但成长方式转换的含义还远远不止于此。它意味着企业根据自身的能力和目标，不断适应环境的变化，从旧有的发展模式转向新的发展模式。这是一种系统性的企业行为变化，而不仅仅是某一方面的改变。具体来讲，企业要围绕盈利模式的转变，在管理层面、经营层面、公司治理层面、产业运作层面，乃至经济运行层面全面改变与相关力量的关系，既包括与推动力量的关系，也包括与制约力量的关系。同时，企业自身的资源和能力既是企业成长的基础，又是企业成长的制约。因此也需要作相应的转变，包括企业价值观、文化、企业行为、控制系统、激励系统、资源配置手段乃至核心能力的转变。我们主要从其与成长阶段的关系等方面进行研究。

2. 综合杠杆

企业运行分析的另一个难点在于其艺术性，不同企业成长方式下的杠杆运用程度就是一个非常具有艺术性的复杂现象。这里所说的杠杆，即包括我们通常所说的财务杠杆和经营杠杆，还包括有形资产对隐形资产和无形资产的培育和撬动。有形资产和无形资产这两个概念就是通常意义上的财务概念，隐形资产是指企业运营过程中形成的特殊能力或资源，这也往往构成企业成长方式转换的动力之一。因此，有形资产对隐形资产和无形资产的培育和撬动从某种意义上也可以理解为企业资源转化为能力的过程，其目标是以尽可能少的可计量资源的投入，以获取或形成尽可能完善和匹配的企业能力，我们把这一杠杆叫做资源能力杠杆。财务杠杆和经营杠杆不仅独立发挥作用，还影响资源能力杠杆作用的发挥，我们把这三个杠杆的共同作用称为综合杠杆，如图6-3所示：

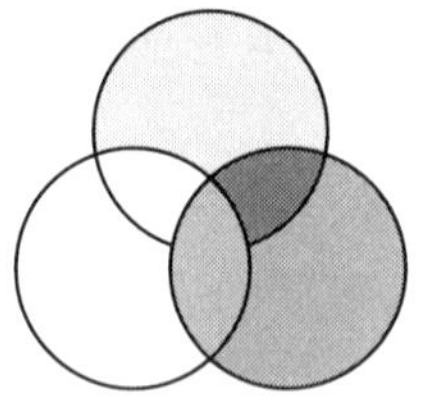

图6-3 综合杠杆作用

对杠杆作用的分析包括两个层面：一是相对静态的分析各杠杆及综合杠杆的发挥程度及其制约因素和优化的可能性；二是分析成长方式转换过程中对杠杆的使用。

6.3.3 成长方式转换的模式及优化

根据企业成长的成长方式转换与否，转换的彻底程度和杠杆运用与否，杠杆度安全程度的不同，现实中企业成长的状态可以分为自然成长型、渐进型、跳跃型、阶梯型等状态。

1. 自然成长型——不运用杠杆，不进行成长方式转换。这种成长方式一般存在于区域内的传统服务业、流通业和依附型企业，主要是依靠自有资金在特定的领域内稳定的经营。如一个城市内的单店经营的饭店、服装店、大型专业市场内的经营业户；如依附于大型企业的特殊资源供应商或区域经销商、加盟经营的单店、依附政府部门等特殊组织的服务企业等。这些企业一般不追求成长方式的转变，各种杠杆工具的使用很少或没有，生存能力较差，虽然可能具有成长性，但不足以吸引投资人。

2. 渐进型——安全杠杆度，不进行成长方式转换或成长方式转换不彻底；或虽然进行成长方式转换但不运用杠杆。企业讲求在舒适区内成长，成长方式不变化或不做剧烈的变化，在安全杠杆度下调动企业外部资源或干脆不运用杠杆。在20世纪90年代之前的10年里创业发展起来的企业大多是渐进型。这其中既有民营企业也有国有企业，它们以稳健的风格在相对简单和稳定的环境里将企业逐步做大，随着中国经济的发展成为第一批成长起来的企业。但是这样的企业对日趋加剧的竞争不太适应，其中很多企业在新的环境下遭遇到了毁灭性打击，比如摩托车行业里国有企业在2000年前后的整体败北、家电行业当前的整体困局以及未来可能发生在汽车行业里的行业危机。

3. 跳跃型——冒险杠杆度，成长方式转换可能转换也可能不转换，且程度不一。企业为了实现大跨度的成长，冒险走出舒适区。此时由于超出了安全杠杆度，企业资金链、价值链十分脆弱，常常处于动荡和危机当中。但是企业一旦冒险成功，也容易收获超额利润。许多企业正是在超额利润的诱惑下，不惜放手一搏，但终因风险过大导致猝死。这种企业也是举不胜举，那些在短期内快速取得成功又很快陷入困境甚至消失的企业一般属于这种情况。

4. 阶梯型——安全杠杆度，彻底的成长方式转换。企业安全走出舒适区，经过缜密论证选择了成长方向之后，在一定时期保持稳定，并彻底进行成长方式转换。调整企业运作的平台，运用安全杠杆度调动企业外部资源，使企业在该成长方向下的能量发挥到极致。同时企业还要外生性地酝酿一种变革，在原有成长模式衰亡之前转换成长模式。联想集团是中国企业中最成功地阶梯型成长方式的实践者，华为也是较为成功的企业之一。当前很多处于成熟期或成熟前期的企业都在试图通过这种方式将企业带入新的境界，尽管有些企业家们可能并不是在自觉地选择。

对成长方式转换的关注在企业成长评价的操作中，我们主要考察企业成长方式是否在转换过程中，是否具有成长方式转换的需要和可能以及未来成长方式转换的选择，如表6-3所示。

表6-3　企业成长模式转换类型

转换程度 / 杠杆度	0	1	2
0	自然成长型	渐进型	渐进型
1	渐进型	渐进型	阶梯型
2	跳跃型	跳跃型	跳跃型

6.3.4 通过成长方式转换摆脱企业成长的约束

通过成长方式转换如何解决企业成长中的约束？国外学者对成长方式转换的理论包括成长方式转换的动因、内容、方式、效果以及国际间的成长方式转换进行了研究和比较，可为我们的研究提供有益的参考。

我们可以从业务、地域、资本和组织四个方面展开探讨。在企业的实际运作中，上述四个方面往往是联系在一起的，形成某种特定的扩展组合，不同时期的成长组合就形成了企业成长路径。在现实经济环境中，这种以成长方式转换为调整和矫正手段的企业成长路径就表现为典型的几类，如表6－4所示。

表6－4　　通过成长方式转换获得持续成长的典型路径

企业成长中的问题	成长方式转换内容与手段		
	业务与地域维度	财务、资产维度	组织维度
过度多元化	范围紧缩（中断、出售剥离大部分业务）	资产切割与置换，降低负债	伴随业务剥离的裁员
过度扩展、大企业病	对业务进行调整、平衡和重组	调整财务政策	组织紧缩、裁员
过度扩展、过度多元化	剥离非核心业务	调整财务政策	裁员、减少管理层级和幅度的组织紧缩
对环境变化反应迟缓与大企业病	业务调整	调整财务政策	组织紧缩、缩减管理层级

1. 过度多元化——范围紧缩，集中精力于主营业务的成长方式转换

企业的过度多元化会导致企业核心业务被削弱，经营风险增加以及带来一定的财务危机。因此，针对这种情况，企业首先会在业务方面实行范围紧缩，从而进一步明确主营业务或形成新的业务，因而能以更有效的资源投入保证其发展。公司的业务调整使产品方向、范围、规模更为合理，更能符合市场的需求。

2. 过度扩展与大企业病——以规模紧缩为特征的组织成长方式转换

企业过度扩展可能带来组织规模过大、管理层级过多、效率低下、成本过高等问题，因而要进行以规模紧缩为特征的组织成长方式转换。规模紧缩涉及减少雇员数量，通常还包括减少管理层级或减少业务部门。这种规模紧缩是为了把过高的成本降下来。

3. 过度扩展、过度多元化——以组织紧缩与范围紧缩为特征的成长方式转换

规模的过度扩展与范围过度扩展并存是大多数企业成长方式转换的背景。企业扩展过程中过度的多元化会导致企业经营风险增加、核心业务被削弱以及面临一定的财务危机。当企业成长同时面临过度扩展与过度多元化两种情形时，就要结合运用多种成长方式转换手段，达到调整战略以适应企业持续成长的目的。

4. 对环境变化反应迟缓与大企业病——业务剥离、分拆与组织紧缩等多种手段并用

环境变化不一定能引起企业的战略反应，最主要原因在于企业组织规模过大，对外界的变化不能及时做出内部的适应性调整。这种情况下的成长方式转换有赖于管理层敏锐的洞察力和主动出击，通过调整业务结构并缩减管理层级进行成长方式转换，如图 6－4 所示。

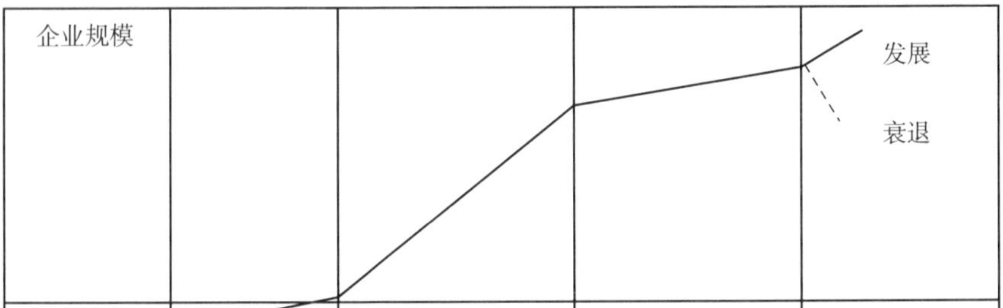

成长阶段	创业期	高速成长期	成熟期	蜕变期
增长模式	市场渗透 产品开发	市场开发	垂直一体化、集中多元化、横向多元化	集中多元化、横向多元化、混合多元化
增长方法	自身发展	自身发展、并购	并购、战略联盟	并购、战略联盟

图6－4　企业成长各阶段主要特征比较

§6.4　企业边界与企业成长

企业边界问题一直是企业理论研究的重点。学者们的聚焦点在于企业边界的定位及影响定位的因素，特别在影响因素的研究上见仁见智。新古典经济理论认为，企业的唯一功能在于生产并使企业利润最大化。在这一假设下，企业的边界主要是由生产中的技术因素决定。当企业依据产品的边际成本等于边际收益的原则去组织生产时，它所选择的生产规模是最佳的。因为绝大部分企业从规模上寻求突破并且非常有效，正是这个原因，所以认为企业边界是由成本决定的。

但是，传统企业面对的市场环境是相对静止而稳定的，企业有非常明确、单一的目标，知道该做什么与怎么去做；企业与企业、企业与市场具有明显的异质性，其边界是非常清晰的。然而现代企业面对的是一个瞬息万变的市场环境，企业与市场之间简单的二分法被打破，大量介于市场与企业之间的中间组织模式出现，企业与企业之间互相合作、渗透，你中有我，我中有你，以致在今天要清晰描出一条科斯所说的企业外部边界简直是不可能的，也使得企业边界不再单纯由成本来决定。

我们主要从实践的角度来思考企业成长边界问题。我们的基本观点是，从根本上讲，企业成长是没有边界的，但在企业成长的不同阶段，基于特定的企业成长方式，企业成长又是有边界的，但这个边界随着企业资源和能力的积累是可以突破的。从这个意义上讲，企业成长边界是可以被识别和管理的。

6.4.1 企业边界的理解及识别

从现实企业存在的状况看，企业成长至少受五种边界的约束：资源边界、治理边界、法定边界、企业文化边界和企业关联边界。这五种边界由内到外次第约束企业成长，如图 6 –5 所示。

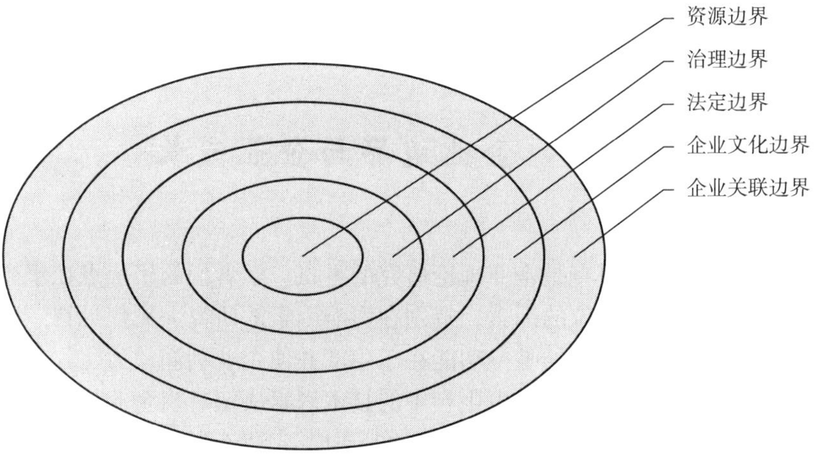

图 6 –5 企业成长边界

其中前三个边界形态是企业的实体边界，其表现形式可以归纳为以下四种：（1）垂直边界。治理边界决定了不同职能部门的权力及权威的范围及上下级之间的命令链；（2）水平边界。水平边界存在于组织的不同职能部门、不同产品线或不同经营小组之间，其间有着明显的区分标记和严格的分工，也主要由治理边界决定；（3）外部边界。外部边界是企业与相关利益者等外部环境的隔膜。主要由企业的组织形式决定，组织结构的虚拟化使得外部边界日趋模糊；（4）地域边界。地域边界由组织规模的成长决定。

随着企业文化在企业成长过程中的积累、沉淀和传播，企业文化边界对企业成长的影响也日趋重要。同时，为适应全球经济一体化和日渐加剧的经营环境变化，传统的组织结构正在被逐渐颠覆，业务流程再造和学习型组织的兴起都在催生着网络化组织结构和虚拟化组织模式。这样的企业呈现纵向边界扁平化、水平边界与外部边界虚拟化等特征，企业的外部关联关系也成为影响企业成长的约束性边界之一。

一般来说，企业资源边界、治理边界和法定边界都具有清晰性、稳定性与不可渗透性的特征，而企业文化边界和关联边界则呈现模糊性、动态可变性和可渗透性的特征，且虚拟性呈加剧的趋势。

1. 资源边界

资源边界是指企业对内外部资源的掌控和调配能力。企业可以使用的资源及配置结果形成了企业成长的第一层边界。资源的稀缺性决定了资源边界对企业成长的制约。在企业评价中，我们首先会考察企业资源与企业成长方式和所处成长阶段的匹配性。企业实际运营中往往一方面不能充分利用和有效配置资源，另一方面又在浪费和闲置资源。中国很多黑马企业如昙花一现，其主要原因就是，企业的高速发展超过了企业的资源配置的能力。另外，是企业对资源的利用能力，同样的企业，不同体制下其经营绩效大相径庭，原因不在于掌握资源的多寡，而在于对资源的利用能力，很多国企绩效低下的原因往往在于此。其次我们还会分析在未来可能发生的企业成长阶段过渡和成长方式转换对企业资源配置的需求。

2. 治理边界

治理边界是指企业的综合管控能力的极限，是企业内部管理运行能力和外部环境协调能力的综合。而企业运营能力的短板决定了它综合管控能力的极限。大多数企业都对公司治理边界不甚了然，要么管得过死，要么放得过开，更有甚者故意制造边界模糊以误导公众，一不小心就将企业置于危险境地。比如子公司孙公司繁杂无序，管控失效；重要的新职能老部门一兼到底；关联交易使公司边界模糊化，处于非理性动荡之中等。我们对治理边界的评价同样从现状和未来两个层次进行评价，治理边界的基本轮廓由运营力来反映，通过保障力和抗险力的分析来考察治理边界收缩的可能性，通过推动力和提升力考察治理边界突破和延展的可能性。

3. 法定边界

法定边界泛指企业受法律法规限制的经营范围和行为。对法定边界的判断相对简单，主要考察企业成长过程中，可能面临的法律和政策制约以及相关政策法规发展变化对企业法定边界的影响。

4. 企业文化边界

企业文化边界是指企业家、经理人、员工和社会大众（如消费者和公众股东）对企业文化的心理认知和预期。企业文化的形成和传播以企业家为起点，逐步向外扩散。企业文化边界有行为和心理两个层面，行为边界是指企业能力所及之处，企业的心理边界则存在于组织管理者和组织成员的心理层面。是企业经理人、员工和社会大众对企业的核心价值观、使命、目的、战略以及运作模式所形成的内在一致性的信念边界，储存在企业的组织记忆中，表现为企业组织成员所认同的信念、态度、感受和行为的范围或领域界限，并自然或自觉地对外传播。企业的内部心理边界表征着企业员工对企业认同程度，是企业员工对企业认同的心理界线。企业的外部心理边界是由企业参与社会互动和竞争形成的，它追求企业内部的相似性以及与其他企业相比的差异性与独特性。企业的外部心理边界存在于企业和环境之间的对企业如何认知、感受和评价的领域和界线，它外显或内隐于企业的外部利益相关者的心理层面，即企业的外部心理边界是企业外部利益相关者对企业的要求、评价所形成的心理界线和约束边界，表现为企业的形象和声誉。因此，我们对企业文化边界的评价主要反映在提升力、文化力和形象力方面。

5. 企业关联边界

由于企业组织结构的网络化和组织模式的虚拟化，企业呈现集群化发展趋势，还涌现出很多虚拟企业、战略联盟等“中间组织”，企业常常采用“外包”策略。无论是“企业簇群”还是“中间组织”，它们都比传统组织形式的企业有着这样更明显和强烈的共同诉求：实现信息共享、知识技术共享、品牌共享与系统共享，以获得“联结经济”效益。成长性企业的企业边界必然是对内以企业自身的核心优势为起点，对外通过各种联盟、契约等多种形式松散结合而形成的最优边界，越来越多的虚拟企业和战略联盟会不断出现，使得企业与市场的边界变得更加模糊，难以确认。

在企业成长评价中，企业关联边界对企业成长的影响主要由抗险力和推动力反映，除了判断企业关联边界及发展趋势外，主要考察企业关联边界对企业成长的稳健性和加速性的影响。

6.4.2　成长边界识别所揭示的实际问题

企业成长从本质上讲是基于企业资源的规模扩张与整合效率的提高，从而持续稳定地支持企业能力增长。而这一过程必然伴随企业成长方式的选择与转换。基于这样一个认识，我们认为在特定的成长阶段，通过对企业成长边界的识别，结合企业成长方式的选择与转换时机分析，非常有助于对企业成长力的作用与效果进行评价。关于企业成长力的体系构成，本书在第 7 章第 7.2 节“五维度分层评价思想概述”进行了详细的介绍，本节分析成长边界所揭示的实际问题，主要是通过成长力的五个子系统的具体指标与不同成长边界的相互作用来表述的。本节所提到的成长力相关指标概念，参见本书第 7 章第 7.2 节。

1. 运营力体系

总体而言，企业成长边界揭示了企业运营力的作用幅度，如表 6－5 所示。企业成长的实际边界与目标边界的差异反映适应力影响的大小与非均衡性，企业成长边界的清晰度与企业信息力息息相关，市场力与市场边界互为影响，产品力决定产品的研发、生产和提供能力。

2. 保障力体系

成长边界的外环揭示保障力，反过来说，保障力决定了企业成长的最大边界。如表 6－6 所示，资本力与资源边界和资源获取边界互为影响，人才力与治理边界和文化边界互为影响，等等。

表 6－5　企业成长边界与运营力的关系

适应力	信息力	市场力	产品力
成长目标对成长边界的要求与实际成长边界及其突破可能性之间的适应	企业内部信息传递水平控制	企业定义市场与实际市场边界的符合性	成长边界对产品研发、生产和提供能力的约束
五个成长边界之间的匹配性	企业从外部获取信息的范围和程度	市场边界突破的方向	
成长方式对成长边界的影响	企业向外部传递信息的范围和程度控制	市场边界收缩对市场把握能力的挑战	

表 6－6　企业成长边界与保障力的关系

资本力	人才力	决策力	领导力	执行力
资源边界对企业成长的约束	治理边界对激励体系的约束	企业家认知对企业文化边界的影响	法人治理结构是否强化领导团队	执行团队的操控能力
关联边界对企业融资的约束	治理边界和企业文化边界对人力资本增值体系的约束	企业家能力对成长边界的影响	组织构架能否高效运营	战略是否存在柔性
	人才结构对资源边界的影响			战略风险如何控制

3. 抗险力体系

企业成长边界收缩所遇到的抑制及恢复揭示了企业的抗险力，如表 6－7 所示。

表 6－7　企业成长边界与抗险力的关系

免疫力	消化力	自修复力
关联边界对外部风险的传递与防范	资源边界对消化和修复风险能力的约束	
法定边界对企业成长方式的约束	治理边界对消化和修复风险能力的约束	
	企业文化边界对消化和修复风险能力的约束	

4. 推动力体系

企业边界成长方向揭示了企业推动力，另外，企业边界对推动力也有约束作用，如表6－8所示。推动力在传统组织中面临资源边界、治理边界的约束，在虚拟组织中面临关联边界的约束。反过来，企业推动力是企业成长边界拓展的原动力，甚至可能在特定时期内完全改变企业边界。

表6－8　　企业成长边界与推动力的关系

创新力	营销力	公关力	繁殖力
传统组织中资源边界、治理边界对企业创新的约束	关联边界对行业内部竞争情况、供应行业竞争情况、行业进入壁垒及行业发展趋势的约束	关联边界对企业与利益相关者的关系及主要社会关系评价及网络组织中地位的约束	成长边界对企业成长目标的约束
虚拟组织中关联边界对企业创新的约束	治理边界和企业文化边界对企业营销的规划能力、管理能力、执行能力及营销政策、营销团队的稳定性、成熟性和效率的约束		成长边界对企业成长方向与方式的约束
	法定边界对行业政策等因素的约束		

5. 提升力体系

在表6－9中可以清晰看到相关的企业边界对提升力的约束，与此同时，提升力表明了企业边界拓展的空间，是企业设计未来成长的认识依据。

表6－9　　企业成长边界与提升力的关系

文化力	形象力
企业文化边界对文化力的约束	治理边界对激励体系的约束
	关联边界对形象传播的影响

6.4.3　成长边界管理

从总体上讲，企业边界是企业运行在特定条件下（特定的成长阶段和成长方式）的表现结果，因此，企业首先应适应成长边界。那么成长边界能否被管理呢？我们认为法定边界是不可逾越的，因此，对法定边界只要我们能做到准确识别和前瞻性判断就可以了。而企业文化边界本身的虚拟性使得对其管理的难度和成本巨大，因此对企业文化边界我们也只是准确识别和前瞻性规划。下面我们分别对资源边界、治理边界和企业关联边界的管理展开讨论。

1. 资源边界管理

资源边界管理一般包括以下内容：（1）通过对企业各类资源的组合匹配分析，研究资源边界对企业成长的制约；（2）判断企业实际边界与可拓展边界之间的距离；（3）结合企业资源和能力现状及延展的可能性，确定边界突破方向（如产品线拓宽、消费群体扩大、销售区域扩大等），通过对资源边界的拓展实现市场的拓展。具体分析如表 6－10 所示。

表 6－10　　资源边界管理对企业边界突破的影响

产品线拓宽	产品功能拓展	产品市场拓展
新产品开发	老产品开发新用途	拓展市场区域
创新消费需求实现方式	功能提升，提高性价比	在区域内扩大消费群体
开发新的关联消费需求	整合产品线，对具体产品的功能进行分解或集成	向更有价值的消费者转移

当然，对资源边界的收缩可能性判断及影响的分析、预警和处理也是边界管理的重要内容，其他边界管理同样如此。

2. 治理边界和企业关联边界管理

治理边界是基于传统组织结构提出的，而企业关联边界则是基于组织虚拟化提出来的。在实际中，大多数成长型企业的组织形式一般会同时兼具实体和虚拟两种特征，即以实体组织为核心进行虚拟化发展。所以，为求得企业的快速成长，企业往往伴随着成长方式的转换，协调发展组织实体和虚拟部分。其成长方式的转换主要表现为以下三个方面的方式：（1）战略联盟。战略联盟作为企业合作运行的新方式，始于 20 世纪 80 年代并很快在国际经济舞台上大量出现。战略联盟的核心是：合作竞争，多方共赢，共同发展。其形式有：合资，专项或多项合作协议，相互换股、持股，定牌加工，特许经营等。中国企业近年来也出现了一定程度的战略联盟，但总体看来，联盟的层次和效果还有待于提高。（2）企业并购。以企业并购的方式来获得企业快速发展对于中国企业并不陌生，比如联想收购 IBM 的 PC 业务就是中国企业跨国并购合同金额最大的一桩案例。对中国企业来说，企业并购的策略和工具的运用还有待于提高。我们认为，企业并购有两个关键环节必须予以足够的重视：首先是并购目标的选择，必须至少要符合下述四个目标之一：快速获得核心技术或资源；优势互补，追求协同效应；产业整合的需要；规模经济和范围经济的需要。其次是并购工具的选择，不论是资本运营、股权整合、债权/债务重组，还是杠杆收购、股权置换或者管理者收购（MBO），在符合企业战略的前提下，都要追求最佳的费效比。（3）虚拟企业。虚拟企业是战略联盟的一种特殊形式，主要针对市场需求急速变化，产品周期日益缩短的现状，采取企业内部和企业间的资源灵活重组，以企业联盟体形式共同应付市场挑战。虚拟经营的核心是：做自己最擅长的，专注于自己的强项，外化自己的弱项，竞争求生存，合作谋发展。其形式有：原始设计制造商（ODM）、原始设备生产商（OEM）、销售外包、企业职能托管、虚拟战略业务单位等。

由于上述成长方式的选择不是在企业内部完成的，所以挑战更大，需要企业可以依照自己的资源和发展路径进行更严谨的企业边界管理和规划。我们认为一般可以分尝试、重复、定义、管理和成熟五个阶段进行。如表6－11所示。

表6－11　成长边界管理

阶段	关键性指标	判断标准	边界反应能力	边界创造能力
尝试	成功/失败	已有经验	无	无
重复	时间	执行和监督合同的成本	修正	创新
定义	收益	财务指标	权变	提升
管理	质量	可靠性	扩大	移植
成熟	适应范围	原则	重构	改造

这五个阶段每一个阶段的特征如下：（1）尝试阶段的特征是缺少任何关于边界管理的知识，采用典型的试错法来实施管理。企业多方合作完成的时间和成本都无法预测。在这一阶段，合作过程带有极大的尝试性，因此，这一阶段企业主要关心的是合作是否能够可行。（2）重复阶段的特征是基于以往积累的管理经验来实施新的管理。为了抓住市场机会，时间是首先要考虑的十分重要的因素。该阶段中，由于合作在可行性上已经有了一定程度的保证，成员企业关注的焦点转移到时间这一关系到市场机

会能否捕捉到的关键因素上。(3) 定义阶段的特征是开始用文件的手段来认识正式的边界管理过程。当文件建立以后，潜在的成功合作伙伴的范围就大大拓宽了，即成员企业获得合作成功的可能性增加了。该阶段的管理方法是明确的，是经过实际经验和严格分析的。一旦合作的时间能够满足实现市场机会的需要，企业就开始把关注的焦点转移到如何降低成本、获取收益，以便合作后实现的合作效益更大。(4) 管理阶段的特征是按界定的责任管理，管理建立在不断变化的知识基础之上。企业不断地了解和参与其他公司的边界管理过程，不再有严格的边界管理流程，边界管理的结果具有可预测性。当合作时间和成本都可以接受之后，成员企业的边界管理重点就转向合作的可预测性和一致性上了，即合作过程的质量。(5) 成熟阶段的特征是成员企业对适应性有了更深入的理解。如果以上因素都良好的话，即企业的边界管理能力良好，这表明企业的企业边界管理能力已经十分成熟了。这一阶段应重视应用范围的拓展，只有这样才能够获得更大的竞争优势。所以，在成熟阶段，其主要指标是自适应范围。图 6-2 为用二维坐标反映企业外部边界管理趋向成熟的过程。纵坐标表示企业外部边界管理的成熟度，其中成熟度用企业外部边界的反应能力和创新能力来衡量，横坐标表示时间。企业边界管理模型旨在帮助企业判断自己所处的位置，并说明企业改进的方向。

第7章

企业成长五维度分层评价体系的构建

通过以上分析，我们认为企业资源、成长能力、成长阶段、成长方式和成长边界这五个维度之间存在互动关系，它们之间的相互影响非常复杂且动态变化。首先企业资源和能力之间相互转化，形成企业持久成长的根本力量，然后它们共同影响成长阶段、成长方式和成长边界；而成长阶段、成长方式和成长边界之间也互相影响。我们认为其中企业资源和能力共同构成的企业成长基础对成长特征（表现为成长阶段、成长方式和成长边界）的影响是根本的因果关系，是鲜明的两个层次。而我们对这五个维度的分析恰恰是基于把企业当作一个生命体看待，企业资源和能力的互动如同人体内的养分和能量的关系；而成长阶段、成长方式和成长边界则是企业成长的外在表现。在整个分析过程中，虽然由于企业生存意识的复杂性，我们暂时还无法对它进行评价，但我们一直视企业为生命体，这个基本观点会影响我们对企业成长评价体系的构建。因此，在构建企业成长评价体系之前，我们先阐述关于企业生命体的基本观点。

§7.1 中小企业生存意识与企业成长评价

整个中小企业群体是一个非常有意思的生态丛林，有的中小企业似乎注定要成长为大企业；有的中小企业在迅速做大的同时却迅速衰败；有的中小企业规模到一定程度后就不再扩大却能持续稳定地提供利润，更多的中小企业则是在征途中相继夭折。中小企业的不同命运其实是企业生态法则和企业自身主观意识的共同作用决定的。

7.1.1 企业生存的生态法则

所谓生态法则是一个极其复杂的现象，造成这一现象的原因很多，既有经济因素，也有政治法律因素，还有在第3章中我们已经提到的社会文化因素。所有因素的影响将最终用经济理论来解释。一是规模经济论。奥斯汀·罗宾逊（Austin Robinson）在《竞争的产业结构》一书中用此理论解释了中小企业的存在。他认为，企业规模收益递增有一个限度，超过此限度将会出现规模收益递减。同时，随着企业规模的扩大，管理层次会增加，降低决策效率，从而增加机会成本。这两个原因使得企业达到平均成本最低的最佳规模未必很大。当然，行业不同，企业最适规模也各不相同，有些行业特别适合中小企业的存在。这就是为什么有的中小企业规模到一定程度后就不再扩大却能持续稳定地提供利润。二是交易费用论。此观点认为社会经济的增长基本来源于社会分工，社会分工的合理与否决定了交易效率的高低并进而决定社会经济的增长。如果社会分工主要发生在企业内部则企业平均规模就会扩大；而如果社会分工主要发生在企业之间，企业平均规模就会缩小。三是不完全市场论。由于现实中的市场既非完全竞争也非完全垄断，而是垄断竞争，在这种市场环境中，产品差异化使得中小企业也具有一定的垄断因素，得以与大企业共存。而小企业的灵活性比大企业更能适应市场需求的变化，增强其竞争能力。由于不同企业拥有的要素不同，地理条件不同，营销策略不同，等等，最终都会对市场价格产生一定程度的影响力。这样中小企业就能与大企业一样在特定的领域内对价格产生影响，从而获得生存机会。四是产业分工论。施太莱（Staley）和莫斯（Morse）1965年对美国产业组织结构作了实证分析，他们从技术和经济两方面分析生产成本、规模经济、市场特征及地缘区位等因素，归纳出八种适合中小企业经营的细分行业：（1）原料来源分散的产业，由于规模经济不足以补偿原料的运输成本，中小企业就近原料产地经营更经济；（2）生产地区性产品的产业，也是从运输成本方面考虑，更适合中小企业；（3）服务性产业，顾客一般对产品有较高的个性化需求；（4）可分割制造过程的产业，其许多流程分包给中小企业更经济，这一趋势在全球越来越明显；（5）手工制品业，多为工艺品和精密产品，规模经济并不重要而且无法形成；（6）简单装配、混合及装饰工业产品；（7）生产特异性产品的产业；（8）产品市场小的产业。

上述这些法则决定了中小企业群体的永续存在，但中小企业个体的存在与成长却往往取决于其自己的选择。正是中小企业的经营者对企业使命的理解，对企业战略的选择及驾驭能力决定了具体企业的生存、发展或是何时消亡。因此，下面我们将讨论企业生存意识。

7.1.2 企业生存意识

企业为什么活着？我们在学习管理知识时，都曾被告知，利润最大化是企业的目标。但是这一目标常常困扰着经营实践者。因为长期利润和短期利润是一对矛盾，而在企业外部，追求利润最大化也常常会面临道德和社会责任的问题。因此，承担社会责任也被赋予给企业，但企业如何承担社会责任，怎样理解企业承担社会责任的方式也是非常复杂的问题。于是企业就在法律允许的范围内追求利润最大化。但这并不是理想境界。事实上，除了守法之外，我们并不能要求企业追求什么样的目标。但企业目标的不同的确能影响企业的长远生存。

詹姆斯·柯林斯（James C. Collins）与杰里·I·波勒斯合著了《基业长青》一书[①]。书中提出了他的主要管理思想。"造钟，而不是造时"。柯林斯指出："伟大的公司的创办人通常都是制造时钟的人，而不是报时的人。他们主要致力于建立一个时钟，而不只是找对时机，用一种高瞻远瞩的产品打入市场；他们并非致力于高瞻远瞩领袖的人格特质，而是致力于构建高瞻远瞩公司的组织特质，他们最大的创造物是公司本身及其代表的一切。"大多数中国企业的领导人在"造钟"上都不成功。"造钟"就是建立一种机制，使得公司能靠组织的力量在市场中生存与发展，而不必依靠某个人、产品或机会等偶然的东西。随着市场的进一步完善与规范，企业必须越来越依靠一个好的机制，包括好的组织结构、好的评价考核体系、好的战略管理等。"利润之上的追求"与"教派般的文化"使所有伟

① 詹姆斯·柯林斯、杰里·I·波勒斯著，真如译：《基业长青》，中信出版社2005年版。

大的公司都是“务实的理想主义者”。《基业长青》中写道：“利润是生存的必要条件，而且是达成更重要目的的手段。但对很多高瞻远瞩的公司而言，利润不是目的，利润就像人体需要的氧气、食物、水和血液一样，这些东西不是生命的目的。但是，没有它们，就没有生命。”利润之上的追求在伟大的公司里，更是被“教派般的文化”灌输。对于中国企业来说，“利润之上的追求”不明确、不具体，动辄就是空洞的大口号。大部分的中国企业没有意识到企业文化的重要作用。利润之上的追求是什么呢？为什么我们往往使之流于形式？是不是我们缺乏对企业生存价值的认识。如果说追求利润是企业在索取，那么我们的企业必须深刻理解索取是建立在给予的基础之上，这种给予不能简单地理解为提供产品，而是如何把满足他人的需求视为一种追求。

索取还是给予，决定了企业的两种类型。阿里·德赫斯（Arie de Geus）的《长寿公司》①（1997年）提出“生命型公司”与“经济型公司”的区分。“生命型公司”为生存而管理，而“经济型公司”为利润而管理。该书做出了两个假设前提：第一，公司是个有生命的发展实体；第二，生命实体的一切决定都是在不断地学习过程中做出的。通过对不少长寿公司的研究，概括出长寿公司的四个特征：（1）能对环境保持敏锐的反应以便适应；（2）凭着强烈的绝对的认同感以达到一致；（3）允许打破常规和不落俗套的思考和试验；（4）为积蓄财力而在财政上采取保守政策。

不同的企业生存意识无可厚非，显然生命型公司的生存意识更便于经营者认识和适应中小企业的生态法则，从而使企业更健康，自然也更长寿。

7.1.3 企业生存意识与企业成长关系

事实上，中小企业的生态法则对成长评价也有明显的制约作用，我们将在后面从行业特征的角度加以分析。这里只讨论企业生存意识与成长评价的关系。

企业生存意识决定企业的成长，有什么样的企业生存意识，就有什么样的企业成长，企业生存意识在某种程度上决定了企业成长的速度、方式和界限。一个企业只有坚守一定的生存意识，并且该企业生存意识在企业

① 阿里·德赫斯著，王晓霞、刘昊译：《长寿公司》，经济日报出版社1998年版。

成长过程中不断地清晰化和深刻化，以适应外界环境的不断变化，持续凝聚企业内部精神力量，企业才能够不断地动态成长。

1. 企业生存意识促进企业成长

企业生存意识本身不会引起企业的成长，它只提出了企业成长的愿景。说到底，引起企业成长的所有意义在于企业生存意识在企业成长所有阶段都能支持企业成长的可能。当企业现有生存意识能够满足企业维持现在经营与进一步发展的需要时，它就会促进企业的成长，这种促进企业成长的企业生存意识主要突出影响企业家、企业管理和技术创新这三个能力和态度方面。也就是说企业家要有企业成长的目标，企业的管理能够满足企业成长的需要，而技术创新能力则为企业的发展提供途径。总体上看来，企业生存意识越能充分关怀企业对外界的特定价值，就越能持久地带动企业的成长。

2. 企业生存意识落后限制企业成长

企业在任何时刻都是在一定的企业生存意识支配下以维持企业现有的经营。当企业的生存意识相对落后，比如过分关注获取而不能主动找寻给予途径时，企业现有能力可能会受到影响。而企业现有的能力任何一方面不能够满足企业成长的需要时，它就会限制企业的成长。例如，当企业家能力不足时，企业没有成长的动力。虽然此时企业可以通过从外界引入满足企业的成长需要的一定能力，如招募新的管理人员，来增加企业的成长潜力，但外部引入的能力与企业原有能力的整合需要一定的过程。且如果企业本身的能力不足的话，这种整合可能不会有满意的结果，所有这些都会限制企业的成长。当企业在快速成长的过程中满足于所获而忽视持续给予能力和意识时，企业的成长是不坚实的，其最终会轰然倒下。许多快速成长的企业遭遇突然死亡大都是缘于此。

3. 企业生存意识决定企业成长的方式

我们知道，企业生存意识是建立在对企业资源转化为社会需求的理解基础上的，企业生存意识与企业资源的社会效用密切相关。而企业生存意识与企业成长方向存在着一定联系。以利润最大化为目标的企业往往急于让企业形成现金流，并努力延续现金流入的时间。这种生存意识下的企业一般会被快速带入现金流入期，并不顾企业发展所积累的问题努力维持现金流入，直至现金流入难以为继并导致企业终结。而生命型公司则主要关注企业的长期生存能力，它不会以抽血式地现金回流自断前程。从根本上说，企业生存意识一定程度上影响甚至决定了企业成长的方式。

7.1.4 企业生存意识与成长评价的关系

从理论上讲，企业生存意识不能对成长评价的操作构成约束，但由于企业生存意识在实际中的模糊性、隐藏性，成长评价很难对企业生存意识进行充分的揭示（我们的评价系统只是从成长力的提升力方面考察企业文化力）。因此，客观上企业生存意识的难测性将会制约企业成长评价，主要表现在以下方面：

1. 企业生存意识对企业成长的影响是潜在的、长久的；而成长评价是定期进行的，对企业成长短期的跟踪评价可能无法揭示企业生存意识对企业成长的影响。

2. 不同的企业生存意识对企业成长阶段有一定的影响，这种影响夹杂在众多因素之中难以识别，可能会导致评价系统对特定阶段的企业成长只能给予短期的评价，而对于长期成长趋势判断不清。如经济型企业一般会努力缩短企业规范期，让企业快速进入成长期。这种情况会在其他因素的干扰下得不到识别，从而获得较好的企业成长评价结果。相反，生命型企业会留给规范期充分的时间，并不急于将企业带入快速成长期，也可能得到较差的企业成长评价结果。

3. 企业生存意识不像企业成长阶段那样可以预先假设，也不像企业所处行业那样可以进行分类。也就是说，我们不能假设一个企业是经济型还是生命型。即使是纯粹的股权投资类企业，我们仍然不能认为它是“经济型公司”，虽然人们总是粗鲁地把这种以退出为目标的投资行为与养猪相提并论，但我们也不应当否认他们怀有培育优秀企业的动机。我们只能通过长期的跟踪研究，来证实企业生存意识对企业成长的影响及对成长评价的制约。从这个角度来说，还无法描述企业生存意识与成长评价的关系，这是一个遗憾。

§7.2　五维度分层评价思想概述

7.2.1　五维度分层评价思想的提出

虽然还无法描述企业生存意识与成长评价的关系，但我们在研究企业成长时，提出的企业资源、成长能力、成长阶段、成长方式和成长边界这五个维度都是基于企业是生命体这一基本假设的。我们的评价层次也是从生命特征判断到生命力获取的判断，深度而呈渐进过程。因此我们着重研究了这五个方面的关系，结合对评价结果需求的层次性，提出了五维度评价的思路。

在这五个方面，企业资源和企业能力是企业成长的基础，是企业成长力的源泉。在这两个维度的分析中，我们将企业生存环境的分析也纳入其中，包括企业从环境中获取资源的能力、挖掘利用环境机会的能力和规避环境威胁的能力。企业通过获取内外部资源并进行组合生成企业能力，企业能力反过来决定企业对资源的获取和利用水平。从这个角度看，企业能力和资源并不能截然分开。事实上，随着无形资源的作用越来越大，很多重要的企业要素已经越来越同时具有能力和资源的禀赋，如知识资源、市场网络资源等。企业资源和企业能力的互动关系形成企业成长基础，这个基础能够形成或创新成长方式，推进成长阶段，拓展或突破成长边界，决定着企业成长的基本特征。而通过对企业成长特征的分析也能判断企业对资源和能力的需求。另一方面，对成长阶段、成长方式和成长边界的分析能够把握企业成长特征。总体上讲，企业成长阶段对成长方式的选择和变革起着决定和约束作用，成长方式的选择和变革对成长边界的突破起着决定和约束作用。反过来讲，特定成长方式下的企业运营水平会延长或缩短特定成长阶段，延缓或加速成长阶段的过渡，如图 7 -1 所示。

通过对企业成长五要素的分析，我们认为对企业成长评价可以分成长性评价和成长力评价两个层面，这正好满足了企业成长评价分层的现实需要。在成长力方面，我们提出了运营力、保障力、抗险力、推动力和提升力五个要素，这五个要素是基于对成长力的分解。由于企业资源和企业能力趋于融合，不可分割，我们没有对五个要素与资源和能力的关联度进行研究。可以肯定的是，五个要素都同时具有资源禀赋和能力禀赋，但从运营力到提升力呈现出资源禀赋递减和能力禀赋递增的趋势。这五个要素我们简称为“五力”要素，“五力”要素打破了分别评价管理、营销、技术、组织的常规，能更准确评价企业成长力，也符合管理、营销、技术、组织等影响要素有交叉和重叠的客观现实。

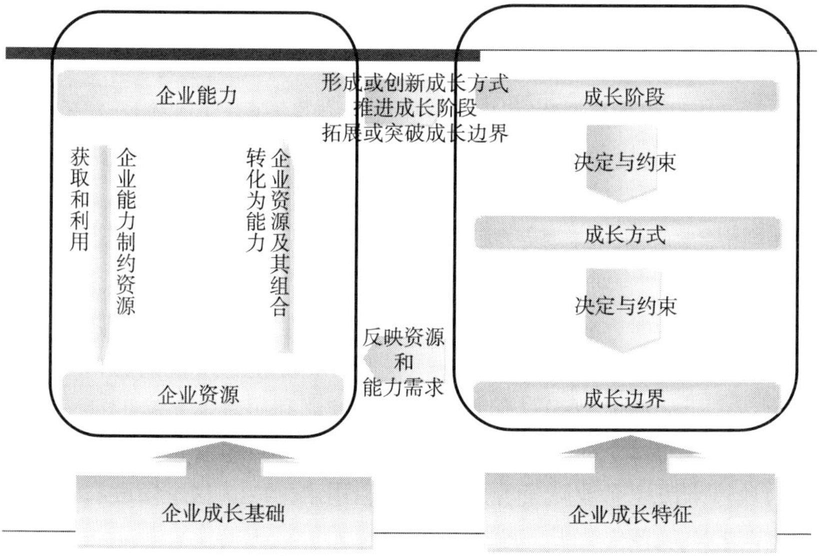

图7-1 五维度作用关系（1）

通过以上分析，我们认为五维度评价是指通过对企业资源、成长能力、成长阶段、成长方式和成长边界五个方面的关系进行分析，按照企业成长性评价和成长力评价两个层次提出评价要素。再对企业成长力进行按表现层和影响层互为因果关系的评价要素分解开来，解决目前一般评价方法将这些要素置于同一层次进行评价的缺陷。这个方法能够实现多层次的评价目的，正好满足了对评价结果多层次的现实需求。

7.2.2 成长性（识别层）评价的构成要素

如前所述，我们对企业成长特征的分析主要基于成长阶段、成长方式和成长边界三个方面。而目前关于企业成长性评价往往只关注反映企业成长速度的指标，如企业规模的变化、收入水平的变化、盈利规模的变化等。这些指标相对单一，而且相互替代性较强，反映的事实接近，因而既不全面也不合理，无法反映企业成长最本质的特征和差异。

为了准确找到反映企业成长特征的要素，我们还需要对企业成长的一般形态做一个梳理。前面我们已经讲到企业成长的三个状态，即自觉的平衡性成长、自觉的不平衡性成长和被动的不平衡性成长。自觉的平衡性成长是我们所追求的，也是基于良好的企业成长管理才出现的，而自觉的不平衡性成长和被动的不平衡性成长是需要通过分析进行解决的。那么自觉的不平衡性成长是什么样态呢？无外乎有三种形式：一是蜗牛型。很多中小企业渡过最初的存活期后，并不能实现良好的盈利，因此不能产生剩余资本加速企业成长。另一方面也无力获取外部资源实现成长，不得不反复地调整资源和能力的配置，就像蜗牛一样每走一步都非常艰辛，甚至一直是一个勉强维持生存的小公司。针对此种情况，本章认为主要是盈利能力制约了企业成长。《基业长青》一书指出："利润是生存的必要条件，而且是达成更重要目的的手段。但对很多高瞻远瞩的公司而言，利润不是目的，利润就像人体需要的氧气、食物、水和血液一样，这些东西不是生命的目的。但是，没有它们，就没有生命"。因此，本章关于企业成长性评价的第一个要素就是营利性。二是桩兔型。这种企业往往能够获得阶段性的高速发展，但速度时高时低，显示了企业资源和能力的不均衡，这种踉跄式前行对企业来说非常危险，不知道在什么时候企业就一蹶不振了，就像一只快速奔跑的兔子，不知不觉间就撞上了木桩。针对这种情况，本章认为一个企业的稳健成长是保持其长期成长性的重要基础，于是提出了关于企业成长性评价的第二个要素，即稳健性。三是吊猴型。被动的不平衡性成长体现为成长的被动性，只能依靠偶尔抓住的机会获得成长。但企业经营者对企业成长的根本基础并没有把握住，有时候似乎能够抓住一些机会迅速发展壮大，营利性很好，也很稳健，可走着走着不知不觉就停滞不前了，怎么回事？原来它的加速度消失了，不能保持速度前行并慢慢停下来了。就像一只猴子，如果能抓住一根细长且柔韧的树枝，它就能荡很远，可是当荡到极点时，它又不得不随着它赖以为资源的树枝荡回原点。我们把这种成长状态称之为吊猴型。针对这种情况，本章提出了企业成长性评价的第三个要素，即加速性。

很显然，成长性企业既具有一般企业的基本性质，又具有成长性企业的特殊性。也就是说一个理想的成长性企业不仅要有理想的成长速度，还要拥有强大的盈利能力做支撑，以及稳定的运营能力做保障，因而企业成长性的构成要素应从营利性、稳健性和加速性三个方面分别加以考虑。这三个要素与企业成长的三个根本特征的关系也可以得到很好地揭示，如图7-2所示。营利性、稳健性和加速性三个要素能够基本反映企业成长的特征。当然这三个要素并不是对企业成长三个特征的分别反映，由于受企业所处行业、技术进步、管理者风格等诸多因素影响，相互间的关联度也无法准确定义。一般而言，营利性与成长特征的关联程度一般依次为成长阶段、成长方式和成长边界；稳健性与成长特征的关联程度一般依次为成长方式、成长阶段和成长边界；加速性与成长特征的关联程度一般依次为成长边界、成长方式和成长阶段。

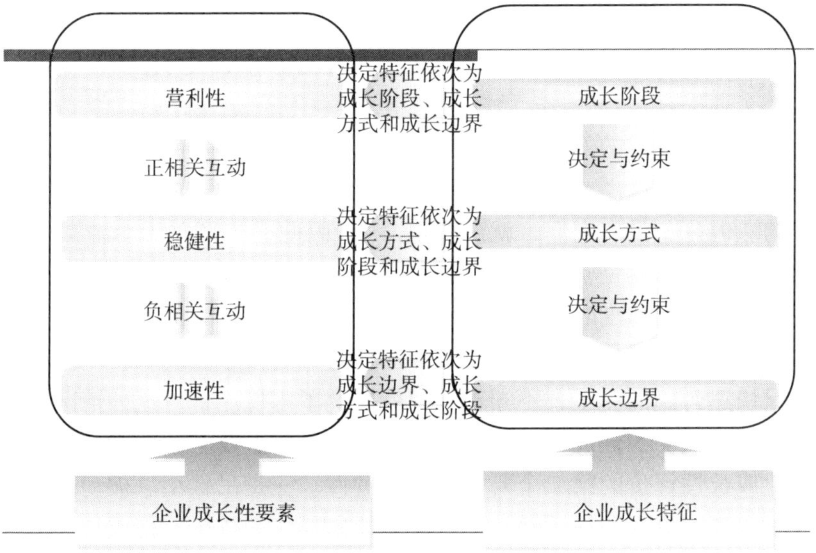

图7-2 企业成长特征与成长性评价要素关系（2）

基于以上分析，我们把企业的营利性、稳健性和加速性作为对企业成长性评价的基本要素，并选取具体的定量指标进行评价操作（见第8章），结合对企业成长阶段、成长方式和成长边界的描述性分析，可以较准确地反映企业的成长性。

需要说明的是，随着数据的积累，我们希望能逐步明确判断企业成长阶段、成长方式和成长边界的一般定量模型，从而借助定量分析加速我们对企业成长阶段、成长方式和成长边界的基本判断。

7.2.3 成长力（认知层）评价的构成要素

如前所述，我们对企业成长力的分析，是基于企业资源和能力相互融合的观点。事实上，企业资源理论与能力理论产生的理论基础相同，都假设企业是异质的，企业是资源和能力的集合体，都从企业内部和内在发展出发来分析企业和市场。企业持续成长力的来源是两种理论都企图破解的课题。而两种理论探究的不断深入，正呈现出相互接近的趋势。一方面，资源学派从强调企业的异质性、稀缺性、难以模仿性和高效的专有资源发展到对资源的构建能力，如普拉哈拉德与哈默等人认为竞争资源是“组织中的积累性学识，特别是关于如何协调不同的生产技能和有机结合多种技术流派的学识”。因而他们认为协调与有机结合的学识是主要资源，能力与知识似乎没有太大区别，都被视为一般资源。巴尼（Barney，1991）也认为能力与资源是同一回事，企业的资源还包括人力资本以及组织资本的正式与非正式资源。另一方面，能力学派从核心能力理论、基础能力理论向动态能力理论和基于流程的能力理论发展。动力能力理论①强调为适应目前激烈变化的外部环境，企业必须不断获取、整合具有能确认内外部的行政组织技术、资源和功能性的能力。基于流程的能力理论②认为每个流程都在创造价值，每个流程也都要求部门间的协同配合。因此，尽管各个部门可能拥有自己的核心能力，但是关键在于管理这些流程，使之成为竞争能力。总之，资源学派将核心能力作为企业资源的一部分；而能力学派则强调对资源的配置和整合能力是核心能力的一部分。我们认为，这正是两种理论的融合反映了现实中企业成长力来源的复杂性和多样性，我们很难明确可口可乐的神秘配方和微软的专利权是资源还是能力，虽然正是这些东西支撑了这两个企业王国的长盛不衰。

我们的分析主要服务于企业成长评价的可实现性，因此我们从表现形式上把企业成长力分成五种，即运营力、保障力、抗险力、推动力和提升

---

① 提斯（Teece D. T.，1997）提出了动力能力理论。

② 波士顿顾问咨询公司的斯托克（Stalk G.，1992）和舒尔曼（Schulman L. E.，1992）等人认为成功的企业极为注意行为方式，即生产能力的组织活动和业务流程，并把改善这些活动和流程作为首要的战略目标，企业成功的关键不仅仅在于核心竞争力。

力。下面是我们对这五种成长的基本理解，如图 7－3 所示。

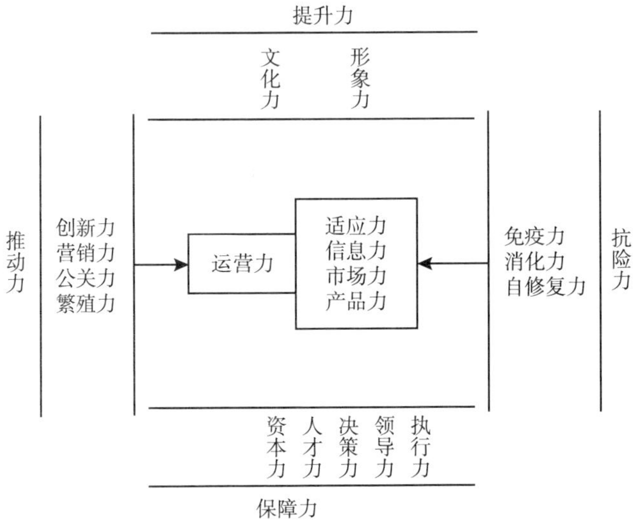

图 7－3　企业成长力五要素关系

1. 运营力要素。主要反映企业的基本生存能力，因此在成长力表现层的评价主要集中在企业运营资产的能力评价方面。而一个企业运营力的构成或者说其力量源泉是以下几个方面：企业适应其生存环境的能力，即适应力；企业与其生存环境及时准确交互有效信息的能力，即信息力；企业定义、设计和把握市场的能力，我们称之为市场力；企业为其发现并定义的市场提供产品的能力，包括产品的研发、设计、生产和提供能力，我们称之为产品力。

2. 保障力要素。这一要素也是属于企业生存能力的范畴。本章认为应包括以下子要素：资本力，反映企业资产规模、收入规模及预期融资能力对企业未来战略实施的影响；人才力，反映企业人力资源的结构、成本及人力资源规划对企业未来战略实施的影响；决策力，反映企业主要决策者的决策能力；领导力，反映决策者及高层管理者对企业实际的影响力；执行力，反映企业执行层的执行能力及相关的制度保障和组织机制对其的影响。

3. 抗险力要素。一个企业的抗风险能力主要来源于风险预警体系的建立及完善程度、应对风险的制度及企业结构性和流程性安排等。本章的研究思路是从企业事先风险预警安排、风险发生时的应对能力及发生后的恢复能力三个方面设计子要素，再分别设计指标：（1）免疫力，既包括企业资产规模、资产结构等客观方面，也包括企业的预警安排方面。如应收账款管理、关键员工防流失管理、销售依存度、采购依存度、法人依存度控制等。当然也包括对非正常风险的管理，如自然灾难处理，还包括对异常状况（资产质量异常、盈利能力异常、偿债能力异常、规模严重异常）的处理。（2）消化力，主要指风险发生时控制和消除风险破坏的能力。如对法律纠纷的处理、对企业产品质量曝光等企业丑闻的处理、对关键岗位员工集体流失或相继流失的处理、对行业政策、市场环境等外部环境突然变化的应对等，采取积极措施化解风险的破坏力。（3）自修复力，主要指企业自我修复风险对企业造成的既有伤害的能力。抗险力的评价既要关注企业过去抗风险记录，也要考虑其当前的抗风险能力。

4. 推动力要素。主要是发现、评价能够推动企业成长的相关力量。这些力量可能来源于企业内部资源的相互作用，也可能来源于外部环境。可以从四个方面搭建企业推动力体系。创新力，主要指产品研发能力、成本控制能力、质量保障机制等反映企业研发能力、技术水平的相关指标；营销力，主要评价企业营销的规划能力、管理能力、执行能力及营销政策、营销团队的稳定性、成熟性和效率及市场地位，也会评价行业内部竞争情况、供应行业竞争情况、行业进入壁垒、产品生命周期、行业发展趋势、行业政策等因素对企业营销的影响；公关力，主要评价企业与利益相关者的关系及在利益相关者中的地位，如独特而稳定的上下游关系、主要社会评价及行业评价（产品认证及准入、信用评价、行业及地方优惠政策）；繁殖力，主要指企业为满足市场变化或扩张而扩大产品线的能力，也包括企业多元化经营的能力（本章认为对中小企业多元化经营的考察应主要关注其多元化现状维持与发展的可能性、多元化经营对管理者和决策者的挑战及对主营业务的潜在危害。）

5. 提升力要素。本章认为良好的企业文化和形象能够提升企业成长力，二者从本质上讲是一回事。企业文化是企业形象的内核，企业形象是企业文化的外露，但他们却是从不同方面提升企业成长力。（1）文化力，良好的企业文化能够影响企业成员的行为和思想，给员工带来归属感，从而提升员工的工作态度、工作行为方式，必然会提高企业的运营效率，降低企业的运营成本（沟通成本和协调成本）；（2）形象力，独特的形象诉求、便于接受的表达方式以及对企业文化准确的诠释必然得到目标群体的认可和依赖，利益相关者对品牌的忠诚不仅会支持稳定的销售，还会在企业融资及其他对外沟通中很快得到认可，提高与利益相关者交流交往的效率。

由于企业成长特征和企业成长基础之间存在着互为反映和影响的关系，企业成长性要素和企业成长力要素之间也存在着相应的对应关系，成长性的每一个要素都是“五力”要素综合作用的结果。一般而言，营利性主要由运营力决定，稳健性主要由保障力和抗险力决定，加速性主要由推动力和提升力决定，如图7－4和图7－5所示。

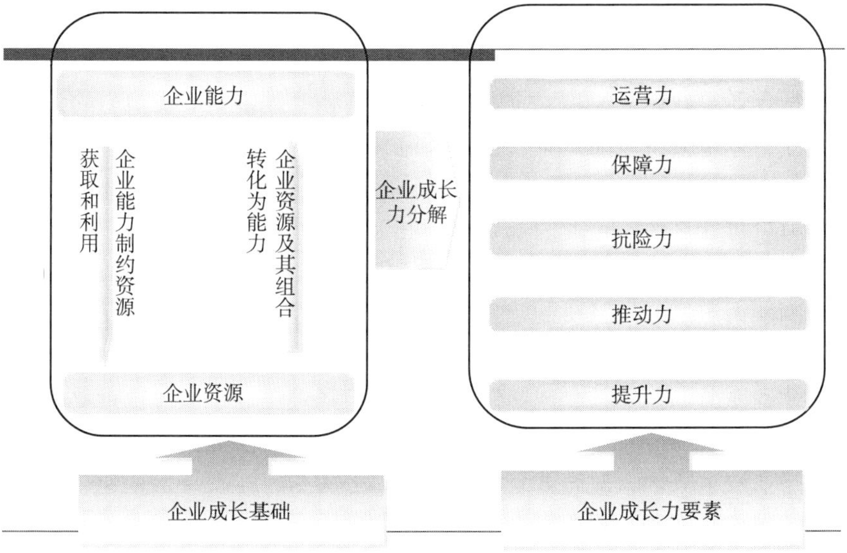

图7－4 企业成长基础与成长力关系（3）

企业成长力的表现相对复杂，影响企业成长的要素也非常多。鉴于以上对企业成长评价多层次现实需要的认识，结合评价操作的便利性，本章对企业成长力分两个层面（认知层和影响层）和五个方面（运营力要素、保障力要素、抗险力要素、推动力要素和提升力要素）进行考察。企业成长力的认知层和影响层与识别层一起构成了本章研究的中小企业成长评价的三个层次。而对企业成长力影响层，我们试图通过建立子系统进行，通过分类分析最后形成整体评价，深度揭示具体企业的成长潜力和成长问题。其中成长力认知层和成长性一样，我们将主要依靠定量指标来评价；而成长力影响层我们主要是通过定性分析进行，与前两个层次一起构成企业成长的深度评价。

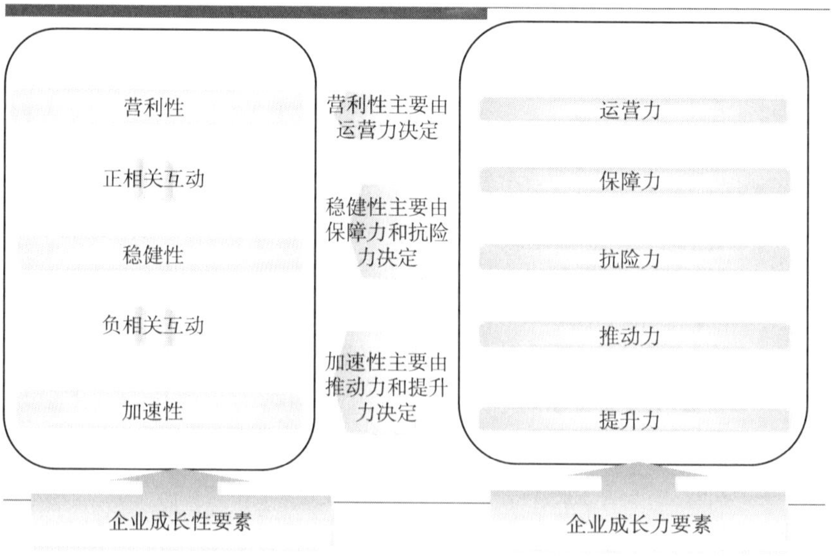

图7－5 企业成长性与成长力关系（4）

7.2.4 成长力（影响层）评价的分析框架

企业成长力的分析与企业成长特征是分不开的，我们在这里只论述成长力评价的基本分析框架。

1. 运营力评价

（1）适应力。主要了解宏观经济环境、区域经济状况、行业特征和政策监管等情况，评价经营环境对企业生存发展的影响，评价企业对环境的认知能力和水平，评价企业对环境变化的适应能力和应对能力。一般是：对于周期性行业，应关注宏观经济走势对行业以及企业发展的作用。对于经营地域范围较为集中的企业，应关注了解地区经济环境和发展趋势对企业的影响。对于战略性行业和公用事业等行业，要关注行业政策和监管环境对行业和企业的影响；关注产业链和上下游行业状况对企业经营和竞争的影响；关注行业竞争形态、进入和退出规则和替代品等因素对企业发展的影响；结合产品生命周期、技术变更等情况，对行业发展趋势做出判断；结合行业在财务上的特点，分析最容易导致这些企业发生财务风险的因素；比较企业经营者对环境认识的一致性及与外部评价的异同，分析企业对环境变化的应对措施的完善程度及可操作性，评价企业应对环境变化能力提升的空间。

（2）信息力。主要了解企业信息获取、发布与控制能力。一般是：企业主要关注哪些外部信息，各关注点与企业的关联度，企业通过哪些渠道获取外部信息，获取信息的成本与可靠性，企业分析利用信息的准确度与效率；企业如何管理企业的信息发布，信息发布的范围要求及实际效果，有无希望发布的信息未传递到目标接受者的情况；企业信息控制制度的健全程度，如何处理信息的共享与保密等。

（3）市场力。主要了解企业市场定义的准确度、市场设计的合理性和把握市场的能力。一般是：了解企业的市场描述，评价市场的广度和深度的适宜性；分析企业面对的主要竞争对手和潜在竞争对手，判断行业的基本竞争形态，总结影响行业内企业竞争能力的主要因素，判断企业目前在行业中所处的地位，评价企业市场目标与营销战略与竞争关系的符合性；分析企业主要客户的构成，关注其集中性和稳定性；分析企业成本构成和成本控制、市场营销策略和运作水平，评价企业实现市场目标的能力；结合公司的主营业务分析、行业分析和竞争力分析，预测公司在未来市场中的可能表现；分析企业管理层运用资金的能力，如应收账款回收速度，企业存货结构的合理性等，要注重比较不同时期周转水平；分析观察企业固定资产的利用是否充分，投资是否得当，结构是否合理，是否发挥效率。

（4）产品力。产品是企业实现其生存和成长价值的工具。主要了解企业为其发现并定义的市场提供产品的能力，一般是：比较企业产品与竞争产品的优越性，分析企业改进产品和研发产品的能力，考察企业研发投入水平与贡献度；分析企业的生产能力及生产能力的利用水平，评价生产能力提升的制约性因素，评价企业快速提升生产能力的方式及可能性；分析产品到达消费者的路径及企业对这些路径的控制水平，分析产品满足消费者特定需求的能力，分析企业向消费者的价值让渡能力，评价企业的产品提供能力。

2. 保障力评价

（1）资本力。主要了解企业资产规模、收入规模及预期融资能力对企业未来战略实施的影响。一般是：分析资产质量，首先分析资产构成，然后对每一部分资产的质量状况逐一分析；分析企业的盈利能力，以总资产为出发点，区分经营性资产和非经营性资产，与此相对应的是经常性损益和非经常性损益；分析企业的收入成本情况，分析近几年企业的营业收入增长率和主营业务利润率，揭示公司主营业务收入和营业利润的变化及其深层次原因，分析各项业务在企业整体盈利中所占比例及顾客的相对重要性，将主营业务毛利率与同行业平均水平进行对比，提示企业的成本控制能力及其内在原因；分析企业的资本结构及再融资的能力；评价目前主营业务状态和运营能力并考虑可能影响企业经营的一些重要因素，评价未来企业规模扩张速度、融资需求及融资实现途径和可能性。

（2）人才力。主要了解企业人力资源的结构、成本及人力资源规划对企业未来战略实施的影响，一般是：了解企业遵守相关劳动权益保障法律的情况；了解企业为员工提供的工作条件、福利保障等，评价激励制度及贯彻的合理性、现实性和有效性；了解企业团队建设情况，评价部门间及内部人员的相互沟通；了解员工对企业的认知及认同度、忠诚度及敬业精神；了解员工流动状况，评价其原因与合理性；了解企业人力资源结构，评价其合理性；了解企业人力资源成本及对企业成本的影响；了解企业人力资源规划，评价企业人才成长路径；了解企业员工的学习态度、学习能力及企业知识管理的能力。

（3）决策力。主要了解企业决策者战略决策的合理性与科学性，一般是：评价企业的公司治理结构对决策能力的影响；判断企业是否有明晰的发展战略，了解其战略所包含的主要内容，评价其战略形成的过程；判断企业目前战略与以往战略是否存在差异，了解出现差异的原因，评价其决策的连续性；了解企业的决策形成过程，评价决策的主导力量对决策的影响及其利弊；评价决策机制是否适应企业当前需要，分析其对企业发展产生的影响。

（4）领导力。反映决策者及高层管理者对企业实际的影响力，一般是：评价主要管理人员的从业经验、学历以及领导管理能力；评价管理团队配合情况；关注高级管理人员的安排是否可能导致较大的道德风险；分析管理团队对企业竞争能力的作用；了解企业主要部门设置情况，评价组织结构是否健全、机构运行是否顺畅，评价其对领导力的影响。

（5）执行力。反映企业执行层的执行能力及相关的制度保障和组织机制对其的影响，一般是：对管理团队成员的考察内容具体可包括：了解管理团队和执行团队主要成员的从业经验、学历及相关知识掌握程度、财务分析决策能力、企业战略执行能力、对风险认识程度及应变能力、协作能力、以往经营业绩及以往信用状况，评价执行团队的基本执行能力；了解执行团队与决策层的关系，评价决策层对执行团队的控制和影响能力；了解企业战略的实施情况，管理层针对战略执行中的偏差做出的努力；评价企业所拥有的资金、客户、市场地位等资源是否能够支撑其战略计划的实现；判断企业贯彻执行制度的情况以及执行效果，是否在生产管理或者其他方面获得过某种认证；分析企业管理制度执行能力对企业竞争能力的作用；评价企业在管理过程中是否很好地贯彻了企业理念，分析管理理念在企业发展过程中的作用；评价企业生产、销售、财务等方面管理制度、内控制度是否健全，是否具有合理的激励约束制度；分析管理制度对企业执行能力的作用。

3. 抗险力评价

一个企业的抗风险能力主要来源于其风险预警体系的建立及完善程度、应对风险的制度及企业结构性和流程性安排等。我们从企业事先风险预警安排、风险发生时的应对能力及发生后的恢复能力三个方面设计子要素。

（1）免疫力。主要包括：考察企业所处行业的复杂性和动态性对企业的影响，评价风险主要来源。它可能来源于新产品或服务的出现、竞争对手降价、生产或制造成本超过预算、宏观经济环境变化对企业的冲击、主要客户取消订单、销售计划没能实现、公众对企业舆论的变化、主要人才流失、企业的产品被大企业仿造或革新、企业规模的扩大需要对管理结构重组等；考察企业资产规模、资产结构等客观方面形成的抗风险能力，评价企业基本的抗风险素质；考察企业经营者的风险意识及对风险的识别能力；评价企业的预警制度安排，如应收账款管理、关键员工防流失管理、销售依存度、采购依存度、法人依存度控制等，当然也包括对非正常风险的管理，如自然灾难处理，还包括对异常状况（资产质量异常盈利能力异常偿债能力异常规模严重异常）的处理；了解企业的投资约束机制和风险承担机制；了解以往的记录，评价企业过去的风险历史及企业应付危机、摆脱危机的能力。

（2）消化力。在指风险发生时控制和消除风险破坏的能力，如对法律纠纷的处理、对企业产品质量曝光等企业丑闻的处理、对关键岗位员工集体流失或相继流失的处理、对行业政策、市场环境等外部环境突然变化的应对等，采取积极措施化解风险的破坏力。主要包括：风险管理者快速反应能力及在短时间内形成多套应急方案并优选的能力；考察危机发生时企业调动资源的能力；考察面对危机时的沟通和公关能力；评价企业在危机出现时迅速控制能力；考察企业启动预警方案的速度，评价企业应急制度的自动启动能力；了解企业对重大风险投保、寻求担保等社会化风险分担方面的安排，评价企业危机的外部消化支持水平；了解企业为应对危机所付出的成本，评价企业的承受能力和胆识。

（3）自修复力。企业自我修复风险对企业造成的既有伤害的能力，主要包括：考察企业在危机处理完成后对预警机构的反思和完善，如员工风险意识的提升，预警制度、危机处理制度的完善等；了解企业资源配置恢复到正常状态的速度和水平，评价企业根据需要和可能重新配置资源的能力。

4. 推动力评价

（1）创新力。主要包括：评估专利权、非专利技术、商标权、版权、商业秘密、各种设计专有权等知识产权类无形资产比重，评价企业的研发能力、技术转化能力和技术保护能力；评估人力资源在预期服务期内所能提供的未来收益的估计现值，如企业员工的专业技能、创造能力、解决问题能力、管理者的管理能力等；了解从事研究与开发工作人员的人数优势，评价企业创新中的人力资源优势；评估企业高新技术产品研究开发经费投入水平，了解研究与开发固定资产净值占固定资产总值的比例及总支出，评价企业创新投入；评估企业新产品销售收入，专利申报数、完成研究与开发的项目数等。

（2）营销力。主要包括：评价行业内部竞争情况、供应行业竞争情况、行业进入壁垒、产品生命周期、行业发展趋势、行业政策等因素对企业营销的影响；也会评价企业营销的规划能力、管理能力、执行能力及营销政策、营销团队的稳定性、成熟性和效率性及市场地位；了解行业技术独特性、行业进入壁垒、目标市场增长率、竞争对手的情况，评价市场策略；了解产品组合、主导产品技术含量及市场寿命周期、新产品开发规划，评价产品策略；了解行业平均固定成本和平均变动成本与本企业进行比较，了解本企业的边际成本、机会成本、折扣和折让的影响，评价定价能力；了解企业的营销队伍、分销商及代理商网络，评价企业的分销能力；了解企业的售后服务能力、促销手段等，评价企业的促销能力。

（3）公关力。主要包括：了解企业向消费者诉求的途径、方式及深度，了解消费者对企业及其提供服务的认识水平和态度；了解企业与上下游的力量对比变化趋势与博弈关系；了解企业在与同类产品或替代产品等竞争产品中的独特诉求，评价其产品的独特性，评价其与竞争企业的关系；了解企业各类利益相关者的广度，评价企业公关能力的辐射范围；了解对企业影响最大的利益攸关者是谁，有何风险及防范措施；了解企业主要的社会评价及行业评价（产品认证及准入、信用评价、行业及地方优惠政策），评价其社会认可度。

（4）繁殖力。繁殖力其实是对企业成长方式其及变化的评价，主要包括：企业扩大单一产品空间区域和消费群体的策略及其结果，单一产品销量增长的速度及增长过程中成本的变化趋势；比较企业自身销售市场的增长水平与整个市场变化的一致性；了解企业产品定位，评价其依靠独特定位获得快速成长的可能或结果；评价企业将现有产品或服务打入新的市场的能力；了解企业通过改造现有产品或服务，或开发新产品或服务而增加销售的能力；了解企业如何增加新的与原业务不相关的产品或服务；了解企业如何为现有用户增加新的不相关的产品或服务；了解企业如何获得分销商或零售商的所有权或对其加强控制；了解如何获得供方公司的所有权或对其加强控制；了解企业如何获得竞争者的所有权或对其加强控制；了解企业对共谋战略、联盟战略及集群战略的应用；评价企业多元化经营的能力、多元化经营对管理者和决策者的挑战及对主营业务的潜在危害等。

5. 提升力评价

（1）文化力。主要包括：了解企业的主导文化与倡导文化的一致性；了解企业文化形成的历程及关键人物；评价企业倡导文化与小团体亚文化的关系；评价员工对企业文化的认知度和认同感；评价企业制度与企业文化的和谐度，评价企业文化和制度对企业成员行为和思想的影响，对员工工作态度、工作行为方式的影响；评价企业文化对企业运营的影响；评价企业文化对企业公关力和形象力的支持。

（2）形象力。主要包括：了解企业的形象诉求及其与企业文化、企业价值追求的一致性；了解企业形象的表达方式以及对企业文化诠释的准确度，评价利益相关者对企业形象的接受度；评价利益相关者对品牌忠诚的影响，如对销售的影响，对企业融资及其他对外沟通中的认可程度；评价企业形象的传播途径及范围。

应用篇

中小企业的成长评价研究，其目的在于应用。由于影响中小企业成长的因素很多，所以对成长性进行评价必然涉及到很多指标，并且最后还要根据这些指标做出总的评价，得出中小企业的成长性情况。根据企业成长五维度分层评价的设想，在构建中小企业评价操作系统过程中，一是要科学合理的设定反映中小企业成长的各项指标；二是准确公正的界定指标权数。本书以上市公司并主要依据，以中小板上市公司的企业评价为模拟过程来演示中小企业成长性的评价系统。

第8章

中小企业成长评价指标体系

由于深度评价的要素分解我们已经在上一章做了阐述，本章我们只介绍企业成长评价体系中前两个层次的指标，即成长性（识别层）指标和成长力表现层（认知层）指标。

§8.1 评价指标的选取

8.1.1 评价指标的选取原则

企业成长评价是以财务资料和其他企业内部资料及外部资料为依据和起点，采用指标方法，分层次、系统、动态分析和评价企业成长性和成长力，通过过去的资料评价企业当前的状况并对其未来进行预测。本书在选取评价指标时，遵循了以下原则：

一是科学性原则。各指标的定义、规定、描述、计算、问题设计与评议标准等具有科学性、准确性，整个评价指标体系从元素构成到结构，从每一个指标计算内容到计算方法，都必须科学、合理、准确。所选取的指标应能尽量科学地、全面地反映企业成长的状况，且内涵明确。评价应体现统计分析方法的客观性和科学性，评价的基础数据要真实可靠，从而使评价公平、公正。

二是系统性原则。通过指标设计和选取能够构成一个完整的体系，系统内的要素及指标的选取力求增加则重复，减少则失去完整性。对指标的分析和评估也要系统化；指标的选取要全面，能从不同角度反映企业成长的整体状况；选取的指标应尽可能地反映研究对象的各个方面，能够反映被评价对象的各个侧面；能够反映企业成长的整体性和综合性特征，其中包括多个子系统。对这样的一个系统做出评价，应涉及较多的信息，涵盖较广泛的范围，才能准确地将系统描述出来。

三是层次性原则。评价一个企业的成长首先要评价其成长性，其次要评价其成长力的表现，最后是对企业成长力的挖掘。通过深入研究发现影响企业成长力的因素。建立综合评价指标体系的层次结构，为进一步的因素分析创造了条件。

四是可行性原则。在指标选取时要具有可操作性和可比性，指标体系的数据是可以收集和分析到的，而且可以保证数据的质量能真实可靠，可以比较。

五是可比性原则。从技术上看，设计的指标体系要能进行横向、纵向比较，具有行业或区域间的可比性和时间序列可比性；从结果上看，所构建的评价指标体系应公平对待每一个被评价对象，指标不能具有偏向性。

六是主导性原则。由于系统十分复杂，描述系统的指标涉及面很广，但这并不意味着不分主次地将所有可能的方面都包括进来。而是应该经过认真的调查，仔细的分析，抓住系统的主要方面。对那些与系统主要行为关系不十分密切的方面，予以简化或省略。同时，对采用的指标也应设置不同的权重，这样才能突出重点。

七是结合性原则。在技术处理上，可能通过分层法，将定量评价和定性评价分置在不同的评价层次内。但在构建指标体系时，应将定性分析与定量方法分析结合起来，片面地强调定性方法或定量方法都是不妥的。

八是动态原则。企业在不同发展阶段，成长性、成长力表现和影响要素必有差异，所以应该针对企业成长的不同阶段采用不同的评价指标标准，对不同行业甚至不同地区的企业，也应该采用不同的可持续发展评价指标体系。

8.1.2 企业成长性评价体系的构成

1. 营利性评价指标

反映企业营利性要素的指标包括盈利规模和盈利能力两方面。本书不选择反映企业盈利规模的指标，这是因为盈利规模更大程度上决定于企业规模。而本书认为研究企业成长性不应该过多关注企业的规模，企业规模对于成长性企业的价值更主要地表现为安全性。反映盈利能力的指标本书最初只选取了两个（净资产收益率、总资产收益率）。其他通过相互换算得来的指标略显重复都略去了。在接下来的上市公司成长性评价分析中，为了取数方便，本书选取了另外四个指标，即进行：经营净利率（%）；经营毛利率（%）；资产利润率（%）；资产净利率（%）。

综合考虑，最终确定使用表 8－1 中的四项指标。

表 8－1　成长性之营利性指标表

一级指标	二级指标	编　码
营利性	净资产收益率	1101
	总资产收益率	1102
	经营净利率	1103
	经营毛利率	1104

注：编码的首位数代表指标所在的层次，1 代表成长性，2 代表成长力表现，3 代表成长力影响；编码的第二位数代表指标所在的要素，1 代表营利性，2 代表稳健性，3 代表加速性；编码的后两位数是指标的自然排序。

2. 稳健性要素

稳健是企业持续成长的重要保障。本书认为企业稳健的特征主要表现为相关指标的变化幅度、资产结构和现金回收方面。主要包括以下六个指标，这六个指标分属于上述三个方面，但归属关系并不明显，因而本书没有增设指标层，这种情况可以通过相对数设置予以校正，以后还会有类似情况。

（1）总资产收益变动率；（2）成本利润率变动；（3）费用利润率变动；（4）资产负债率；（5）流动资产变动率；（6）收入现金率。

在上市公司成长性评价分析中，由于指标的变动要求多年财务资料，所以在只收集一年财务资料的情况下没法考察，本书使用的是以下指标：

（1）流动比率；（2）速动比率；（3）现金流动负债比；（4）净利润现金含量（倍）；（5）股东权益比；（6）流动负债率；（7）负债权益比；（8）资产负债率；（9）长期负债资产比；（10）固定比；（11）主营收入现金含量（倍）。

以上两组指标中，都选取了资产负债率，而收入现金率与主营收入现金含量含义接近。但本书更偏爱一个专注的成长型中小企业，因此最终选择了主营收入现金含量这个指标。另外股东权益比、负债权益比、资产负债率使用一个指标就可以了，本书使用资产负债率。最终选取的指标如表8－2所示。

表8－2　成长性之稳健性指标表

一级指标	二级指标	编　码
稳健性	总资产收益变动率	1201
	成本利润率变动	1202
	费用利润率变动	1203
	资产负债率	1204
	流动资产变动率	1205
	流动比率	1206
	速动比率	1207
	现金流动负债比	1208
	流动负债率	1209
	长期负债资产比	1210
	固定比	1211
	主营收入现金含量（倍）	1212
	净利润现金含量（倍）	1213
	收入现金率	1214

3. 加速性要素

严格地讲，反映加速性要素的指标应该是相关指标增长率的变化程度。但由于企业成长的规律性，在企业成长的不同阶段，其成长的幅度不同是很正常的现象。如果用增长率的变化程度反映，可能会出现反向数值，不便于直观地反映企业成长。比如成熟期项目的增长率变化会很小，甚至会降低，但企业仍在持续增长。因而本书选取了增长率来反映企业成长的加速性，主要包括表8－3所示的七个指标。

表8－3　成长性之加速性指标表

一级指标	二级指标	编　码
加速性	净利润增长率	1301
	税前利润增长率	1302
	主营利润增长率	1303
	净资产收益率增长率	1304
	主营收入增长率	1305
	总资产增长率	1306
	股东权益增长率	1307

8.1.3　企业成长力表现层评价指标

1. 运营力要素

主要考察企业在资产获取、使用效率、使用效果及确保运营能力等方面的表现，选取了如表8－4所示的指标。

表8－4　成长力之运营力指标表

一级指标	二级指标	编　码
运营力	存货周转率	2101
	应收账款周转率	2102
	总资产周转率	2103
	附加经济价值	2104
	固定资产使用率	2105
	企业融资率	2106
	留存盈余比率	2107

注：编码的首位数代表指标所在的层次，1代表成长性，2代表成长力表现，3代表成长力影响；编码的第二位数代表指标所在的要素，1代表运营力，2代表保障力，3代表抗险力，4代表推动力，5代表提升力；编码的后两位数是指标的自然排序。

2. 保障力要素

主要考察企业获取利润的能力以保障持续经营，企业获取市场的能力以保障持续成长。一个仅有利润却拥有很少市场的企业只证明了生存能力没有体现发展能力；同样一个为占有市场不惜牺牲利润的企业可能无法确保成长后劲。保障力选取了如表 8－5 所示的指标。

表 8－5　　成长力之保障力指标表

一级指标	二级指标	编　码
保障力	销售利润率	2201
	资产报酬率	2202
	净资产收益率	2203
	市场覆盖率	2204
	市场应变率	2205
	市场拓展率	2206

3. 抗险力要素

影响企业成长的风险来源很多，表现形式也很复杂。但其最终一般会表现为企业的资产规模对风险控制的支撑能力、资产流动性对风险的应对能力及对资产控制力所形成的自主处理风险的能力，因此从表现上考察，选取了表 8－6 所示的指标。

表 8－6　　成长力之抗险力指标表

一级指标	二级指标	编　码
抗险力	资产规模	2301
	有效资本率	2302
	自有资本构成率	2303
	流动比率	2304
	速动比率	2305

4. 推动力要素

推动企业持续成长的要素很多，如企业组织变革、新产品上市、销售外延扩张、人力资本结构提升等。但所有推动力最终将表现在信息技术利用、新产品/新技术开发、产品矩阵的合理化、企业的国际化等方面。因此本书在这些方面选取了具有代表性的指标进行评价，如表 8－7 所示。

表8－7 成长力之保障力指标表

一级指标	二级指标	编　码
推动力	信息技术拥有率	2401
	信息技术保障率	2402
	信息技术投入增长率	2403
	设备先进程度	2404
	技术创新投入率	2405
	新产品开发成功率	2406
	新产品/新工艺产值率	2407
	出口外销率	2408
	外销增长率	2409
	出口产品质量指数	2410
	相关认证	2411
	利用外资水平	2412

5. 提升力要素

提升力主要指企业长期经营过程中形成的能够提升企业的内聚力量，它可以不通过企业支付成本就发挥作用。本书认为这种力量主要表现在两方面：一是企业文化力；二是企业品牌力。两种力量的形成都非常复杂。但归根结底，良好的企业文化应该是让企业的管理更容易，支付更少的管理成本；良好的品牌应该是让企业的产品更容易销售，支付更少的促销费用。另外，良好的企业文化也会让管理成本的支付相对稳定。因此本书设置以下三个指标考察企业提升力的表现，如表8－8所示。

表8－8 成长力之保障力指标表

一级指标	二级指标	编　码
提升力	管理费用变动率	2501
	管理费用收入率	2502
	促销费用收入变动率	2503

§8.2 企业成长性评价指标的设定

8.2.1 营利性要素指标

1. 1101 净资产收益率

指标含义：反映企业净资产的收益能力，是企业净利润和平均净资产之比，首次入选企业需提供前三年数据。

计算方法：净资产收益率 = 净利润/平均净资产 ×100%

数据来源和采集方法：净利润数据来源于企业年末利润表，平均净资产来源于企业年末资产负债表中年末和年初所有者权益加权平均。

采集数据：年末净利润、年初（末）净资产

2. 1102 总资产收益率

指标含义：反映企业总资产的收益能力，是企业利润总额和平均总资产之比，首次入选企业需提供前三年数据。

计算方法：总资产收益率 = 利润总额/平均资产总数 ×100%

数据来源和采集方法：利润总额数据来源于企业年末利润表，平均总资产来源于企业年末资产负债表中年末和年初数加权平均。

采集数据：年末利润总额、年初（末）总资产

3. 1103 经营净利率

指标含义：反映企业主营业务的收益能力，是企业利润净额和主营业务收入之比，首次入选企业需提供前三年数据。

计算方法：经营净利率 = 利润净额/主营业务收入 ×100%

数据来源和采集方法：利润净额和主营业务收入数据都来源于企业年末利润表。

采集数据：年末利润净额、年累计主营业务收入

4. 1104 经营毛利率

指标含义：反映企业主营业务的收益能力，是企业主营业务利润和主营业务收入之比，首次入选企业需提供前三年数据。

计算方法：经营毛利率 = 主营业务利润净额/主营业务收入 ×100%

数据来源和采集方法：同上。

采集数据：主营业务利润、主营业务收入

8.2.2　稳健性要素指标

1. 1201 总资产收益变动率

指标含义：反映企业总资产的收益能力的变化趋势，以上一年的总资产收益率为基数，与下一年的总资产收益率进行比较，首次入选企业需提供前三年数据。

计算方法：总资产收益变动率 =（当年总资产利润率 - 上年总资产利润率）/上年总资产利润率 ×100%

数据来源和采集方法：根据总资产利润率计算结果生成。

采集数据：年末利润总额、年初（末）总资产

2. 1202 成本利润率变动

指标含义：反映经营成本与利润总额关系的变化趋势，以上一年的成本利润率为基数，与下一年的成本利润率进行比较，首次入选企业需提供前三年数据。

计算方法：成本利润变动率 =（当年成本利润率 - 上年成本利润率）/上年成本利润率 ×100%

成本利润率 = 利润总额/（成本 + 营业费用）×100%

数据来源和采集方法：企业年末利润表。

采集数据：年末利润总额、主营业务成本、营业外支出、营业费用

3. 1203 费用利润率变动

指标含义：反映企业费用与利润总额关系的变化趋势，以上一年的费用利润率为基数，与下一年的费用利润率进行比较，首次入选企业需提供前三年数据。

计算方法：费用利润变动率 =（当年费用利润率 - 上年费用利润率）/上年费用利润率 ×100%

费用利润率 = 利润总额/管理费用 ×100%

数据来源和采集方法：企业年末利润表。

采集数据：年末利润总额、管理费用

4. 1204 资产负债率

指标含义：反映企业负债总额与资产总额的对比关系，从稳健性的角度考察，在此不考虑其适宜性，首次入选企业需提供前三年数据。

计算方法：资产负债率 = 负债总额/资产总额 ×100%

数据来源和采集方法：企业年末资产负债表。

采集数据：年末负债总额、资产总额

5. 1205 流动资产变动率

指标含义：反映企业流动资产与资产总额对比关系的变化趋势，以上一年的流动资产率为基数，与下一年的流动资产率进行比较，首次入选企业需提供前三年数据。

计算方法：流动资产变动率 =（当年流动资产率 - 上年流动资产率）/上年流动资产率 ×100%

流动资产率 = 流动资产/资产总额 ×100%

数据来源和采集方法：企业年末资产负债表。

采集数据：年末流动资产、资产总额

6. 1206 流动比率

指标含义：反映企业流动资产与流动负债的对比关系，以当年的流动资产与流动负债进行比较。

计算方法：流动比率=流动资产/流动负债×100%

数据来源和采集方法：企业年末资产负债表。

采集数据：年末流动资产、流动负债

7. 1207 速动比率

指标含义：反映企业速动资产与流动负债的对比关系，以当年的流动资产减去存货与流动负债进行比较。

计算方法：速动比率=(流动资产-存货净额)/流动负债×100%

数据来源和采集方法：企业年末资产负债表。

采集数据：年末流动资产、存货净额、流动负债

8. 1208 现金流动负债比

指标含义：反映企业经营活动产生的现金流量净额与流动负债的对比关系，以当年的流动资产减去存货与流动负债进行比较。

计算方法：现金流动负债比=经营活动产生的现金流量净额/流动负债×100%

数据来源和采集方法：企业年末资产负债表、现金流量表。

采集数据：年末流动资产、存货净额、流动负债

9. 1209 流动负债率

指标含义：反映企业流动负债与负债总额的对比关系，以当年的流动负债与负债总额进行比较。

计算方法：流动负债率=流动负债/负债总额×100%

数据来源和采集方法：企业年末资产负债表。

采集数据：流动负债、负债总额

10. 1210 长期负债资产比

指标含义：反映企业长期负债与资产总额的对比关系，以当年的长期

负债与资产总额进行比较。

计算方法：长期负债资产比＝长期负债/资产总额×100%

数据来源和采集方法：企业年末资产负债表。

采集数据：长期负债、资产总额

11. 1211 固定比

指标含义：反映企业非流动资产与资产总额的对比关系，以当年的非流动资产与资产总额进行比较。

计算方法：固定比＝（固定资产＋无形资产及其他资产合计）/资产总额×100%

数据来源和采集方法：企业年末资产负债表。

采集数据：固定资产、无形资产、其他资产、资产总额

12. 1212 主营收入现金含量（倍）

指标含义：反映企业销售商品、提供劳务收到的现金与主营业务收入的对比关系。

计算方法：主营收入现金含量＝销售商品、提供劳务收到的现金/主营业务收入×100%

数据来源和采集方法：企业年末资产负债表、现金流量表。

采集数据：销售商品、提供劳务收到的现金、主营业务收入

13. 1213 净利润现金含量（倍）

指标含义：反映企业经营活动产生的现金流量净额与净利润的对比关系。

计算方法：净利润现金含量＝经营活动产生的现金流量净额/净利润×100%

数据来源和采集方法：企业年末资产负债表、现金流量表。

采集数据：经营活动产生的现金流量净额、净利润

14. 1214 收入现金率

指标含义：反映企业现金收入与总收入的对比关系，首次入选企业需

提供前三年数据。

计算方法：现金收入率 = 现金收入/收入总额 × 100%

现金收入 = 本期收入总额 − 本期应收账款借方增加额

数据来源和采集方法：企业年末利润表，应收账款总账。

采集数据：年末收入总额、本期应收账款借方增加额

8.2.3 加速性要素指标

1. 1301 净利润增长率

指标含义：反映净利润的变化趋势，以上一年的净利润为基数，与下一年进行比较，首次入选企业需提供前三年数据。

计算方法：净利润变动率 = (当年净利润 − 上年净利润)/上年净利润 × 100%

数据来源和采集方法：企业年末利润表。

采集数据：年末净利润

2. 1302 税前利润增长率

指标含义：反映利润总额的变化趋势，以上一年的利润总额为基数，与下一年进行比较，首次入选企业需提供前三年数据。

计算方法：税前利润增长率 = (当年利润总额 − 上年利润总额)/上年利润总额 × 100%

数据来源和采集方法：企业年末利润表。

采集数据：年末利润总额

3. 1303 主营利润增长率

指标含义：反映主营业务利润的变化趋势，以上一年的主营业务利润为基数，与下一年进行比较，首次入选企业需提供前三年数据。

计算方法：主营利润增长率 = (当年主营业务利润 − 上年主营业务利润)/上年主营业务利润 × 100%

数据来源和采集方法：企业年末利润表。

采集数据：主营业务利润

4. 1304 净资产收益率增长率

指标含义：反映净资产收益率的变化趋势，首次入选企业需提供前三年数据。

计算方法：主营利润增长率 =（当年净利润/当年股东权益 - 上年净利润/上年股东权益）/（上年净利润/上年股东权益）×100%

数据来源和采集方法：企业年末利润表。

采集数据：净利润、股东权益

5. 1305 主营业务收入增长率

指标含义：反映主营业务收入的变化趋势，以上一年的主营业务收入为基数，与下一年的主营业务收入进行比较，首次入选企业需提供前三年数据。

计算方法：主营业务收入变动率 =（当年主营业务收入 - 上年主营业务收入）/上年主营业务收入×100%

数据来源和采集方法：企业年末利润表。

采集数据：年末主营业务收入总额

6. 1306 总资产增长率

指标含义：反映总资产的变化趋势，以上一年的总资产为基数，与下一年的总资产进行比较，首次入选企业需提供前三年数据。

计算方法：总资产变动率 =（当年总资产/上年总资产）/上年总资产×100%

数据来源和采集方法：企业年末资产负债表。

采集数据：年末资产总额

7. 1307 股东权益增长率

指标含义：股东权益的变化趋势，首次入选企业需提供前三年数据。

计算方法：股东权益变动率 =（当年股东权益 - 上年股东权益）/上年股东权益 ×100%

数据来源和采集方法：企业年末资产负债表。

采集数据：年末股东权益净额

§8.3 企业成长力表现评价指标的设定

8.3.1 运营力要素

1. 2101 存货周转率

指标含义：用以衡量企业在一定时期内存货资产的周转次数，是反映企业购、产、销平衡效率的一种尺度，也是衡量企业销售能力和分析存货是否适度的主要指标。

计算方法：存货周转率 = 销货成本/平均存货 ×100%

数据来源和采集方法：销货成本 = 主营业务成本，来源于利润表；平均存货 = 年初（末）存货加权，来源于资产负债表。

采集数据：主营业务成本、年初（末）存货

2. 2102 应收账款周转率

指标含义：反映企业一定时期应收账款的回收效率（周转速度）。

计算方法：应收账款周转率 = 销售额/应收账款平均余额 ×100%

数据来源和采集方法：销售额 = 主营业务收入 + 其他业务收入 + 营业外收入，来源于利润表；应收账款平均余额 = 年初（末）应收账款余额加权，来源于资产负债表。

采集数据：主营业务收入、其他业务收入、营业外收入、年初（末）应收账款余额

3. 2103 总资产周转率

指标含义：反映总资产的利用情况，即单位投资发挥的效益如何。

计算方法：总资产周转率 = 销售收入/总资产平均余额 ×100%

数据来源和采集方法：销售收入，来源于利润表；总资产平均余额来源于资产负债表。

采集数据：主营业务收入、其他业务收入、营业外收入、年初（末）资产余额

4. 2104 附加经济价值

指标含义：是指企业资本收益与资本成本之间的差额。更具体地说，就是指企业税后营业净利润与全部投入资本（借入资本和自有资本立）和成本之间的差额。如果这一差额是正数，说明企业创造了价值，创造了财富；反之，则表示企业发生价值损失。如果差额为零，说明企业的利润仅能满足债权人和投资者预期获得的收益。

计算方法：附加经济价值 = 税后营业净利润 - 投资资本 ×［长期负债/（长期负债 + 所有者权益）× 长期负债成本 + 所有者权益/（长期负债 + 所有者权益）× 无风险投资报酬率］

数据来源和采集方法：利润表、资产负债表、无风险投资报酬率需要预置。

采集数据：税后营业净利润、投资资本（可采用实收资本）、长期负债、所有者权益、长期负债成本（长期负债对应的财务费用支出）

5. 2105 固定资产使用率

指标含义：是指企业固定资产实际利用情况与设计能力之比。

计算方法：固定资产使用率 = 当年累计生产值/固定资产设计年生产值 ×100%

数据来源和采集方法：有关产成品等总账，由于产量较为复杂，要求换算成产值。

采集数据：由企业财务计算提供

6. 2106 企业融资率

指标含义：反映企业与资本增量管理上的实力。

计算方法：企业融资率 = 本期各种渠道融资额/企业平均总资产 × 100%

数据来源和采集方法：资产负债表。

采集数据：当期负债增加值、实收资本增加值

7. 2107 留存盈余比率（倍）

指标含义：反映企业在资本收益管理上的实力。

计算方法：留存盈余比率 = 未分配利润/净利润 × 100%

数据来源和采集方法：利润分配表。

采集数据：当期未分配利润、净利润

8.3.2 保障力要素

1. 2201 销售利润率

指标含义：反映企业销售收入的获利水平。

计算方法：销售利润率 = 利润总额/产品销售净收入 × 100%

数据来源和采集方法：产品销售净收入：指扣除销售折让、销售折扣和销售退回之后的销售净额。利润表，其中产品销售净收入结合有关账目调整。

采集数据：利润总额、销售净收入

2. 2202 总资产报酬率

指标含义：用于衡量企业运用全部资产获利的能力。

计算方法：总资产报酬率 =（利润总额 + 利息支出）/平均资产总额 × 100%

平均资产总额 =（期初资产总额 + 期末资产总额）/2

数据来源和采集方法：利润表、资产负债表。

采集数据：利润总额、利息支出、年初（末）资产总额

3. 2203 净资产收益率

指标含义：用于衡量企业运用净资产获利的能力。

计算方法：净资产收益率 = 净利润/平均净资产 ×100%

数据来源和采集方法：利润表、资产负债表。

采集数据：净利润、年初（末）净资产

4. 2204 市场覆盖率

指标含义：反映企业主导产品服务在市场上的占有广度。

计算方法：市场覆盖率 = 企业某种产品的销售地区数/行业同类产品的销售地区数 ×100%（在实际应用中，不同地区的权重值应有不同）

数据来源和采集方法：由企业填报销售地区数和估计行业覆盖地区数，一般分三类地区。

采集数据：行业数据由系统加权平均估算。

5. 2205 市场应变率

指标含义：反映企业对市场变化的应对能力。

计算方法：市场应变率 = 企业新产品开发率/行业新产品开发率 ×100%

新产品开发率 =（在研产品数 + 储备产品数 + 新产品投产数）/现有生产产品数 ×100%

数据来源和采集方法：由企业产品研发部门填写。

采集数据：在研产品数、储备产品数、新产品投产数、现有生产产品数

6. 2206 市场拓展率

指标含义：反映企业在开拓产品市场方面的实力。

计算方法：市场拓展能力 = 年内的营销费用总额/年内产品销售额 × 100%

数据来源和采集方法：利润表。

采集数据：营业费用、主营业务收入

8.3.3 抗险力要素

1. 2301 资产规模

指标含义：反映企业资产占产业规模的比重。

计算方法：资产规模 = 本企业资产规模/行业资产规模 ×100%

数据来源和采集方法：本企业资产规模来源于资产负债表，行业资产规模来源于企业估计加权。

采集数据：企业资产规模、行业资产规模

2. 2302 有效资产率

指标含义：反映企业在开拓产品市场方面的实力。只有这部分资本才真正代表了企业自负盈亏的能力，其大小及占总资产比例高低，是衡量企业有无财务实力的综合指标。

计算方法：有效资本率 =（所有者权益 – 无形资产 – 其他资产 – 待处理财产损失）/资产总额 ×100%

数据来源和采集方法：资产负债表。

采集数据：所有者权益、无形资产、其他资产、待处理财产损失、资产总额

3. 2303 自有资本构成率

指标含义：反映企业自有资本占资本总额的比重。自有资金规模大，占企业全部资产的比重大，财务上就有实力。

计算方法：自有资本构成率 = 所有者权益/资产总额 ×100%

数据来源和采集方法：资产负债表。

采集数据：所有者权益、资产总额

4. 2304 流动比率

指标含义：反映企业流动资产占流动负债的比重。
计算方法：流动比率 = 流动资产/流动负债 ×100%
数据来源和采集方法：资产负债表。
采集数据：流动资产、资产总额

5. 2305 速动比率

指标含义：反映企业速动资产占流动负债的比重。
计算方法：速动比率 = 速动资产/流动负债 ×100%
数据来源和采集方法：资产负债表。
采集数据：速动资产、资产总额

8.3.4 推动力要素

1. 2401 信息技术拥有率

指标含义：反映企业现已拥有的信息技术软、硬件的水平。
计算方法：信息技术拥有率 = 信息技术总值/企业总资产 ×100%
数据来源和采集方法：由企业财务分析填列。
采集数据：信息技术总值

2. 2402 信息技术保障率

指标含义：反映企业已拥有的信息技术中无法获得售后服务的比率。选用此指标是因为信息技术的升级换代很快，缺乏厂家技术保障的信息技术难以充分发挥功效。

计算方法：信息技术保障率 = 仍可获得售后服务的信息技术值/信息技术总值 ×100%

数据来源和采集方法：由企业信息相关部门分析填列。

采集数据：仍可获得售后服务的信息技术值、信息技术总值

3. 2403 信息技术投入增长率

指标含义：反映企业在信息技术方面的投入情况。

计算方法：信息技术投入增长率 = 年信息技术的投入增长额/年销售收入增长额 × 100%

数据来源和采集方法：由财务部门和信息部门分析填列。

采集数据：当（上）年信息技术的投入、当（上）年销售收入

4. 2404 设备先进程度

指标含义：反映企业现有技术水平。

计算方法：设备先进程度 = 期末达到国内先进水平以上设备数/期末全部设备数 × 100%

数据来源和采集方法：由设备管理部门填列。

采集数据：期末达到国内先进水平以上设备数、期末全部设备数

5. 2405 技术创新投入率

指标含义：反映企业在技术创新活动中的资金投入情况。

计算方法：技术创新投入率 = 技术创新活动总费用/企业产品销售额 × 100%

数据来源和采集方法：由财务部门和研发部门分析填列。

采集数据：年技术创新投入、主营业务收入

6. 2406 新产品开发成功率

指标含义：从创新结果角度反映企业技术创新实力的强弱。

计算方法：新产品开发成功率 = 能够到达市场的新产品数/开发的新产品总数 × 100%

数据来源和采集方法：由财务部门和研发部门分析填列。

采集数据：能够到达市场的新产品数、开发的新产品总数

7. 2407 新产品（新工艺）产值率

指标含义：从创新结果角度反映企业技术创新实力的强弱。

计算方法：新产品（新工艺）产值率 = 创新产品销售额/企业产品销售额 ×100%

数据来源和采集方法：由财务部门和研发部门分析填列。

采集数据：创新产品销售额、主营业务收入

8. 2408 出口外销率

指标含义：从销售结构角度反映企业出口能力的强弱。

计算方法：出口外销率 = 出口销售额/主营业务收入 ×100%

数据来源和采集方法：由财务部门分析填列。

采集数据：出口销售额、主营业务收入

9. 2409 外销增长率

指标含义：从营销结果角度反映企业出口能力的增长状况。

计算方法：外销增长率 =（当年出口销售额 − 上年出口销售额）/上年出口销售额 ×100%

数据来源和采集方法：由财务部门分析填列。

采集数据：当年出口销售额、上年出口销售额

10. 2410 出口产品品质指数

指标含义：反映企业出口产品附加值情况，其隐含意义是出口产品技术含量情况。

计算方法：出口产品品质指数 =（企业生产的某类产品出口额/该类产品出口件数）/该类产品的出口价格指数 ×100%

数据来源和采集方法：由财务部门分析填列，同类产品价格指数由企业估计填写后系统加权。

采集数据：某类产品出口额、该类产品出口件数、该类产品的出口价格指数

11. 2411 国际认证

指标含义：反映企业接受国际论证的水平。
计算方法：国际认证率=企业认证项数/同业总认证项数×100%
数据来源和采集方法：由管理部门分析填列。
采集数据：企业认证项数、同业总认证项数

12. 2412 利用外资水平

指标含义：反映企业通过各种渠道获取外资的能力。
计算方法：利用外资水平率=引进外资额/企业资本额×100%
数据来源和采集方法：由财务部门分析填列。
采集数据：引进外资额、企业资本额

8.3.5 提升力要素

1. 2501 管理费用变动率

指标含义：反映企业管理费用总额的波动水平。
计算方法：管理费用变动率=(当年管理费用总额－上年管理费用总额)/上年管理费用总额×100%
数据来源和采集方法：由财务部门分析填列。
采集数据：当年管理费用总额、上年管理费用总额

2. 2502 管理费用收入率

指标含义：反映企业管理费用与主营业务收入的对比关系。
计算方法：管理费用收入率=管理费用/主营业务收入×100%
数据来源和采集方法：由财务部门分析填列。

采集数据：管理费用、主营业务收入

3. 2503 促销费用收入率

指标含义：反映企业促销费用与主营业务收入的对比关系。

计算方法：促销费用收入率＝促销费用/主营业务收入×100%

数据来源和采集方法：由财务部门分析填列。

采集数据：促销费用（广告费、市场推广费、终端促销费用、试销费用等）、主营业务收入

第9章

中小企业成长评价操作系统

在完成评价指标体系的设计后，我们重点研究如何设计出一套既能充分体现我们评价思想又能通过系统的运用积累数据，不断进行评价系统修复的评价系统。因此，我们在进行评价操作系统设计的过程中同时考虑到评价操作系统的应用性和研究性。

§9.1 评价操作系统的几个主要思想

9.1.1 评价操作系统的应用性和研究性

一套理想的评价操作系统应该是已经积累了大量的行业数据，通过对行业数据的分析得出针对不同行业的评价指标体系的数量设置和评价基准。这样在系统应用时，即使某个行业的企业数据很少也能相对准确地对受评企业进行评价。但在研究过程中可能受各方面的条件限制无法大量获取各行业的中小企业数据，因此我们的评价操作系统就无法预置相关基准数据。那么如何实现这套操作系统的应用性呢？

基于成长性和成长能力对中小企业进行评价适用于风险投资、创新类中小企业贷款产品的尽职调查。如前所述这样的评价方法对于有组织地对中小企业按区域或产业集群分类评价，成规模地帮助中小企业解决融资问题具有基础性意义。因此，在没有充分数据支持的情况下，我们可以把目标中小企业的数据批量输入，通过系统实现对中小企业的成长性和成长力进行分指标和汇总式的排序评价，结合对目标中小企业的整体评价及评价结果的使用目的，对目标中小企业进行成长性、成长力和总体成长潜力进行分级。这一点不太受行业数据积累的限制。比如我们要通过成长评价筛选出一定比例的中小企业进行重点支持，可以是推荐给私募股权投资机构、组合成信用互助组织或是其他类似的目的。通过对目标中小企业的整体评价，我们认为可以筛选出 10% 的中小企业进行重点支持，再筛选出 20% 的中小企业进行支持。那么我们就可以通过评价系统的评价产生排序，前 10% 的企业重点推荐给投资机构或信贷机构授予信用贷款，另外再筛选出 20% 的企业在稍低水平上给予支持。如可以在有抵押的条件下通过信用互保获取一定额度的贷款支持。需要说明的是，在具体操作时，我们会考虑到行业聚集程度、区域产业发展重点等特殊因素。

当然，我们也充分认识到系统自身的动态修复能力。系统的动态修复有三个层次。第一个层次是指标计算系统的调整。关于具体评价指标系数的计算在下面的章节中会专门提出。各具体指标系统数的计算结果是该指标对应的权数和指标数值汇总及分布情况的计算结果，在指标权数不变的情况下，指标数值汇总及分布情况将对系统数产生影响。这一层次的调整主要是针对数据偏离程度，在系统测试中我们发现一组数据中，具体企业的有关指数偏离太大，可能会产生计算结果失真的情况。主要表现为单项指标偏离较大，削减了其他指标的影响程度，导致单项指标的计算结果对指标汇总结果的影响过大，并造成汇总结果不真实的结果。这种情况在我们使用 2004 年上市公司数据进行系统测试时表现得尤其突出，具体情况我们会在下文中分析。在今后的进一步研究中，我们将研究原始数据偏离程度对评价指标计算结果的影响，通过研究确定消除影响的修正计算办法。第二个层次是对权数的调整。在现阶段我们采用专家意见法确定了指标权数，但这套权数标准在应用中还有很多缺陷：一是权数设置能否最大限度地反映评价意图，还需要反复验证；二是针对不同行业、不同成长阶段的企业，权数的设置标准应有所不同，这样才能更加准确地评价企业成长状况。在今后的研究中，随着数据的积累，需要进一步完善数据分析工具，逐步用行业经验值取代专家意见。第三个层次是对指标设置的调整。我们基于目前的认知水平所设置的指标体系是否科学，也需要实践检验。

因此下一步的研究中，指标体系对评价意图的涵盖能力、指标间的替代效果、抵消效果也是研究的重要内容。但我们将对指标体系的调整保持更加严谨的态度。

9.1.2　评价操作系统的功能实现

1. 数据录入功能

本操作系统考虑到数据获取的形式可能有两种。第一种是原始的数据，需要加工后才能形成本系统所需要的指标数据；第二种是直接获取的指标数据。因此，本系统设计了两种数据录入方式：第一种是按原始表格如财务报表等表格整体导入数据，系统通过自动运行，生成指标数据及分析结果；第二种是将指标数据导入进行自动运行，两种数据录入方式可以同时使用。

2. 分析结果导出

分析结果的导出充分体现出了灵活性。可以按指标的细分程度进行报告，如各项具体指标报告、分类指标报告、汇总报告；也可以按行业、区域等其他分类指标自动生成报告。

分层评价更是本操作系统的重要思想之一。如前所述，我们将分三个层次对企业的成长状况进行评价。因此，系统在设计上也充分考虑到了分层次评价功能的实现。

9.1.3　评价操作系统工作过程的设计

评价操作系统的工作过程如图 9－1 所示。此图仅仅是定量评价的流程图。此外，本系统还将根据系统的计算结果自动生成各类分析报告。自动生成的分析报告是正式分析报告工作底稿的一部分，不再展开。

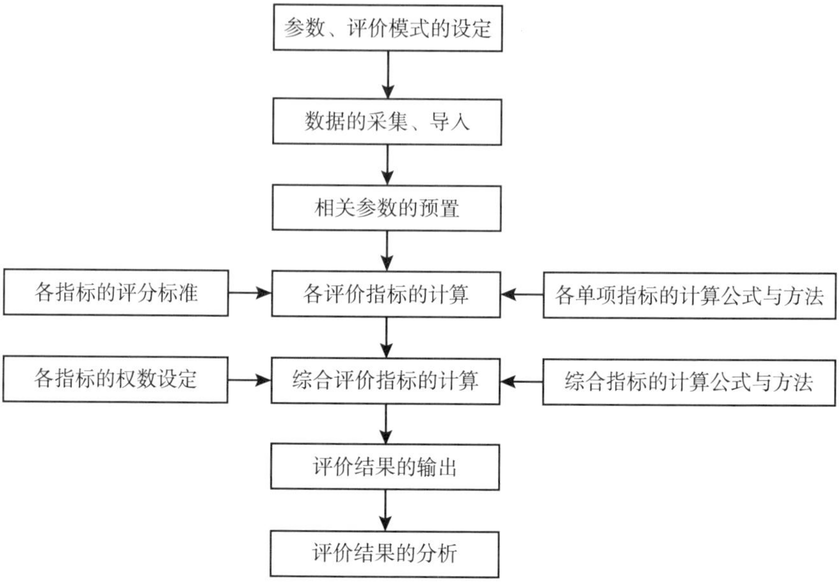

图9－1 “企业成长评价体系”系统功能流程框

§9.2 指标综合权数的设计原则、方法及其分配

9.2.1 指标综合权数的设计原则

权数是衡量每一指标相对重要性的标尺。每一项指标权数的设计，是在企业成长评价系统指标设计和选择的基础上，根据该项指标对企业成长的反映和影响程度大小，采取专家问卷调查、论证和有丰富理论基础和实际工作经验的学者、管理者建议参考相结合确定的。在进行企业成长评价指标体系权数的设计时，本书主要遵循以下几项原则：

（1）综合分析原则。在对评价指标进行评议过程中，要深入分析各项指标的内涵及其对上一级（纵向）指标的影响程度，并充分考虑横向并列指标之间的相互影响结合评价对象的总体状况，最终确定评价指标的权数得分。

（2）稳健稳妥原则。为使权数设计结果不至于对有关各方及公众产生误导，使权数设计结果充分反映成长型企业成长性和成长力表现的实际状况，对每项指标都慎重确定权数。

（3）长期发展原则。对评价指标的评价，不仅立足于评价对象当期实际状况，还充分考虑国家政策、行业环境、地区经济环境等因素对成长型企业经营和管理长期发展的影响，以及对企业成长评价标准和要求的潜在影响。

（4）客观公正原则。评议指标的权数，评价结论由评议人员独立判定得出，一般不设置可比的数值标准。因此，评议人员必须以客观公正为工作准则，做出与实际情况相符的评议结论。客观性要求评价时，必须真实地反映受评企业的实际情况，所设计的指标应反映企业的实际，具有针对性；公正性要求评价时，不偏不倚，不带任何感情色彩及主观偏见，杜绝操作中某些不规范行为。

（5）定性分析与定量分析分离的原则。定性分析和定量分析各有所长，在实际操作中都必不可少，必须充分结合。但最终评价结果应形成一个量化的结果，以排除定性分析中主观因素或不确定性因素的影响。定量分析不是万能的，它不可能包罗评价对象的一切方面，有些指标是难以量化的，必须辅之以定性分析。本评价方法系统中，将定量分析与定性分析分置在不同层次的评价体系中，方便了操作。

（6）静态分析与动态分析相结合的原则。静态分析是分析某一经济变量或指标在某一固定时点的状态；动态分析则是变量或指标在某一段时间内的状态，及不同时点间的运动变化等。一般来说，如果企业在正常年份的经营是正常的，则它的各项经济指标在各连续时期都存在一定的“惯性”或“时滞”。也就是说，某一指标值的本期值要受到以前各期尤其是近期值的影响，即存在“自回归”现象。因此，在评价分析企业的经营状况时，既不能只看企业的过去，又不能不看过去而去做无依据的预测和展望。

总之，对企业成长评价系统指标权数的设计，在权数的分配和权数的确定方面，都应当具有充分的理论和实践依据，使之在实践和理论上都较为科学、客观和公正合理。

9.2.2 指标综合权数的设计方法

根据企业成长评价系统指标权数设计和选择的基本原则，力求在操作中能科学规范，使定性与定量分析相结合，便于实用可操作且全面较完整地反映指标的相对重要性，从而客观地体现成长性企业的全貌。在指标统计综合评价中，本书将较为常用的专家调查这种构造权数的方法与层次分析法（AHP）结合使用，从而设计出本指标体系中各项指标的权数。

1. 专家调查构权法

专家调查构权法是通过将专家的定性意见定量化来获得一组比较客观地反映各指标相对重要性程度的统计权数。

首先，向有关高校、企业具有长期研究企业成长经历和丰富实际工作经验的专家学者、企业家发出咨询问卷，请他们参与指标权数的设立确定工作，将待确定权数的各指标及有关要求以表格形式发放给各位专家（例表见附录一），请他们独立给出各指标的权数评定等级。构权要求是请他们针对各级每一指标的重要性按极重要、很重要、重要、比较重要和有些重要五个等级分别进行评定。

其次，收回各专家意见，对每一指标的各位专家评定等级分别按5、4、3、2、1和9、7、5、3、1两套分值进行赋值。这两套数值分别代表偶数值和奇数值两种算法，这样赋值可以在后续计算中予以均值以尽可能消除误差，从而确保所得权数的准确性。

最后，对各级中的每个指标在各套赋值下的得分进行汇总，然后计算每一指标所得权数的均值（相对数形式）。例如，表9－1、表9－2中在5、4、3、2、1赋值方法下，专家中有1人认为企业成长性指标中营利性指标的重要程度为极重要，2人认为很重要，2人认为重要，2人认为比较重要，3人认为有些重要，则其总分为26分，依次计算出稳健性指标总分为38分，加速性指标总分为18分。这样三项指标的权数分别是31.71%、46.74%和21.95%。再与9、7、5、3、1赋值方法下所得权数分别是31.58%、48.87%和19.55%进行算术平均，得出两项指标的最终权数为31.64%、47.3%和20.75%，后来我们在具体赋值时做了微调，选择了31%、47%和22%。

2. 层次分析法

层次分析法（AHP）是美国运筹学家匹茨堡大学教授萨蒂于20世纪

70年代初，在为美国国防部研究“根据各个工业部门对国家福利的贡献大小而进行电力分配”课题时，应用网络系统理论和多目标综合评价方法，提出的一种层次权重决策分析方法。这种方法的特点是在对复杂的决策问题的本质、影响因素及其内在关系等进行深入分析的基础上，利用较少的定量信息使决策的思维过程数学化，从而为多目标、多准则或无结构特性的复杂决策问题提供简便的决策方法。该方法尤其适合于对决策结果难于直接准确计量的场合。由于整个评价体系由多个层级指标构成，因而次级指标的权重会受到上级指标权重的影响。在计算每级指标对整个市场评价体系的权数时应当根据上级指标的权数进行加权计算。如表9-1中，成长性指标中营利性的权数为31%，则净资产收益率在企业成长性指标中所占权数为31%×24%=7.44%。其他指标相应权数也按照这一方法计算得出。

表9-1　一级子指标相对于企业成长性指标的重要程度

指标名称	极重要	很重要	重要	比较重要	有些重要
营利性指标					
稳健性指标					
加速性指标					

表9-2　二级子指标相对于加速性指标的重要程度

子指标名称	极重要	很重要	重要	比较重要	有些重要
1301 净利润增长率					
1302 税前利润增长率					
1303 主营利润增长率					
1304 净资产收益率增长率					
1305 主营收入增长率					
1306 总资产增长率					
1307 股东权益增长率					

9.2.3　指标综合的权数分配

关于指标综合的权数分配，可按照一级指标、二级指标不同的指标要素，设计表9-3和表9-4，进行权数分配。

表 9-3 企业成长性指标综合权数分配表

一级指标	二级指标	编　码	权数
营利性	净资产收益率	1101	
	总资产收益率	1102	
	经营净利率	1103	
	经营毛利率	1104	
稳健性	总资产收益变动率	1201	
	成本利润率变动	1202	
	费用利润率变动	1203	
	资产负债率	1204	
	流动资产变动率	1205	
	流动比率	1206	
	速动比率	1207	
	现金流动负债比	1208	
	流动负债率	1209	
	长期负债资产比	1210	
	固定比	1211	
	主营收入现金含量（倍）	1212	
	净利润现金含量（倍）	1213	
	收入现金率	1214	
加速性	净利润增长率	1301	
	税前利润增长率	1302	
	主营利润增长率	1303	
	净资产收益率增长率	1304	
	主营收入增长率	1305	
	总资产增长率	1306	
	股东权益增长率	1307	

表 9-4 企业成长力指标综合权数分配表

一级指标	二级指标	编　码	权数
运营力	存货周转率	2101	
	应收账款周转率	2102	
	总资产周转率	2103	
	附加经济价值	2104	
	固定资产使用率	2105	
	企业融资率	2106	
	留存盈余比率	2107	
保障力	销售利润率	2201	
	资产报酬率	2202	
	净资产收益率	2203	
	市场覆盖率	2204	
	市场应变率	2205	
	市场拓展率	2206	

续表

一级指标	二级指标	编码	权数
抗险力	资产规模	2301	
	有效资本率	2302	
	自有资本构成率	2303	
	流动比率	2304	
	速动比率	2305	
推动力	信息技术拥有率	2401	
	信息技术保障率	2402	
	信息技术投入增长率	2403	
	设备先进程度	2404	
	技术创新投入率	2405	
	新产品开发成功率	2406	
	新产品（新工艺）产值率	2407	
	出口外销率	2408	
	外销增长率	2409	
	出口产品质量指数	2410	
	国际认证	2411	
	利用外资水平	2412	
提升力	管理费用变动率	2501	
	管理费用收入率	2502	
	促销费用收入变动率	2503	

§9.3 指标评分标准的设计

9.3.1 设计思路

由于各项指标自身的特殊性，直接计算结果的数值分布区域非常不一致，如果直接乘以权数，计算结果将严重失真，无法简单相加。为此，必须将各项指标的计算结果调整到标准区域内，以及保证数据分布的一致性，实现评价结果的数字化汇总。本书的方法是将每一项指标分别加权平均，使每一项指标的加权平均值都对应到调整值50%，然后分别通过计算得出每一指标计算结果与参照值的对应关系，得出调整系数，将计算结果换算成调整值。

9.3.2 计算方法

1. 正向评价指标

正向评价指标是指那些数值越高，则企业成长性或成长力越好的指标。正向指标率达到数据库内该指标加权平均数则给50%，然后根据加权平均指值与给定的分数（50%）计算一分折合多少百分点，指标率每增减一个百分点则评分标准增减对应分值。

2. 反向评价指标

反向评价指标是指那些数值越高，则企业成长性或成长力越差的指标。按100%减反向指标率达到数据库内该指标加权平均数则给50%，然后根据加权平均指标值与给定的分数（50%）计算一分折合多少百分点，指标率每增减一个百分点则评分标准增减对应分值。

最后，我们将各类指标分级汇总，对结果进行定性的评价。根据总分值对企业进行星级评定，50分以下没有星，51~60分一颗星，61~70分二颗星，71~80分三颗星，81~90分四颗星，90分以上五颗星。

9.3.3 评价标准和状态星级

1. 依据以上的评分标准依据和评分标准设计方法，分别设计企业成长性评分标准和企业成长力评分标准如表9-5和表9-6所示。

表9-5　企业成长性评分标准计算表

构成要素	编号	指标名称	评分标准	满分标准	权数（Q）	得分
营利性	1101	净资产收益率	PS	100		
	1102	总资产收益率	PS	100		
	1103	经营净利率	PS	100		
	1104	经营毛利率	PS	100		

续表

构成要素	编号	指标名称	评分标准	满分标准	权数（Q）	得分
稳健性	1201	总资产收益变动率	（1-P）S	0		
	1202	成本利润率变动	（1-P）S	0		
	1203	费用利润率变动	（1-P）S	0		
	1204	资产负债率	（1-P）S	0		
	1205	流动资产变动率	（1-P）S	0		
	1206	收入现金率	PS	100		
	1207	速动比率	PS	100		
	1208	现金流动负债比	PS	100		
	1209	流动负债率	PS	100		
	1210	长期负债资产比	PS	100		
	1211	固定比	（1-P）S	0		
	1212	主营收入现金含量（倍）	PS	100		
	1213	净利润现金含量（倍）	PS	100		
	1214	收入现金率	PS	100		
加速性	1301	净利润增长率	PS	100		
	1302	税前利润增长率	PS	100		
	1303	主营利润增长率	PS	100		
	1304	净资产收益率增长率	PS	100		
	1305	主营收入增长率	PS	100		
	1306	总资产增长率	PS	100		
	1307	股东权益增长率	PS	100		

注：P表示指标计算值；S表示调整系数。

表9-6　　　　企业成长力评分标准计算表

构成要素	编号	指标名称	评分标准	满分标准	权数（Q）	得分
运营力	2101	存货周转率	PS			
	2102	应收账款周转率	PS			
	2103	总资产周转率	PS			
	2104	附加经济价值	PS			
	2105	固定资产使用率	PS			
	2106	企业融资率	PS			
	2107	留存盈余比率	PS			
保障力	2201	销售利润率	PS			
	2202	资产报酬率	PS			
	2203	净资产收益率	PS			
	2204	市场覆盖率	PS			
	2205	市场应变率	PS			
	2206	市场拓展率	PS			

续表

构成要素	编号	指标名称	评分标准	满分标准	权数（Q）	得分
抗险力	2301	资产规模	PS			
	2302	有效资本率	PS			
	2303	自有资本构成率	PS			
	2304	流动比率	PS			
	2305	速动比率	PS			
推动力	2401	信息技术拥有率	PS			
	2402	信息技术保障率	PS			
	2403	信息技术投入增长率	PS			
	2404	设备先进程度	PS			
	2405	技术创新投入率	PS			
	2406	新产品开发成功率	PS			
	2407	新产品（新工艺）产值率	PS			
	2408	出口外销率	PS			
	2409	外销增长率	PS			
	2410	出口产品质量指数	PS			
	2411	国际认证	PS			
	2412	利用外资水平	PS			
提升力	2501	管理费用变动率	（1－P）S			
	2502	管理费用收入率	（1－P）S			
	2503	促销费用收入率	（1－P）S			

注：P 表示指标计算值；S 表示调整系数。

2. 企业成长性或成长力评分值与状态等级对应关系

为了对企业成长性或成长力评价能有一个直观的、定性的判断，这里对成长性企业秩序状态设定了六个星级状态：50 分以下没有星，51～60 分一颗星，61～70 分二颗星，71～80 分三颗星，81～90 分四颗星，90 分以上五颗星。它们与企业成长性或成长力评分值之间的对应关系如表 9－7 所示。

表 9－7　　企业成长性或成长力评分值与状态等级对应表

企业成长性或成长力评分值	成长性企业秩序状态等级	备　注
90 分以上	五颗星	
81～90 分	四颗星	
71～80 分	三颗星	
61～70 分	二颗星	
51～60 分	一颗星	
50 分以下	没有星	

§9.4 企业成长评价系统评价结果的应用模式

9.4.1 单个企业的常规评价

本评价系统一个最主要的应用是：为某一特定企业的成长性或成长力所处的状态做出客观、公正的评判。该评价系统通过输入某一特定企业的相关预置数据，通过相应程序系统的分析计算，可获得该企业的评价结果。通常定性评价结果分六个等级制，其定量评价结果是以百分制的指标综合评价值表示。从其特性和定量的评价结果，可以清晰表明某一企业所处的成长性或成长力等级状态以及存在的主要问题，为改善该成长性企业秩序提供科学的、具有可操作性的决策参考。

这一应用模式的结果输出形式主要有：

1. 企业成长性，如表9-8所示。

表9-8　××企业成长性评价综合表

构成要素	分项评分值	分项秩状态等级	综合评分值（S）	综合秩序状态等级
营利性				
稳健性				
加速性				

2. 企业成长力，如表9-9所示。

表9-9　××企业成长力评价综合表

构成要素	分项评分值	分项秩状态等级	综合评分值（S）	综合秩序状态等级
运营力				
保障力				
抗险力				
推动力				
提升力				

3. 企业成长性存在的主要问题分析，如表9-10所示。

表9－10　　××企业成长性或成长力主要问题分析表

序号	企业成长性主要问题分析
1	
2	
3	
4	
5	

4. 企业成长评价结果原始数据明细表，如表9－11和表9－12所示。

表9－11　　××企业成长性评价结果原始数据明细表

构成要素	序号	指标名称	指标换算值（%）	权数（%）	指标评分值	分项指标评分值	综合评分值
盈利性	1101	净资产收益率					
	1102	总资产收益率					
	1103	经营净利率					
	1104	经营毛利率					
稳健性	1201	总资产收益变动率					
	1202	成本利润率变动					
	1203	费用利润率变动					
	1204	资产负债率					
	1205	流动资产变动率					
	1206	收入现金率					
	1207	速动比率					
	1208	现金流动负债比					
	1209	流动负债率					
	1210	长期负债资产比					
	1211	固定比					
	1212	主营收入现金含量（倍）					
	1213	净利润现金含量（倍）					
	1214	收入现金率					
加速性	1301	净利润增长率					
	1302	税前利润增长率					
	1303	主营利润增长率					
	1304	净资产收益率增长率					
	1305	主营收入增长率					
	1306	总资产增长率					
	1307	股东权益增长率					

表9－12　　××企业成长力评价结果原始数据明细表

构成要素	序号	指标名称	指标换算值（%）	权数（%）	指标评分值	分项指标评分值	综合评分值
运营力	2101	存货周转率					
	2102	应收账款周转率					
	2103	总资产周转率					
	2104	附加经济价值					
	2105	固定资产使用率					
	2106	企业融资率					
	2107	留存盈余比率					
保障力	2201	销售利润率					
	2202	资产报酬率					
	2203	净资产收益率					
	2204	市场覆盖率					
	2205	市场应变率					
	2206	市场拓展率					
	2301	资产规模					
抗险力	2302	有效资本率					
	2303	自有资本构成率					
	2304	流动比率					
	2305	速动比率					
推动力	2401	信息技术拥有率					
	2402	信息技术保障率					
	2403	信息技术投入增长率					
	2404	设备先进程度					
	2405	技术创新投入率					
	2406	新产品开发成功率					
	2407	新产品（新工艺）产值率					
	2408	出口外销率					
	2409	外销增长率					
	2410	出口产品质量指数					
	2411	国际认证					
	2412	利用外资水平					
提升力	2501	管理费用变动率					
	2502	管理费用收入率					
	2503	促销费用收入率					

9.4.2　单个企业成长评价的纵向比较

本评价系统可利用程序系统中对数据存储与检索功能，对同一成长型企业在各个不同历史时期的市场秩序进行比较。从而了解某一特定成长性企业秩序的总体变动趋势，并发现其变动过程中的主要影响因素，以便针对性地进行战略管理工作，有效控制该企业成长要素的变动态势。

这一应用模式的结果输出形式主要有：

1. 成长性企业秩序状态变动曲线图，如图 9 –2 所示。

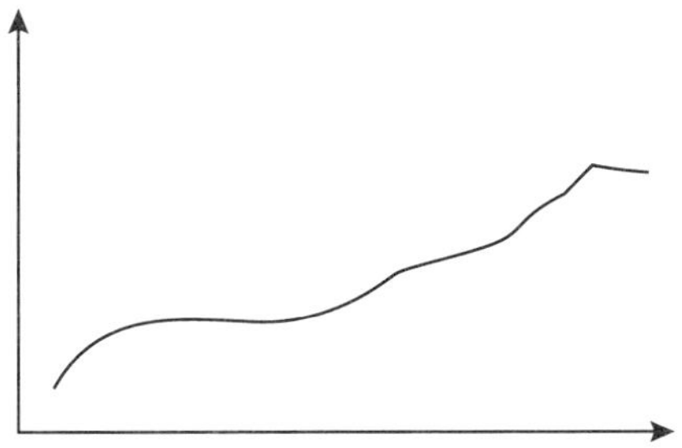

图 9 –2　成长型企业秩序状态变动曲线图

$$Tn + 1 = (Tn + Tn - 1 + Tn - 2)/3$$

式中，Tn，Tn –1，Tn –2 分别为最近一、二、三期市场秩序综合评价实际值，每一期为任意时间段，且各期时间间隔必须相等，Tn –1 为下期预测值。

2. 成长性企业秩序状态变动评价综合表，如表 9 –13 所示。

表 9 –13　　××成长力企业秩序状态变动评价综合表

评价期年	运营力		保障力		抗险力		推动力		提升力	
	评分值	等级	评分值	等级	评分值	等级	评分值	等级	评分值	等级
评价期 1										
评价期 2										
…										
评价期 n										

3. 变动的关键指标。

若是前后两期进行的纵向比较，则可输出这两个评价期变动最大的若干指标（上升最快的、下降最快的各 5 项），以便决策者能以快捷的方式了解这一企业成长指标变动的原因所在，如表 9 –14 和表 9 –15 所示。

表 9－14　　××企业变动的上升最快指标

序号	指标名称	上期评分值	本期评分值	变动百分比（%）	变化方向
1					
2					
3					
4					
5					

注：表中的变动百分比和变动方向均指本期评分值与上期评分值的比较。

表 9－15　　××企业变动的下降最快指标

序号	指标名称	上期评分值	本期评分值	变动百分比（%）	变化方向
1					
2					
3					
4					
5					

注：同表 9－14。

4. 企业各期成长性评价原始结果明细表，如表 9－16 所示。

表 9－16　　××成长性企业秩序各期评价原始结果明细表

构成要素	序号	评价期 指标名称	评价期 1	评价期 2	…	评价期 n

此外，还有单个行业的常规评价和纵向比较（表略）、单个地区的常规评价和纵向比较（表略）等。

9.4.3　同行业多个企业的横向比较

对于同一行业内多个成长性企业，还可进行横向比较评价，从而了解其他成长性企业的成长状况和成长管理经验，发现自身的不足。

这一应用模式的结果输出形式主要有：

1. 各成长型企业评价横向比较综合表，如表 9－17 所示。

表 9-17　　各成长型企业评价横向比较综合表

企业名称										
	评价值	等级	评价值	等级	评价值	等级	评价值	等级	评价值	等级
企业 1										
企业 2										
企业 3										
…										
企业 n										

2. 各企业成长评价结果原始数据明细表，如表 9-18 所示。

表 9-18　　各企业成长评价结果原始数据明细表

构成要素	序号	评价市场 指标名称	市场 1	市场 2	…	市场 n

第10章

成长性评价系统软件化及应用模拟[①]

中小企业的评价需要进行大量、反复的实际样本的采集，并对研究系统予以应用，在实际应用过程中不断地对系统不甚合理的地方予以改进、修订。同时也需要对企业进行较长时间的跟踪和反复评价，才能积累到更加有效的经验指标和权数。为了验证上述研究结果的有效性，我们采集了我国所有上市公司2004年度的财务数据进行了模拟操作，以测试系统的有效性和实用性。但由于无法获取非财务数据，所以只能对企业成长性评价系统进行测试。在测试过程中我们发现，由于上市公司之间的财务状况相差悬殊，其中很多企业的财务状况波动很大，而大量ST公司的存在，严重影响了整个数据的有效性。我们想用中小板上市公司的数据进行测试，而当时中小板上市公司的数量又太小，不能满足测试评价的需要。随着2006年10月以后中小板的快速扩容，到本书初稿截稿为此，已经有260多家，我们感觉基本能够满足测试需要，于是又采集了236家2006年、259家2007年中小板上市公司的财务数据进行测试性评价。

需要说明的是，我们根据所能采集到的数据简化了评价系统设计，实际应用系统要比本研究模拟使用的系统程序复杂得多。与实际应用系统相比，本系统仅对企业成长性进行评价，因而将有些成长力评价的定量指标融入成长性评价指标中，重新进行了权数分配。而实际应用的评价系统不仅满足了定量部分的计算，还能简化定性评价部分，可以实现评价报告初

① 本章所有上市公司数据均来自相关公司2004年和2005～2007年公开披露的财务报表，或使用本评价系统对原始数据计算得到的结果，在此一并注明。

稿的自动生成。

§10.1 系统程序的设计

整个模型的程序逻辑结构主要包括两个部分，后台的数据库和前台用户使用的应用程序。本测试程序满足财务报表的整体输入，其余计算工作均自动完成，每一个计算环节都可以进行计算结果输出，并进行分类分析。第一步是以财务报表为基础自动生成定量评价的指标数据库，第二步是以指标数据库为基础自动生成成长性及三个要素的评价结果。下面先对程序的设计做一个基本介绍。

10.1.1 后台数据库

后台的数据库部分主要实现数据的存储。该部分包括数据表、查询数据表、内部函数三个部分。数据表部分包括企业原始数据（主要存储上市公司的基本信息和三张财务报表）、成长性评价原始数据（即一是指标计算公式，二是按成长性三个要素归集的评价指标数据，这三个数据库由财务报表自动生成）、评分数据（存储权数数据库和指标评分数据库）、评价结果数据（主要存储评价结果数据）、系统设置数据（系统运行和模型运行的主要参数）、用户管理数据（记录系统所有用户和用户权限）。查询部分主要根据应用程序的查询要求来设计，整个数据库的数据表如表 10－1 所示。

表 10－1　　评价系统数据库明细表

<table>
<tr><th>模块名称</th><th>处理的内容</th><th>说　明</th></tr>
<tr><td>1 企业原始数据</td><td>存储企业提供的原始数据</td><td rowspan="2">以企业名称和年份为关键字，区别唯一一条记录</td></tr>
<tr><td>1.1 企业成长性评价数据表</td><td>存储企业的基本信息</td></tr>
<tr><td>2 评价基础数据表</td><td>存储评价基础数据</td><td>—</td></tr>
<tr><td>2.1 营利性指标数据表</td><td>存储相关的财务指标</td><td>企业名称和年份</td></tr>
<tr><td>2.2 稳健性指标数据表</td><td>存储相关的财务指标</td><td>—</td></tr>
<tr><td>2.3 加速性指标数据表</td><td>存储相关的财务指标</td><td>—</td></tr>
<tr><td>3 评分数据表</td><td>存储企业评分数据</td><td>—</td></tr>
</table>

续表

模块名称	处理的内容	说　明
3.1 第三层评分数据	存储各项指标评分数据	以企业名称和年份为关键字，区别唯一一条记录
3.2 分类评分数据	存储各类要素评分数据	
3.3 综合评分数据	存储企业成长性评分数据	
4 系统设置数据		
4.1 行业分类数据表	存储行业分类数据	行业名称主关键字
4.2 权重设置表	存储权重数据	行业名称 + 指标名称
4.3 评分计算公式表	存储定量指标评分标准	指标名称为主关键字
4.4 指标设置表	存储模型所用的指标	指标名称为主关键字
4.5 输出指标组合表	设置输出指标组合	组合名称 + 指标名称主关键字
4.6 输出财务数据组合表	设置财务数据组合	组合名称 + 指标名称主关键字
5 用户管理	存储用户管理数据	
5.1 用户权限表	设置用户权限的种类	权限种类为主关键字
5.2 用户管理表	存储系统用户	用户名为主关键字

10.1.2 应用程序

用户使用的应用程序是整个用户使用的程序部分，用户的所有操作都在这个应用程序中完成。该部分包括四个方面：（1）数据录入；（2）统计查询；（3）系统设置；（4）用户管理。如表 10 – 2 所示。

表 10 – 2　　　　应用程序框架表

模块名称	完成的功能	权限设置
1 数据录入	导入企业信息	用户、系统管理员
1.1 企业原始数据	导入企业的原始信息	
1.2 评价基础数据	导入评价基础数据	
1.3 退出系统	退出应用程序	
2 统计查询	查询数据，统计评价结果，所有的查询和统计结果都可以支持输出功能	用户、系统管理员
2.1 企业原始数据	查看企业所提供的原始数据	数据不可更改
2.2 评价原始数据	查询评价原始数据	
2.3 评分数据	查询评分数据	
2.3.1 综合查询	查询多个企业的评分数据	
2.3.2 单一企业查询	查询单个企业评分数据	
2.4 评价结果统计		
2.4.1 行业统计	按行业统计评价结果	
2.4.2 企业统计	按企业统计评价结果	
2.4.3 地区统计	按所属省市统计评价结果	
2.4.4 评价年份统计	按评价年份统计评价结果	

续表

模块名称	完成的功能	权限设置
3 系统设置	设置系统运行的基本参数	系统管理员
3.1 行业分类	设置行业分类	
3.2 模型设置	设置模型所需参数	
3.2.1 指标体系	设置模型指标体系	
3.2.2 指标权重	设置模型指标权重	
3.2.3 评分标准	设置模型评分标准	
3.3 输出设置		
3.3.1 财务指标组合	设置输出指标组合	
3.3.2 评价结果组合	设置评价结果数据组合	
4 用户管理	管理用户	系统管理员
4.1 用户登录	限制用户登录	
4.2 用户管理	设置，改变用户权限	

10.1.3 应用程序有关功能介绍

1. 数据录入菜单

主要完成企业原始数据和评价原始数据的录入。包括三个子模块：（1）企业原始数据录入；（2）评价原始数据录入；（3）退出系统。本软件支持三种数据录入方式，一是直接导入企业的财务报表；二是按照数据采集表格式导入；三是直接导入相关财务比率。

2. 数据处理菜单

主要完成评价基础数据和评分数据的处理。包括：（1）评价基础数据；（2）项目评分两个子菜单。

（1）描述性评价基础数据。录入所有的定性指标企业的状况描述。其中成长性评价共有三个控件设计界面：成长方式、成长阶段和成长边界。成长力评价共有五个控件设计界面：运营力、保障力、抗险力、推动力和提升力。

（2）定量评价基础数据。根据命令按钮提示，可以进行指标计算、结果显示、结果输出等操作，相关计算自动完成。

3. 项目评价模块

主要企业评价报告的编写和相关报告的管理以及评审信息的录入。分为三个子菜单：（1）项目基本信息；（2）项目评分；（3）项目文档。

4. 项目管理菜单

主要完成项目的创建和项目组的创建，同时方便项目负责人查询项目状态。分成三个子模块：（1）项目组创建；（2）项目状态查询；（3）项目状态控制。

5. 统计查询模块

对评价数据进行查询和统计，其中查询部分分成：（1）企业原始数据的查询；（2）评价原始数据的查询；（3）评价基础数据查询；（4）评分状况的查询；（5）评价报告的查询。统计部分主要完成按企业、按项目组、按行业、按年份、按各要素得分统计评价结果。

6. 系统设置模块

主要完成模型运行的权数设置。包括：（1）行业分类设置；（2）权数设置；（3）输出设置三个子菜单。

7. 用户管理模块

主要处理系统各种用户的权限和用户登录系统的验证以及操作员相关信息的处理。分成：（1）用户设置子菜单；（2）操作员信息子菜单；（3）用户登录子模块三个部分。

§10.2 企业成长性评价和排序系统的模拟应用

为了进行这项模拟应用，本书选择能够比较完整获取财务资料的上市公司作为测试对象。第一次测试我们采用全部深沪上市公司 2004 年度的财务数据，除去了数十家数据不完整的公司，有效样本是 1347 份。第二次我们采用了中小板上市公司截止到 2008 年 7 月 31 日披露的财务报表。下面是模拟应用的分析过程。

10.2.1 模拟过程说明

在采集 2004 年度深沪上市公司财务数据的时候，我们发现整体数据可用性较差，就对评价系统的二级指标进行了一定的调整。为了保持评价结果的可比性，我们在对中小板上市企业进行评价时也采用了调整后的指标，具体见表 10－3。

表 10－3　　企业成长评价指标调整对照表

一级指标	二级指标（系统设计）	二级指标（模拟采用）	变动说明
营利性	净资产收益率	净资产收益率（%）	用资产净利率和资产利润率代替总资产收益率
	总资产收益率	资产净利率（%） 资产利润率（%）	
	经营净利率	经营净利率（%）	
	经营毛利率	经营毛利率（%）	
稳健性	总资产收益率变动率		由于主板上市企业变动指标变动过大，剔除了相关变动指标；没有收入现金率；增加了负债权益比和股东权益比两个反映资产结构的指标
	成本利润率变动率		
	费用利润率变动率		
	资产负债率	资产负债率（%）	
	流动资产变动率		
	流动比率	流动比率（<2 偏低）	
	速动比率	速动比率（<1 偏低）	
	现金流动负债比	现金流动负债比（%）	
	流动负债率	流动负债率（%）	
	长期负债资产比	长期负债资产比（%）	
	固定比	固定比（%）	
	主营收入现金含量（倍）	主营收入现金含量（倍）	
	净利润现金含量（倍）	净利润现金含量（倍）	
	收入现金率		
		负债权益比（%）	
		股东权益比（%）	

续表

一级指标	二级指标（系统设计）	二级指标（模拟采用）	变动说明
加速性	净利润增长率	净利润增长率（%）	未做调整
	税前利润增长率	税前利润增长率（%）	
	主营利润增长率	主营利润增长率（%）	
	净资产收益率增长率	净资产收益率增长率（%）	
	主营收入增长率	主营收入增长率（%）	
	总资产增长率	总资产增长率（%）	
	股东权益增长率	股东权益增长率（%）	

指标调整后，我们按照新的指标体系进行了相关设置。第一步，分析系统的基本设置。共有两项工作：一是权数设置，如表 10－4 所示；二是设置系数的计算公式。

表 10－4　权数设置

一级指标	一级权数	二级指标	二级权数	权数
营利性	0.42	经营净利率（%）	22	9.24
营利性	0.42	经营毛利率（%）	15	6.3
营利性	0.42	资产利润率（%）	17	7.14
营利性	0.42	资产净利率（%）	22	9.24
营利性	0.42	净资产收益率（%）	24	10.08
稳健性	0.36	流动比率（<2 偏低）	6	2.16
稳健性	0.36	速动比率（<1 偏低）	8	2.88
稳健性	0.36	现金流动负债比（%）	9	3.24
稳健性	0.36	股东权益比（%）	5	1.8
稳健性	0.36	流动负债率（%）	9	3.24
稳健性	0.36	负债权益比（%）	7	2.52
稳健性	0.36	资产负债率（%）	6	2.16
稳健性	0.36	长期负债资产比（%）	13	4.68
稳健性	0.36	固定比（%）	10	3.6
稳健性	0.36	主营收入现金含量（倍）	16	5.76
稳健性	0.36	净利润现金含量（倍）	11	3.96
加速性	0.22	税前利润增长率（%）	12	2.64
加速性	0.22	净资产收益率增长率（%）	13	2.86
加速性	0.22	主营收入增长率（%）	15	3.3
加速性	0.22	净利润增长率（%）	14	3.08
加速性	0.22	总资产增长率（%）	11	2.42
加速性	0.22	股东权益增长率（%）	17	3.74
加速性	0.22	主营利润增长率（%）	18	3.96

第二步，财务报表数据录入（以2004年双鹭药业为例进行说明）。在整体输入公司2003年、2004年两年的财务报表（包括资产负债表、利润分配表和现金流量表）后，系统将自动生成评价所需要的各项指标的数据。同时，每录入一家公司的财务数据都会自动对指标得分计算系统进行自动修正，在此基础上自动计算各项指标得分，计算结果如表10－5所示。

表10－5　　企业评价分值计算

一级指标	二级指标	财务比率	系数	得分
营利性	经营净利率（%）	34.39	0.70	25.09
营利性	经营毛利率（%）	64.35	0.19	11.92
营利性	资产利润率（%）	13.03	0.67	8.67
营利性	资产净利率（%）	11.82	1.87	22.07
营利性	净资产收益率（%）	8.86	0.89	7.9
稳健性	流动比率（<2偏低）	12.71	0.67	8.57
稳健性	速动比率（<1偏低）	12.37	1.08	13.37
稳健性	现金流动负债比（%）	140.32	0.09	12.48
稳健性	股东权益比（%）	92.7	0.03	2.56
稳健性	流动负债率（%）	78.51	0.04	2.09
稳健性	负债权益比（%）	7.85	0.03	19.76
稳健性	资产负债率（%）	7.28	0.06	5.97
稳健性	长期负债资产比（%）	1.56	0.98	28.48
稳健性	固定比（%）	23.64	0.08	8.15
稳健性	主营收入现金含量（倍）	1.05	5.16	5.42
稳健性	净利润现金含量（倍）	3.78	0.98	3.7
加速性	税前利润增长率（%）	6.84	0.3	2.02
加速性	净资产收益率增长率	－67.37	0.05	－3.47
加速性	主营收入增长率（%）	30.96	0.13	4.00
加速性	净利润增长率（%）	2.57	0.29	0.75
加速性	总资产增长率（%）	156.75	0.03	4.06
加速性	股东权益增长率（%）	214.36	0.02	4.54
加速性	主营利润增长率（%）	19.89	0.5	10.02
总分				208.13

其总分在排序中折合为71.21分。

10.2.2　上市公司成长性综合评价测试

本书首先不考虑样本中存在财务数据严重偏离正常的情况（从财务比率上看，全部上市公司中有 100 多家财务数据严重偏离正常值，另有近一半的上市公司财务数据明显偏离正常值，主要是公司严重亏损和业绩剧烈动荡以及频繁的重组造成的）。实际操作中发现排序结果严重失真，失真的原因就是财务数据的离散程度太大，导致指标计算系数的不可用，表 10 -6 和表 10 -7 是以加速性指标为例对各个指标的计算系数和权数进行的比较，我们不难发现计算系数相对于数据偏小，其中还有三个系数是负数（表 10 -6），全部指数计算系数中竟然有五项是负数（表 10 -7）这说明指标的平均数较大，但大部分上市公司的增长幅度并不是非常大，这是怎么造成的呢？如果我们对具体上市公司的财务比率作分析的话，就会发现部分公司财务指标的剧烈变化，特别是关联交易和重大账项调整对整个指标的平均水平产生了重大的影响，这种影响破坏了评价的客观性。

表 10 -6　　成长性各指标权数与计算系数比较表

指标	税前利润增长率	净资产收益率增长率	主营收入增长率	净利润增长率	总资产增长率	股东权益增长率	主营利润增长率
计算系数	-0.01906	-0.00204	0.043424	-0.01689	0.135757	0.902779	0.08303
权数	2.64	2.86	3.3	3.08	2.42	3.74	3.96

表 10 -7　　负成长指标计算系数

经营净利率系数	资产净利率系数	净资产收益率系数	税前利润增长率系数	净资产收益率增长率系数	净利润增长率系数
-0.00459	-16.87	-0.63328	-0.01906	-0.00204	-0.01689

本书以排序为例进行分析，通过对系统自动生成的成长性前 100 位上市公司进行分析，我们可以发现一个明显特点，那就是成长性得分的离散程度也非常大，仅前 100 位的得分就从 2 000 多分排到了 190 分，而另有近 300 家上市公司最后的得分是负数。这表明了数据的严重失真对评价系统的破坏性，反过来也表明了系统从总体上对数据的甄别能力。由于评价系统证明了数据的严重失真，这样的评价排序也没有任何意义。

表10－8是系统自动生成的成长性综合得分前30位的企业，我们可以看出其失真程度，其中南开戈德、四通高科、同达创业三只股票的营利性为负数。它们的加速性却是正数，而且数字巨大，导致综合得分高居榜首。

表10－8　　上市公司2004年成长性前30只股票综合排序表

股票代码	股票简称	营利性得分	加速性得分	稳健性得分	成长性得分
000537	南开戈德	－28. 3125	2 076. 242	58. 93	2 106. 856
600823	世茂股份	44. 25079	1 769. 056	31. 58	1 844. 882
000979	科苑集团	517. 8538	1 276. 278	41. 23	1 835. 363
600634	海鸟发展	8. 081901	124. 0442	1 422. 3	1 554. 428
000928	吉林炭素	122. 2114	1 404. 48	24. 59	1 551. 279
000409	四通高科	－29. 2954	1 146. 349	25. 02	1 142. 078
600728	新太科技	891. 6231	42. 21314	21. 67	955. 5017
600647	同达创业	－591. 506	1 498. 135	29. 92	936. 5464
600286	国光瓷业	750. 0874	101. 1013	74. 8	925. 991
600515	第一投资	700. 6378	52. 28907	43. 4	796. 3248
000779	三毛派神	650. 6395	23. 8391	16. 83	691. 3042
600703	天颐科技	1. 538386	3. 232552	679. 67	684. 4389
000034	深信泰丰	532. 3739	53. 72869	10. 42	596. 5215
000750	桂林集琦	163. 6208	387. 9446	29. 27	580. 8316
000862	吴忠仪表	597. 7067	－61. 474	35. 16	571. 3945
600221	海南航空	－4. 59155	341. 2565	157. 85	494. 5173
000760	博盈投资	473. 674	－14. 9269	27. 18	485. 9292
600781	民丰实业	220. 162	225. 9912	24. 53	470. 6872
600603	兴业房产	83. 61545	335. 1901	30. 55	449. 3572
600239	红河光明	7. 720937	4. 243273	430. 27	442. 2344
000631	兰宝信息	409. 8464	－62. 3884	89. 41	436. 8685
600076	青鸟华光	263. 0285	117. 8776	27. 17	408. 0714
600700	数码测绘	461. 5257	－70. 8632	12. 13	402. 7905
600617	联华合纤	391. 1576	－66. 4298	77. 4	402. 1255
600463	空港股份	286. 4517	106. 0765	7. 59	400. 1202
600689	上海三毛	262. 9752	95. 39699	24. 93	383. 3062
000702	正虹科技	284. 5179	72. 42579	21. 04	377. 9838
000633	合金投资	405. 9899	－56. 6922	25. 54	374. 8329
000514	渝开发	250. 453	17. 73678	100. 42	368. 6103
000885	春都食品	380. 0506	－32. 4708	19. 88	367. 4559

我们再来看一下成长性综合排序后 30 只股票的情况（表 10－9），虽然倒排序的 30 只股票中相当一部分后来成了问题股，但也不乏山东铝业、南京港、上海汽车、凌钢股份等质地优良的股票。从表中同样可以看到成长性三个要素之间计算结果的自相矛盾和不合理之处。

表 10－9　上市公司 2004 年成长性后 30 只股票综合排序表

股票代码	股票简称	营利性得分	加速性得分	稳健性得分	成长性得分
600892	湖大科技	153.4251	－1 737.83	8.99	－1 575.41
000535	猴王股份	－1 090.09	－30.075	13.2	－1 106.97
000008	亿安科技	－685.38	－2.19687	17.82	－669.757
000592	昌源投资	306.4371	－956.065	3.44	－646.185
000762	西藏矿业	－13.5427	－600.416	61.74	－552.217
000622	岳阳恒立	377.0109	－213.893	－459.28	－296.164
000866	扬子石化	－408.729	58.87953	59.07	－290.783
600053	江西纸业	－301.879	10.24761	7.51	－284.117
600899	信联股份	638.0636	－928.16	8.24	－281.855
600272	开开实业	－342.285	32.02936	52.89	－257.364
600205	山东铝业	－302.308	44.74752	42.55	－215.015
000503	海虹控股	－286.471	22.71952	53.46	－210.292
000922	阿继电器	3.290083	2.560141	－215.78	－209.932
200057	ST 大洋 B	0	0	－198.55	－198.547
900929	锦旅 B 股	24.34356	－237.891	24.14	－189.412
000066	长城电脑	－215.463	20.46591	23.51	－171.491
000557	银广夏	－258.772	－15.6472	104.81	－169.608
002040	南京港	－230.593	23.06342	48.39	－159.143
000763	锦州石化	－126.615	－45.1191	13.2	－158.535
600104	上海汽车	－200.893	17.44447	27.07	－156.381
000039	中集集团	－237.412	53.61811	30.16	－153.635
000765	＊ST 华信	－5.61359	－154.241	9.46	－150.391
600500	中化国际	－239.6	51.44742	40.42	－147.728
000416	健特生物	－192.152	20.0227	32.88	－139.248
000538	云南白药	－189.383	18.83191	33.28	－137.269
600231	凌钢股份	－184.986	21.5859	29.45	－133.949
000037	深南电	－192.677	18.73516	41.03	－132.916
600333	长春燃气	－188.536	20.46263	35.53	－132.546
000933	神火股份	－222.277	30.59086	61.02	－130.667
600026	中海发展	－229.099	23.6701	97.57	－107.86

以上测试说明本评价系统不能适用于财务数据差异巨大的上市公司。因为财务数据的差异太大会对权数的设置产生较大的影响，即权数无论如何调整，也无法得到一个相对合理的评价结果。针对这一点，有些专家学者批评说，这是不是可以认定为评价系统的一个重大缺陷。他们的逻辑是，现实中的企业本来就千差万别，如果评价系统因为普遍存在的数据间巨大差距而无法使用，不正证明了这套评价系统的无用性吗？其实不然，我们认为2004年上市公司间数据的巨大差异和相互偏离远远超过了全社会整个企业群体之间存在的差异。几乎一半的企业的经营净利率、资产利润率和净资产收益率等指标都是负数，而且整体数据的相互偏离超出了正常规范。其中个别公司一家数据的严重偏离就可以抵消数百家数据，这大大地背离了实际情况而对中小板企业的成长性评价则基本在合理范围内。这与当时上市公司质量整体不高有关，由于我国股票市场处于规范发展期，当时上市公司财务造假、大股东占用上市公司资金、关联交易频繁等不规范做法导致上市公司财务变动巨大，非经营性因素对财务报表的影响超过经营性因素的现象非常普遍，这在很大程度上影响了上市公司财务数据的真实性，大量虚假数据的存在给数据甄别造成了极大障碍。

10.2.3 分类评价与排序

使用本评价系统，还可以对各项要素和指标进行单独评价，极大地方便了研究工作，本书只列举了分行业和分省市的排序结果，由于整体数据的失真，此排序仅为演示使用，如表10－10和表10－11所示。

表10－10　其他制造业上市公司2004年成长性排序表

股票代码	股票简称	所属行业	所属省市	营利性得分	加速性得分	稳健性得分	成长性得分
000030	广东盛润	其他制造业	广东	187.9249	17.33502	7.26	212.5247
600249	两面针	其他制造业	广西	－40.3183	155.0716	8.84	123.5907
002017	东信和平	其他制造业	广东	－92.6345	170.0984	23.26	100.7225
000925	浙大海纳	其他制造业	浙江	83.19693	7.098911	8.56	98.85117
002003	伟星股份	其他制造业	浙江	－89.2157	145.5371	38.81	95.13515
600208	中宝股份	其他制造业	上海	4.47821	0.052289	49.04	53.5738
600526	菲达环保	其他制造业	浙江	18.06757	2.344608	31.56	51.96989
000955	欣龙无纺	其他制造业	海南	－2.68023	2.244407	51.41	50.97003

续表

股票代码	股票简称	所属行业	所属省市	营利性得分	加速性得分	稳健性得分	成长性得分
600612	第一铅笔	其他制造业	上海	-0.43282	4.066582	44.13	47.76057
600293	三峡新材	其他制造业	湖北	8.708801	-0.45737	34.11	42.35841
600255	鑫科材料	其他制造业	安徽	-14.0217	14.03233	33.85	33.86102
600113	浙江东日	其他制造业	浙江	14.28944	-4.54562	23.14	32.88222
600206	有研硅股	其他制造业	北京	1.386971	9.621789	12.73	23.73475
600800	天津磁卡	其他制造业	天津	-16.0064	3.857596	25.89	13.74334
600210	紫江企业	其他制造业	上海	-41.8198	4.680959	44.67	7.532397
600390	金瑞科技	其他制造业	湖南	-20.4867	-4.07268	26.82	2.265523
600560	金自天正	其他制造业	北京	-21.9453	-0.19562	23.64	1.4991
000969	安泰科技	其他制造业	北京	-47.5283	11.8325	24.43	-11.2619
600110	中科英华	其他制造业	吉林	-60.9617	10.1221	32.26	-18.5844
600525	长园新材	其他制造业	广东	-111.956	15.23557	33.25	-63.4723

表 10-11　　重庆市上市公司 2004 年成长性排序表

股票代码	股票简称	所属行业	营利性得分	加速性得分	稳健性得分	成长性得分
000688	朝华集团	计算机应用服务业	156.0584	55.56361	31.25	242.8739
600369	长运股份	水上运输业	133.8987	-25.0433	29.16	138.0118
000975	科学城	公共设施服务业	53.99396	2.603494	56.25	112.8485
000892	长丰通信	通信服务业	9.710567	0.877271	85.15	95.73984
600847	万里股份	电器机械及器材制造业	3.757921	3.936587	65.68	73.37771
002004	华邦制药	医药制造业	-156.231	163.1075	61.07	67.94893
200054	ST 建摩 B	交通运输设备制造业	-1.63498	6.04305	60.59	64.99888
600292	九龙电力	电力、蒸汽、热水的生产和供应业	-20.0643	11.16005	70.45	61.5424
600129	太极集团	医药制造业	9.955078	2.275212	36.01	48.2448
000591	桐君阁	中药材及中成药加工业	1.750866	2.907911	43.57	48.2324
600132	重庆啤酒	饮料制造业	17.16755	1.481759	29.55	48.1989
600729	重庆百货	零售业	15.9724	0.819363	30.01	46.79963
600666	西南药业	医药制造业	10.76693	9.512608	23.91	44.18774
600116	三峡水利	电力、蒸汽、热水的生产和供应业	-4.44523	0.661622	47.34	43.56028
600106	重庆路桥	交通运输辅助业	14.71973	6.988079	15.95	37.65805
600877	中国嘉陵	交通运输设备制造业	-3.94602	-5.89066	46.86	37.01975
000788	西南合成	医药制造业	-21.7271	23.62964	33.57	35.46845
600565	迪马股份	交通运输设备制造业	12.4471	1.782547	20.8	35.02653
600145	四维瓷业	装修装饰业	-19.933	8.365499	35.87	24.30365

续表

股票代码	股票简称	所属行业	营利性得分	加速性得分	稳健性得分	成长性得分
000950	民丰农化	化学原料及化学制品制造业	-17.8622	-1.45628	42.6	23.28193
000565	渝三峡	化学原料及化学制品制造业	-4.44041	2.296465	22.06	19.91536
600279	重庆港九	交通运输业	-34.1774	13.38143	24.09	3.295282
000607	华立控股	仪器仪表及文化、办公用机械制造业	-34.2714	10.30582	21.71	-2.26057
000515	攀渝钛业	化学原料及化学制品制造业	-63.8249	10.82592	28.16	-24.8351
000625	长安汽车	交通运输设备制造业	-134.998	50.04647	31.96	-52.991
001696	宗申动力	交通运输设备制造业	-174.261	52.27861	34.52	-87.4675

10.2.4 中小企业成长性评价

由于上市公司数据无法充分满足系统测试需要，我们把中小企业板的数据筛选出来单独进行测试。我们通过查询上市公司公开发布的财务数据，其中用于2004年企业成长性评价的数据44份，用于2006年企业成长性评价的数据236份，用于2007年企业成长性评价的数据259份，这些数据除个别企业外基本上是在一个相对合理的范围内，我们没有进行数据剔除。

1. 中小板数据有效性分析

本书从两个方面考查了中小板企业数据的有效性。一是考查各项评价指标的均值和离散程度，并考查其对评价指标计算系数的影响，从而分析对评价得分的影响。二是分别对2006年和2007年受评企业的上市年度进行统计分析，考查受评企业的代表性，同时还分析了各年度上市企业的成长性得分情况、排序情况与上市年度的关系。

（1）主板与中小板企业相关指标比较。

首先对营利性各项指标进行分析。

表 10-12　　三年中小板企业营利性指标计算系数比较表

系数项目		经营净利率	经营毛利率	资产利润率	资产净利率	净资产收益率
权数		9.24	6.3	7.14	9.24	10.08
2004 年	系数	0.73	0.19	0.67	1.87	0.89
	均值	12.67	34.02	10.74	4.95	12.64
2006 年	系数	0.58	0.25	0.43	0.68	0.41
	均值	11.66	18.26	12.12	10.10	18.38
2007 年	系数	0.58	0.35	0.47	0.71	0.50
	均值	11.84	13.26	11.20	9.56	14.78

通过对受评的中小板企业各项营利性指标进行分析，发现它们的离散程度合理，没有个别指标离散程度太大影响指标均值和得分计算系数的情况。此外，从表 10-12 可以看出，中小板企业的各项营利性指标均值三年变动较小，显示出较高的稳定性。而 2004 年深、沪综合统计的计算系数中有三项是负数，说明那些亏损企业的数据太大。也就是说，总体上，深沪两市的经营净利率、资产净利率和净资产收益率都呈现出下降趋势，导致了相应系数出现负数，其结果是严重影响了计算系数的真实性，中小企业板三年财务数据不存在这种情况。

表 10-13　　三年中小板企业加速性指标计算系数比较表

系数项目		税前利润增长率	净资产收益率增长率	主营收入增长率	净利润增长率	总资产增长率	股东权益增长率	主营利润增长率
权数		2.64	2.86	3.3	3.08	2.42	3.74	3.96
2004 年	系数	0.89	0.3	0.05	0.13	0.29	0.02	0.04
	均值	8.95	-55.45	25.51	10.54	93.52	176.500	7.86
2006 年	系数	0.07	-0.38	0.10	0.09	0.05	0.06	0.10
	均值	37.16	-7.69	33.22	36.16	44.55	66.77	39.14
2007 年	系数	0.06	0.05	0.09	0.07	0.05	0.04	0.05
	均值	40.84	-44.68	35.60	1.02	51.50	86.58	79.75

受评企业的加速性指标离散程度也基本合理，如表 10-13。值得注意的是，受评企业三年的净资产收益增长率的均值都是负数，说明这项指标总体上三年均为负增长，主要原因是公司上市融资后导致股东权益出现突变式增长。其中 2004 年 44 家受评企业全部为当年上市企业，因此所有受评企业的该项指标均表现为负增长；2006 年 237 家受评企业中有 138 家表现为负增长，超过 50%，但都没有特别偏离的指标，因此我们没有

进行任何修正性处理。2007 年 259 家受评企业中有 157 家表现为负增长，仍然超过 50%，有个别指标离散程度太大影响指标均值和得分计算系数的情况，其中飞亚股份（-11 523.84%）、威尔科技（-4 742.34%）、江苏琼花（-372.89%）和凯恩股份（-307.43%）出现较大程度负增长；鑫富药业（6 962.9%）、盾安环境（521.89%）、德豪润达（373.38%）和联化科技（359.98%）等增长幅度较大，我们在计算该指标计算系数时剔除了飞亚股份、威尔科技和鑫富药业的数据。

表 10-14　　三年中小板企业稳健性指标计算系数比较表　　单位：元

系数项目		流动比率	速动比率	现金流动负债比	股东权益比	流动负债率	负债权益比	资产负债率	长期负债资产比	固定资产比	主营收入现金含量	净利润现金含量
权数		2.16	2.88	3.24	1.8	3.24	2.52	2.16	4.68	3.6	5.76	3.96
2004 年	系数	0.67	1.08	0.09	0.03	0.04	0.03	0.06	0.98	0.08	5.16	3.78
	均值	3.20	2.67	36.42	65.24	87.39	80.98	33.55	4.79	45.91	1.12	1.05
2006 年	系数	1.51	2.62	0.17	0.05	0.05	0.02	0.06	1.08	0.13	6.02	4.22
	均值	1.87	1.43	25.17	50.13	89.12	133.36	48.65	5.66	35.82	1.25	1.23
2007 年	系数	1.20	2.03	0.30	0.04	0.05	0.03	0.07	1.43	0.13	7.04	8.24
	均值	2.34	1.86	14.27	57.34	89.64	95.67	42.66	4.28	36.10	1.07	0.63

受评企业的各项稳健性指标均值表现基本稳定，离散程度合理，没有个别指标离散程度太大影响指标均值和得分计算系数的情况。表 10-14 显示，中小板与深、沪综合稳健性指标的计算系数基本都在正常范围内，不会对计算结果的失真性造成影响。

（2）受评企业的上市年度分布分析。

表 10-15　　受评中小企业上市年度分布表

上市年度	2004～2005	2006	2007	2008	合计
各年度上市家数	50	74	78	66	268
2006 年受评家数	50	74	56	56	236
占当年上市总数比（%）	100.00	100.00	71.79	84.85	88.06
占受评总数比（%）	21.19	31.36	23.73	23.73	100.00
2007 年受评家数	50	74	74	61	259
占当年上市总数比（%）	100.00	100.00	94.87	92.42	96.64
占受评总数比（%）	19.31	28.57	28.57	23.55	100.00

如表 10-15，2006 年以前上市的企业全部在评价范围内，2007 年以后上市的企业中有一小部分由于财务资料收集不充分，无法采集到评价所

需要的全部数据，不过，2006 年、2007 年受评企业总数分别达到中小板全部上市企业的 88.06% 和 96.64%，基本能够完整反映中小板上市企业的成长状况。

我们对受评企业的上市时间分布也进行了统计，如图 10－1。2006 年受评企业中有一半以上是在 2007 年和 2008 年上市，我们将这些在受评当年还未上市的企业纳入评价范围主要是为了与 2007 年评价结果作比较。因此，从总体上，2006 年和 2007 年受评企业的上市时间分布基本一致。

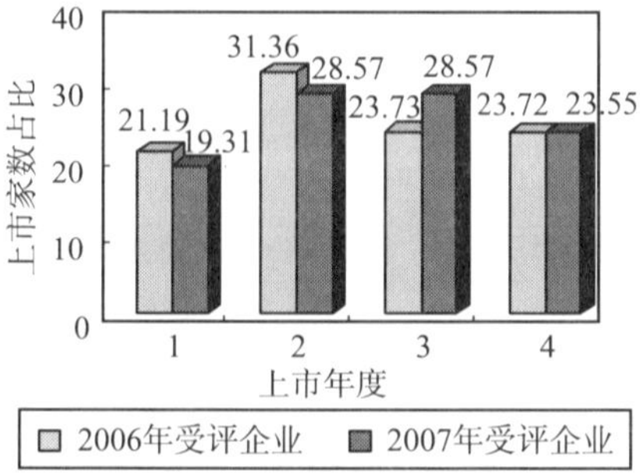

图 10－1　2006～2007 年中小企业板上市时间分布

2. 中小板企业成长性评价

通过以上分析，我们认为中小板上市公司的评价结果，基本上能够控制在一个相对合理的范围内。2006 年和 2007 年的受评企业都超过了 200 家，完整的成长性得分排序表我们在本书的附录三中做了列示，阅读本部分可参阅本书附录三。

（1）受评企业成长性评价结果分布分析。我们首先对 2004 年中小板上市企业的成长性进行了评价。如表 10－16 所示，我们以排序第一的丽江旅游的得分为标准分对成长性得分进行了修正，这样更便于直观地理解排序结果。

从评价系统产生的结果看，2004 年 44 家中小板上市企业综合得分均为正数，说明 44 家企业全部具有成长性。从综合得分的离散程度看，44 家企业平均得分 45.62，其中 35 家得分分别在 45.62 ±20 分之间，分布均匀，说明整体成长性较好，这可能与中小企业板推出之初选择企业的标准较高有一定关系。除了一家得分在 60 分以下，5 家得分在 200 分以上外，其余公司的得分基本上正态分布在60~200分之间，各项要素得分也分布在相对合理的范围内。

表10-16　　2004年中小企业板企业成长性排序表

序号	股票代码	股票简称	营利性得分	加速性得分	稳健性得分	成长性得分	修正综合得分	成长状态星级
1	2033	丽江旅游	93.91	93.78	104.57	292.26	100	☆☆☆☆☆
2	2025	航天电器	86.23	73.87	95.29	255.4	87.39	☆☆☆☆
3	2040	南京港	117.01	19.71	83.42	220.13	75.32	☆☆
4	2028	思源电气	74.1	62.22	76.58	212.9	72.85	☆☆
5	2038	双鹭药业	75.66	21.92	110.54	208.13	71.21	☆☆
6	2004	华邦制药	74	29.58	92.12	195.7	66.96	☆
7	2010	传化股份	65.54	41.71	82.61	189.86	64.96	☆
8	2022	科华生物	71.59	25.77	92.26	189.63	64.88	☆
9	2019	鑫富股份	56.26	46.1	86.89	189.24	64.75	☆
10	2024	苏宁电器	32.2	62.69	65.52	160.41	54.89	
11	2003	伟星股份	43.87	36.71	77.28	157.86	54.01	
12	2031	巨轮股份	45.03	29.85	74.82	149.69	51.22	
13	2023	海特高新	44.46	11.85	92.47	148.78	50.91	
14	2041	登海种业	71.42	1.1	71.31	143.83	49.21	
15	2007	华兰生物	44.03	19.75	76.58	140.36	48.03	
16	2014	永新股份	53.07	5.53	78.8	137.4	47.01	
17	2029	七匹狼	32.48	19.14	82.95	134.58	46.05	
18	2016	威尔科技	43.2	-2.51	90.04	130.73	44.73	
19	2030	达安基因	37.05	10.44	78.54	126.04	43.12	
20	2044	江苏三友	41.62	6.91	77.1	125.62	42.98	
21	2012	凯恩股份	40.57	14.62	70.34	125.54	42.96	
22	2008	大族激光	31.59	27.25	65.54	124.38	42.56	
23	2034	美欣达	17.79	27.15	76.71	121.65	41.62	
24	2037	久联发展	22.9	9.43	84.53	116.85	39.98	
25	2017	东信和平	36.15	7.74	71.87	115.76	39.61	
26	2032	苏泊尔	35.68	1.26	74.08	111.01	37.98	
27	2036	宜科科技	35.54	-7.86	81.3	108.98	37.29	
28	2026	山东威达	26.07	7.8	73.1	106.96	36.6	
29	2002	江苏琼花	30.54	-3.18	79.55	106.92	36.58	
30	2015	霞客环保	32.2	6.58	67.96	106.74	36.52	
31	2006	精工科技	21.79	17.21	66.49	105.49	36.09	
32	2009	天奇股份	22.67	11.55	69.69	103.9	35.55	

续表

序号	股票代码	股票简称	营利性得分	加速性得分	稳健性得分	成长性得分	修正综合得分	成长状态星级
33	2021	中捷股份	20.99	13.56	68.5	103.06	35.26	
34	2043	兔宝宝	27.54	6.25	68.87	102.65	35.12	
35	2001	新和成	32.97	11.27	56.34	100.58	34.41	
36	2018	华星化工	23.9	8.45	62.4	94.75	32.42	
37	2020	京新药业	23.34	7.72	61.95	93	31.82	
38	2035	华帝股份	20.01	-5.09	76.02	90.94	31.12	
39	2011	盾安环境	32.07	-24.67	73.96	81.36	27.84	
40	2027	七喜股份	17.21	-0.94	65.01	81.28	27.81	
41	2013	中航精机	24.53	-27.55	77.44	74.43	25.47	
42	2042	飞亚股份	19.21	-7.87	58.3	69.64	23.83	
43	2005	德豪润达	12.86	-13.99	66.51	65.38	22.37	
44	2039	黔源电力	37.15	13.5	-4.44	46.21	15.81	

然后我们再来看受评企业三年得分的区间分布情况。我们从 90 分以上到 10 分以下分了 10 个得分区间，受评企业三年得分的区间分布情况如表 10-17 和图 10-2，2006 年和 2007 年得分最集中的区间是 40~49 分，其次是 30~39 分，80 分以上和 20 分以下的企业都较少，2004 年只有 3 家，占受评总数（44 家）的 6.82%；2006 年 17 家，占受评总数（236 家）的 7.2%；2007 年 20 家，占受评总数（259 家）的 7.72%。总体上看，三年评价结果分布区间基本相似，反映了成长性企业的成长性差异相似。另外，得分的均值变化也不大，2004 年是 45.62 分，2006 年是 44.58 分，2007 年是 45.12 分。显示数据的可比性较好。

不过，得分离散程度在逐年加大，显示企业成长性差距加大。2006 年黔源电力（-49.95）、精工科技（-18.83）和飞亚股份（-2.55）三家企业得分为负数。2007 年增加到 5 家，其中飞亚股份（-254.18）得分继续大幅度下滑，黔源电力的排序也仍然居后。

表 10-17　　　中小企业板企业成长性分布表

分数区间	2004 年	2006 年	2007 年
90 以上	1	4	8
80~89	1	2	1
70~79	3	13	9
60~69	4	22	28

续表

分数区间	2004 年	2006 年	2007 年
50 ~ 59	4	35	38
40 ~ 49	10	69	75
30 ~ 39	15	56	67
20 ~ 29	5	24	22
10 ~ 19	1	7	4
10 分以下	—	4	7
合计	44	236	259

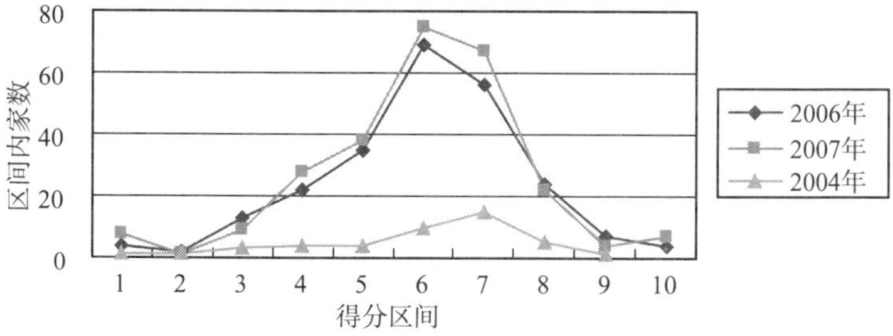

图 10 – 2　中小企业板企业成长性分布示意图

如图 10 – 2，从评价结果看，这两年的企业成长性约有 50% 集中在 30 ~ 50 分之间，另外 50% 的企业正态分布，成长性整体分布合理。2006 年有 19 家企业成长性表现良好（得分 70 分以上），约占受评企业的 8.05%，2007 年有 18 家企业成长性表现良好，约占受评企业的 6.95%。2006 年有 4 家企业成长性表现较差（得分 10 分以下），约占受评企业的 1.69%，2007 年有 7 家企业成长性表现较差，约占受评企业的 2.7%，2006 年和 2007 年分别有 3 家和 5 家表现为负增长，负增长率较低。

从 2006 年和 2007 年两年企业成长性的平均得分看，2007 年的平均得分（45.12%）与 2006 年（44.37%）略高，显示中小企业板企业成长性基本稳定，但从超成长家数（2007 年的 8 家多于 2006 年的 4 家）和负增长家数（2007 年的 5 家多于 2006 年的 3 家）看，随着中小企业板的扩容，中小企业板公司的成长性差距将逐步扩大。

此外，本书对 2006 年和 2007 年前后 50 家企业的分布情况进行了统计分析，如表 10 – 18。各年度上市的企业中排名前 50 的家数占当年全部受评企业的比例接近，2006 年评价结果的占比分布在均值（21.19%）的

±3 之间，上市时间越晚，前 50 的家数占当年全部受评企业的比例越高，2007 年的情况更加明显，2006 年上市的前 50 的家数占当年全部受评企业的比例（9.46%）低于均值（19.31%）近 10 个百分点，而 2008 年上市的前 50 的家数占当年全部受评企业的比例（29.51%）低于均值（19.31%）超过 10 个百分点。各年度上市的企业中排名后 50 的家数占当年全部受评企业的比例相差却较大。各年度上市的企业中排名前后 50 的家数在 50 家的占比表现出了一定的趋势性。排入前 50 家的前两年上市的企业占比有较大幅度下降，而后两年上市的均有一定幅度增长，显示较早上市的企业成长性排名靠前的企业有所减少，而较晚上市的企业成长性排名靠前的企业则有所增加。排在后 50 家的企业表现出同样的趋势，前两年上市的企业占比有较大幅度下降，而后两年上市的有一定幅度增长，显示较早上市的企业成长性排名靠后的企业有所减少，而较晚上市的企业成长性排名靠后的企业则有所增加。总体上看，排名变化不具有明显趋势。

表 10－18　中小企业板企业成长性 2006～2007 年排序前后 50 家对照表

项　目	上市时间	2005 年	2006 年	2007 年	2008 年	合计
受评家数	2006 年	50	74	56	56	236
	2007 年	50	74	74	61	259
占受评总数比（%）	2006 年	21.19	31.36	23.73	23.73	100
	2007 年	19.31	28.57	28.57	23.55	100
排序前 50 的家数	2006 年	10	14	12	14	50
	2007 年	10	7	15	18	50
占当年上市企业比（%）	2006 年	20.00	18.92	21.43	25.00	21.19
	2007 年	20.00	9.46	20.27	29.51	19.31
占前 50 家比例（%）	2006 年	20.00	28.00	24.00	28.00	100.00
	2007 年	20.00	14.00	30.00	36.00	100
排序后 50 的家数	2006 年	13	24	8	5	50
	2007 年	9	22	12	7	50
占当年上市企业比（%）	2006 年	26.00	32.43	14.29	8.93	21.19
	2007 年	18.00	29.73	16.22	11.48	19.31
占后 50 家比例（%）	2006 年	26.00	48.00	16.00	10.00	100
	2007 年	18.00	44.00	24.00	14.00	100

（2）受评企业成长性构成要素得分分析。营利性要素反映企业的盈利能力。从三年的评价结果看，营利性表现较好，2004 年全部为正数，2006 年 2 家为负数，2007 年 5 家为负数，即整体营利性较好，但也有个别企业出现亏损。

加速性要素反映企业成长速度的变化程度。从三年的评价结果看，2004 年有 9 家（20.45%）为负数，2006 年 57 家（24.15%）为负数，2007 年 23 家（8.88%）为负数。说明 2004 年和 2006 年总体上约有 20% 的企业成长速度呈递减趋势，到 2007 年随着上市企业家数的增加成长速度又重现加快趋势。需要说明的是，部分 2006 年加速性为负数的企业在 2007 年或 2008 年上市后在 2007 年又表现为正，主要是上市推动形成，原因有二。一是企业上市融资后导致某些反映规模变化的指标激增；二是一般上市当年的财务指标本身就表现较好。

稳健性要素反映企业经营的稳健程度。从三年的评价结果看，2004 年 1 家（2.27%）为负数，2006 年 2 家（0.85%）为负数，2007 年 4 家（1.54%）为负数。显示企业整体稳健性较好，但也有个别企业出现较不稳健的情况。

（3）受评企业成长性排序变化分析。对企业成长性排序变化的跟踪有两方面的意义。一是通过排序变化追溯评价指标及权数的设置对评价结果的影响，从而完善评价系统。二是通过数跟踪和据甄别判断企业成长的真实性或持续性。由于我们所获得的数据有限，本书不对指标及权数的设置做追溯检验，我们也不试图用我们的评价系统对中小企业板企业做正式的评价，只是通过对受评企业成长性排序变化的分析整体判断我们所设计的评价系统。

本书首先对 2004 年评价的 44 家企业在 2006 年和 2007 年评价中的排序变化做了比较，变化情况如表 10－19 所示，其中排序的变化基本反映了受评企业成长性此消彼长的正常结果。但我们也注意到一些排序变化较大的企业在下一年度的排序中似乎有所回归，说明系统虽然对个别评价指标的巨大变化无法有效应对，但却可以通过持续地跟踪去发现和平衡。如 2006 年与 2004 年比较排序升幅较大的宜科科技（升 25①），在 2007 年又有较大的回落（降 20），中航精机表现同样的特点（从升 25 到降 15）。降幅较大的南京港（降 30）也在 2007 年的评价中回升了 8 位。华邦制药在下降了 14 位之后上升了 17 位，鑫富药业在下降了 16 位之后上升了 24 位。当然也有一些企业保持了一贯的趋势，如盾安环境在上升了 32 位之后又上升了 5 位，德豪润达在上升了 9 位之后又上升了 17 位，威尔科技在下降了 10 位之后又下降了 15 位，凯恩股份在下降了 19 位之后又下降

① 本段所称的排序变化以 44 家企业为基础。

了 2 位。具体分析要结合企业的具体情况分析。

表 10－19　部分中小企业板企业 2004～2006 年成长性排序变化表

序号（2004）	股票代码	股票简称	序号（2006）	股票代码	股票简称	变化趋势	序号（2007）	股票代码	股票简称	变化趋势
1	2033	丽江旅游	4	2038	双鹭药业	升 4	1	2019	鑫富药业	升 24
2	2025	航天电器	14	2036	宜科科技	升 25	2	2011	盾安环境	升 5
3	2040	南京港	23	2025	航天电器	降 1	3	2038	双鹭药业	降 2
4	2028	思源电气	24	2033	丽江旅游	降 3	10	2004	华邦制药	升 17
5	2038	双鹭药业	30	2022	科华生物	升 3	17	2022	科华生物	不变
6	2004	华邦制药	33	2028	思源电气	降 2	21	2033	丽江旅游	降 2
7	2010	传化股份	36	2011	盾安环境	升 32	27	2025	航天电器	降 4
8	2022	科华生物	50	2007	华兰生物	升 7	35	2007	华兰生物	不变
9	2019	鑫富股份	51	2003	伟星股份	升 2	43	2028	思源电气	降 3
10	2024	苏宁电器	52	2030	达安基因	升 9	49	2024	苏宁电器	升 4
11	2003	伟星股份	69	2032	苏泊尔	升 15	67	2023	海特高新	升 1
12	2031	巨轮股份	70	2023	海特高新	升 1	73	2032	苏泊尔	降 1
13	2023	海特高新	71	2010	传化股份	降 6	76	2003	伟星股份	降 4
14	2041	登海种业	79	2024	苏宁电器	降 4	79	2029	七匹狼	升 1
15	2007	华兰生物	83	2029	七匹狼	升 2	81	2008	大族激光	降 2
16	2014	永新股份	88	2013	中航精机	升 25	88	2005	德豪润达	升 17
17	2029	七匹狼	102	2008	大族激光	升 5	93	2018	华星化工	升 15
18	2016	威尔科技	107	2031	巨轮股份	降 6	106	2014	永新股份	升 5
19	2030	达安基因	108	2017	东信和平	升 6	107	2031	巨轮股份	降 1
20	2044	江苏三友	120	2004	华邦制药	降 14	117	2001	新和成	升 18
21	2012	凯恩股份	129	2037	久联发展	升 3	119	2036	宜科科技	降 20
22	2008	大族激光	131	2044	江苏三友	降 2	123	2017	东信和平	降 3
23	2034	美欣达	139	2014	永新股份	降 7	124	2041	登海种业	升 13
24	2037	久联发展	140	2021	中捷股份	升 9	137	2030	达安基因	降 14
25	2017	东信和平	141	2019	鑫富药业	降 16	140	2040	南京港	升 8
26	2032	苏泊尔	145	2015	霞客环保	升 4	145	2026	山东威达	升 5
27	2036	宜科科技	156	2027	七喜控股	升 13	152	2044	江苏三友	降 5
28	2026	山东威达	162	2016	威尔科技	降 10	153	2043	兔宝宝	升 7
29	2002	江苏琼花	165	2035	华帝股份	升 9	159	2037	久联发展	降 8
30	2015	霞客环保	166	2009	天奇股份	升 2	160	2021	中捷股份	降 6
31	2006	精工科技	167	2026	山东威达	降 3	164	2013	中航精机	降 15

续表

序号（2004）	股票代码	股票简称	序号（2006）	股票代码	股票简称	变化趋势	序号（2007）	股票代码	股票简称	变化趋势
32	2009	天奇股份	186	2018	华星化工	升 4	173	2009	天奇股份	降 2
33	2021	中捷股份	195	2040	南京港	降 30	181	2015	霞客环保	降 7
34	2043	兔宝宝	200	2005	德豪润达	升 9	191	2010	传化股份	降 21
35	2001	新和成	201	2043	兔宝宝	降 1	197	2035	华帝股份	升 6
36	2018	华星化工	218	2041	登海种业	降 13	209	2006	精工科技	升 7
37	2020	京新药业	222	2034	美欣达	降 13	236	2027	七喜控股	降 10
38	2035	华帝股份	231	2001	新和成	降 3	242	2034	美欣达	降 1
39	2011	盾安环境	232	2020	京新药业	降 2	252	2002	江苏琼花	升 2
40	2027	七喜股份	233	2012	凯恩股份	降 19	253	2039	黔源电力	升 4
41	2013	中航精机	234	2002	江苏琼花	降 12	254	2020	京新药业	降 2
42	2042	飞亚股份	235	2042	飞亚股份	不变	257	2012	凯恩股份	降 2
43	2005	德豪润达	236	2006	精工科技	降 12	258	2016	威尔科技	降 15
44	2039	黔源电力	237	2039	黔源电力	不变	259	2042	飞亚股份	降 2

随后，我们又用 2006 年和 2007 年的评价结果对企业成长性排序变化与超成长性进行了比较。我们以 2006 年的评价结果为其础，设定基础分最高分 100 分减去 2006 年得分为参照值，2007 年实际得分超过参照值 20 分的认定为具有超成长性，低于参照值 80 分的认定为具有超低速成长性或负成长性。结果发现有鑫富药业、盾安环境、双鹭药业和九阳股份 4 家企业具有超成长性，它们的排序分别从 143、38、4、71 上升到上前 4 位①，其中鑫富药业三年排序波动较大，盾安环境和双鹭药业比较稳定，九阳股份还无从判断，但升幅较大。景兴纸业、湘潭电化、华东数控、江苏琼花、黔源电力、京新药业、高新张铜、凯恩股份、威尔科技和飞亚股份 10 家企业表现为超低速成长性或负成长。上述企业的成长性排序变化与超成长性表现一致。

① 本段所称排序以 236 家为基础。

政 策 篇

推动与支持中小企业成长的政府政策，通常简称为中小企业政策。它是指在一定时期内为促进本国（本地）中小企业成长发展而由政府制定的各类宏观公共政策（涉及财政、金融、产业组织与发展、教育、科技、中介服务等诸多相关领域的政策）、措施、法律法规的总称。通过政策来促进中小企业成长是世界上发达国家政府的通行做法。本篇通过回顾和综述发达国家或地区对中小企业的政策支持体系，对比分析我国中小企业的政策现状及取向，对中小企业的政策层面给予有益的启示。

第 11 章

国外促进中小企业成长政策的概述

中小企业作为最具活力的组织要素，其健康发展对于吸纳新增就业人口，启动民间投资，优化经济结构，加快生产力发展，确保国民经济持续稳定增长，极具现实意义。为此，许多国家和地区政府都十分重视促进中小企业的健康发展，并建立了相应的发展促进体系。本章主要涵盖美国、欧盟、日本和韩国，分别从中小企业服务体系、中小企业服务组织、中小企业服务体系等方面进行概述，以期得到相关的启示与借鉴。

§11.1 美国促进中小企业成长的政策体系

11.1.1 美国中小企业服务体系

1. 小企业服务体系框架

美国小企业服务体系是一个多层次、多元化的组织架构，包括政府机构、半政府机构、民间机构等多种组织，面向的对象包括联邦、州、地区以及社区等多个层次，见图 11－1。其中在美国的中小企业服务体系中，美国政府的影响和作用是巨大的，美国政府成立了专门针对小企业发展、处理小企业事务的机构——小企业管理局。美国小企业管理局在美国的小企业服务体系中起着不可替代的核心作用，这是美国小企业服务体系组织架构的一个特色。

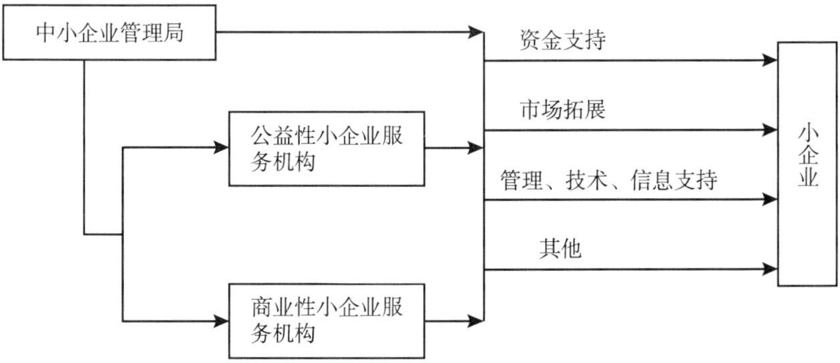

图 11－1 美国小企业服务体系框架

美国中小企业管理局的主要职能是为中小企业创造商业机会，为小企业创造一个良好的经营环境以及向特殊的小企业提供帮助。其主要任务是采取多种手段向小企业提供服务并听取小企业的意见及需求，及时向总统报告，并就保护小企业的权益向联邦政府提出政策建议，促进小企业的健康发展。

小企业管理局的机构设置主要分为三个层次。第一个层次是设在华盛顿的总部，负责制定方针、政策，指导下属各机构工作；第二个层次是设在十大城市的 10 个区域办公室（地区局），指导各地机构工作；第三个层次是遍布全美各地方机构，它们是向小企业提供直接支持的基层组织。

2. 美国小企业服务体系的其他参与机构

（1）政府机构。除小企业管理局外，美国小企业服务体系还包括美国贸易和开发署、美国小企业基金会、商务部、各个地区相关小企业服务委员会、进出口银行、出口法律服务网络等。其中商务部在促进出口方面的作用甚至要超过小企业管理局。

（2）半官方组织。半官方组织是由政府和民间合办的，有政府机构的参与，但又不是官方机构。由于性质特殊，这些机构在提供服务时具有一些民间机构和组织所不具备的优势。在资金的提供上有一个较为稳定的保障，在信息上具有优势，具有足够的可靠性，受市场的影响较小，从而能够很好的为小企业服务；同时由于它又不是政府机构，可以避免政府机构固有的体制僵化等问题，做到了可靠性与灵活性的有效统一。在一些完全由官方来提供服务不适合，而完全由民间组织来提供又难以有效体现政府的意图，以及民间组织由于受到资金的限制而难以发挥作用的领域，这些半官方机构的作用是巨大的。

（3）民间组织和机构。民间组织和机构主要分为如下两类：一类是民间机构，包括小企业投资公司、技术推广中心、退休经理服务团以及在职经理服务团、专门的出口经营公司和出口贸易公司、美国多所高校成立的“小企业学院”等，主要是民间自发成立的或者由政府支持和推动而成立的一些专门性组织和机构。另一类是专门的协会，包括三种类型：行业组织机构、行业协会和行业协会联合会。

3. 美国小企业服务体系的运作机制与服务内容

美国小企业服务体系是一个以小企业管理局为核心机构的多元化、多层次的组织结构体系。服务体系的运作机制主要以小企业管理局为“大脑”，以各有关机构分工协作为特征，也包括一些机构在特定的领域独立运作。

小企业服务体系的服务内容主要可以分为信用担保服务、资金支持服务、技术、管理与信息服务和市场拓展服务等各专业化的服务系统。其核心是围绕对小企业的资金支持而展开。以资金支持为主要的运作手段是美国小企业服务体系的一个重要特点。

11.1.2　美国的小企业服务组织

美国是一个典型的市场经济国家，但政府在扶持小企业发展中并不是无所作为的。经过长期的发展，美国政府和民间组织一起构建了一个完善的小企业服务体系，为小企业的创办、发展提供全方位的服务。

1. 联邦小企业管理局

1940年和1941年，美国国会参、众议院两院相继设立了小企业特别委员会，专门研究中小企业发展问题。1953年国会通过了《小企业法》，根据此法，联邦政府建立了独立的直属机构—小企业管理局（SBA）。SBA是美国小企业最高行政管理机构，其主要任务是帮助小企业“开办、发展、成功”。其主要职能：一是作为小企业的喉舌，反映小企业的要求，就小企业发展的有关问题进行调查研究，并向联邦政府提出建议，为小企业的发展创造有利的环境；二是协调联邦政府的各个部门和民间机构（如商业银行、非营利性组织），为小企业发展提供资源；三是为小企业提供金融服务、信息服务和咨询服务。

2. 小企业发展中心

官民合作的小企业发展中心（Small Business Development Center，简称SBDC）是为小企业提供技术、信息、咨询、融资、培训等全方位服务的非营利性服务机构。

小企业发展中心一般设立在大学、社区职业技术学院、商会和经济社团组织内。小企业管理局和小企业发展中心之间没有隶属关系，只是契约关系，前者对后者的性质、职责、权利、义务以及运作程序作出明确具体的规定。凡具备条件的单位，都可以向小企业管理局申请成立小企业发展中心，经审查批准后，联邦政府提供50%的经费，其余50%由地方政府以及私人机构（如大学、商业团体）提供。目前，小企业发展中心从私人机构得到的资助都超过50%。小企业发展中心通常从专业协会以及法律、金融、商业机构招聘一些专业人员，为小企业提供各种服务。

3. 其他各种社会服务机构

上述小企业管理局和小企业发展中心是两个最重要的服务机构。除此以外，美国政府还组织、协调、引导各种社会力量，为小企业提供各种有效的服务。

（1）退休经理服务团。退休经理服务团（Service Corps of Retired Executives，简称 SCORE）是由 SBA 资助的全国性的非营利性组织，成立于 1964 年，全美共有 389 个地方分支机构，12 400 个成员。这些成员大多是退休的企业家和公司高层主管，也有一些现任的经理和专家。他们按地区就近开展活动，由 SBA 提供车马费，以“义工”的形式，自愿为小企业免费提供各种管理咨询和技术服务，帮助企业解决在开办和发展过程中的各种问题。

（2）小企业信息中心。小企业信息中心（Small Business Information Center，简称 SBIC）是由 SBA 和州、地方政府以及商业机构联合开办的小企业服务机构。其主要任务是利用先进的计算机技术为小企业提供帮助，提供各种资料、信息、数据、参考出版物。目前，全美共有 70 个地区小企业信息中心，下属有 600 多个服务网点，2000 年共有 12.8 万个小企业得到 SBIC 的服务。

（3）小企业制造技术中心。为了支持小企业通过技术进步提高竞争力，帮助小企业获得现代制造和生产技术及信息，美国商务部国家标准和技术研究院与各州及地方政府合作，在全美建立了 100 个制造技术中心（Manufacture Technology Center，简称 MTC）。制造技术中心是一个非营利性组织，按地区建立和管理。任务是广泛吸引各种技术来源，转移制造技术，为联邦研究开发机构、大学、社会非营利机构和需要制造技术的小企业建立技术转移的桥梁，为小企业提供技术和帮助。

11.1.3 美国的小企业支持服务体系

美国另一项政府扶持小企业的重要措施是组织或资助社会上的研究机构开展有针对性的研究工作。根据美国《小企业法》（1958 年）第 9 条和《小企业振兴中心法》（1958 年）制定的政策，对指导小企业进行技术研究开发的大学，视不同情况给予 5 万美元以内的指导费，对附设小企业经营技术综合指导中心的州立大学拨给 20 万美元以上的经费。1985 年，附设小企业振兴中心的州立大学 34 所，参加这一中心作为分支机构的大学 213 所，共得到投资 2 200 万美元。随着时间的推移，美国政府对小企业服务体系建设的投入也越来越多，2000 年总统财政预算中对小企业服务的投资为 193 亿美元。

1. 金融服务支持

美国小企业发展面临的最主要的问题也是资金短缺。按照正常的条件，小企业很难从银行获得贷款。因此美国政府把帮助小企业获得资金作为扶持小企业发展的重点，并通过国会制定法律（《小企业法》、《小企业投资法》），授权小企业管理局（SBA）具体组织实施多种计划，协调全美 8 966 家私人商业借款部门，为小企业提供资金信贷帮助。SBA 帮助小企业获得资金的形式主要有以下三种：

（1）为企业贷款提供差额担保。根据美国法律规定，SBA 作为担保机构，通过全国十大地区分支机构，核准有关银行的“小企业贷款部”取得“小企业优先贷款（PLP）”承贷资格（由于政府担保的贷款安全、可靠，通常银行都努力争取此项业务）。然后，SBA 通过实施法律规定的“企业流动资金贷款担保‘7（a）计划’”和“企业固定资产担保‘504 计划’”，为小企业贷款进行担保。最高担保比例为 80%，最高贷款金额为 125 万美元。通常的做法是由小企业向指定的银行提出贷款申请，并提供企业自有资产（房地产和有价证券等）的抵押、质押，银行对企业的信用记录进行审查。如初步同意贷款，则将申请表和企业信用记录送给 SBA，SBA 如同意对企业资产抵押不足的部分进行担保，出具担保文件，则银行给予贷款。SBA 则根据担保额度和期限通过银行向借款人收取一定的担保费用。通常一年以下的贷款，收取贷款担保部分 0.25% 的费用；一年以上的贷款则根据期限和数额而定，起点是 2%。由于上述担保计划是法律规定实施的，所以 SBA 的担保资金由联邦财政支付。

（2）小企业投资公司计划。小企业投资公司计划（SDIC）是一项专为小企业提供风险资金和企业开办资金的投资计划。该计划是根据《小企业投资法》从 1958 年开始实施的。小企业投资公司是私人拥有，由 SBA 批准发照，接受 SBA 监管并由 SBA 提供部分资助的私人投资公司。成立中小企业投资公司必须具备两个标准：①私人资金至少 500 万美元以上；②要有高素质的经营管理专家、风险投资专家。为促进小企业的发展，美国政府大力鼓励民间建立小企业投资公司并给予种种优惠，如税收减免，提供低于市场利率的资金，为小企业投资公司发行债券提供担保，等等。小企业投资公司使用自己的资金加上联邦政府所提供的优惠利率资金，以股本加提供管理服务的方式，对具有较大增长潜力的新办企业进行投资，并从分享高科技小企业的成功中获得高额回报。

（3）其他各种贷款担保计划。除了上述两种主要的贷款计划以外，SBA 以及各州和地方政府还与银行合作，针对不同对象和不同用途，实施了名目繁多、考虑周详的数十种小企业贷款担保计划，如简易贷款速递、出口贷款快车、社区贷款快车、救灾贷款、技术援助贷款、妇女企业贷款、退伍军人企业贷款，等等。实施上述计划的目的是千方百计为小企业提供更充分的金融服务，帮助小企业更快更容易地获得资金。有关如何获得上述贷款的详尽资料，在任何一个小企业服务机构、社区经济发展部门以及金融机构都可以轻易获得。办理贷款的时间，最快的 36 小时即可以办妥。

2. 技术服务支持

美国政府对小企业提供技术服务，促进小企业技术创新，主要是通过实施两个重要计划，以及创办小型高科技企业孵化器等多种形式来实现的。

（1）小企业创新研究计划。小企业创新研究计划（SBIR）是美国政府根据国会 1982 年通过的《小企业创新开发法令》组织实施的一项永久性的全国企业技术创新活动。该计划的主要目的：一是鼓励小企业发挥技术潜能，促进小企业技术创新；二是把联邦机构的研究开发活动和小企业创新结合起来；三是鼓励、资助少数族裔和弱势群体参与技术创新活动；四是促进联邦机构的 R&D 成果商品化，在商品化中增加私人部门的成分。“SBIR”计划的参与对象主要是联邦政府的有关机构和小企业。

（2）小企业科技成果转移计划。小企业科技成果转移计划（STTR）也是美国政府组织实施的一项全国性计划，1994 年开始实行，其目的是推动公私部门、非营利性研究机构和小企业合资合作开发科技成果。美国许多大学和非营利性的研究机构有强大的科技研究机构人才和设备，但常常局限于理论而非实际应用；而小企业长期以来一直都是创新和创业者的沃土，但苦于没有能力承担重大研究项目的风险和庞大的支出。“STTR”计划把两者的优势结合起来，促进技术和产品从实验室转移到市场，促进科技成果商品化。

（3）企业孵化器。近年来，随着美国经济的持续稳定增长和技术创新的不断涌现，新企业大量产生，尤其是科技型小企业正在成为新经济的亮点。与之相伴，一种新的服务形式—企业孵化器（Business Incubator）就如雨后春笋般的出现了。

根据美国企业孵化协会（NBIA－私人性质的非营利性组织，总部设在俄亥俄州）的定义：企业孵化器是一种设计用来培育新办企业，为新办企业在创办初期的生存发展提供各种服务的工具，其目的是把技术、专利、个人才能、资金、管理运作和各种服务结合在一起，催化、扶持、促进企业的创办和发展壮大。

孵化器主要为新办企业提供办公室和生产、实验场地；协助办理各种手续；协助筹融资，引荐风险资金；提供可以共用的生产、测试设备和INTERNET网络；共享会议室和秘书服务；法律和财务；管理咨询；技术支持；产品、市场信息；帮助建立销售网络以及组织产品展销、促销活动；帮助进行员工培训，等等。总之，凡是经营企业所需要的各种服务，孵化器都能够提供。这样就使即使只有一两个人的企业也具有一个健全的企业所具备的各种功能。

3. 创业辅导和信息咨询支持服务

前面所提到的所有小企业服务机构都有为小企业提供创业辅导和信息咨询服务的职能。所有服务机构通过编印宣传资料、定期出版刊物以及建立网站等方式，为小企业服务。任何人想创办一家新企业，或企业在发展过程中遇到什么困难，都可以随时向小企业服务机构请求帮助。SBDC为帮助有意创建企业或经营现有企业有种种困难的业主，聘请了法律、金融、税务、贸易、管理、技术等专业协会以及退休经理服务团的有关专家，对小企业进行有针对性的指导，包括如何创建企业、如何制定企业发展计划、如何经营管理企业，以及如何参与行业竞争、国际贸易和风险投资等。小企业还可以通过电脑、电话信息免费查询各种问题，免费查阅SBA数据库中心有关市场、技术、商务等方面的信息资料。SBA还免费向小企业提供商务部定期出版的有关国内外市场信息的刊物，免费提供有关创新研究计划、科技成果转移计划以及企业产权交易方面的信息。

4. 产品促销和市场拓展服务

为了扶持小企业发展，促进小企业产品销售，SBA 及其服务机构主要采取以下三种措施：

（1）政府采购合同。美国联邦政府每年需采购商品和劳务约 2 000 亿美元。根据《小企业法》规定，联邦政府执行采购时，应专门考虑小企业，成为“小企业单列”。法律明确要求将 10 万美元以下的小企业有能力承担的合同，尽量地给予小企业；50 万美元以上的合同投标者，必须在二级合同中给予小企业一定的承包子项目。为帮助小企业更多的获得政府采购合同，SBA 成立了政府采购办公室，其任务就是最大限度的为小企业提供参与联邦采购的机会。

（2）为小企业与大企业配套牵线搭桥。SBA 及其服务机构为了帮助小企业，每年都主动与大公司、大企业联系，签订合作伙伴协议，为小企业承揽协作配套业务。如 1999 年，SBA 和通用服务管理局签订合同，今后 10 年每年提供 10 亿美元的天然气利用业务给小企业；和三大汽车公司（通用、福特、克莱斯勒）签订合同，向小企业订购协作配套产品 70 亿美元，等等。

（3）小企业产品出口服务。1980 年，国会通过了《小企业出口增强法令》，并按照此法令制定了“小企业出口推动计划”。SBA 在全国设立了 19 个小企业出口辅助中心，并在 SBA 的 70 个地区办公室内设置了出口贸易促进部门，在 30 个小企业发展中心设置了国际贸易中心，为小企业出口提供法律、金融等方面的服务。同时 SBA 还和商务部、进出口银行以及地方政府、商业贸易机构合作，为小企业产品出口提供资源支持。

5. 人才培训支持服务

人才培训是小企业服务体系的一个重要内容。SBA 和地方政府以及大学合作，在许多大学内专门设立了小企业学院，为小企业经营者提供应用培训和素质教育。大多数地方政府每年都拨出一部分经费，为小企业的员工提供免费培训。所有的小企业服务机构都有教育培训职能。

11.1.4 美国扶持小企业开展电子商务的政策措施

美国政府一向支持发展电子商务，并十分重视小企业开展电子商务的重要性。小企业使用电子商务可以吸引新的顾客，建立与供应商之间的联系，减少向固定顾客提供服务的开支。同时通过电子商务，小企业可以高效的参与全球竞争。在现实中，尽管使用信息技术和参与电子商务的发展能给企业带来利益，可是很多小企业还没有加入到使用这种新的商务方式的行列中来。据有关调查显示，虽然雇员少于20人的企业有28%，雇员在20~99人的企业有45%，雇员在199~499人的企业62%在网上占有了一席之地，但这些企业主要是将网站作为他们的在线册子。只有其中很小比例的企业（少于拥有网站企业总数的1/3）在网上出售产品，提供客户支持，并进行降低成本的运作（http://www.yankeegroup.com）。这主要是一些小企业可能遇到了使用电子商务的一系列障碍，比如，缺少关于技术及其成本方面的知识，不了解电子商务及其潜在利益，缺乏熟悉电子商务的员工，等等。

1. 小企业电子商务战略

由于美国的许多小企业对电子商务的潜在利益缺乏了解，所以不知道怎样以有利可图的方式发展电子商务，不知道如何遵守电子商务复杂的规则。而许多企业还缺少能够实施电子商务交易模式的技术人员。因此，早在1977年，美国商业部和小企业管理局（SBA）特地为许多小企业实施政府计划性援助。

为了实现政府对小企业战略的所有目标，美国小企业局、商务部、农业部等机构建立了小企业电子商务工作小组。其主要职责是协调各部门之间、小企业之间的电子商务活动，避免重复劳动，并指导美国2 100万家小企业提高对有限资源的利用。

2. 美国联邦政府各机构采用的主要措施

近几年来，美国商务部、小企业管理局及其他联邦机构，在帮助小企业使用电子商务等方面采取了一系列的措施，这些措施主要有：

（1）国际贸易署开展了虚拟贸易展览。为了帮助企业通过因特网在全球范围内开展营销活动，美国商务部下属的国际贸易署组织了美国虚拟贸易展览或电子博览会。目前，已有 1 000 多家企业通过这一媒体向全球的购买者展示它们的产品。

（2）凤凰/机会系统。商务部下设的小企业发展局为小企业进入“凤凰/机会系统”开辟了新途径。该系统是一个电子竞价匹配系统，通过使用电子商务向小企业的桌面或传真机直接发送商务信息，向小企业通报合作机会。小企业发展局帮助小企业获得关键的市场信息，并对当地企业发展资源进行定位。

（3）电子商务中心区域和国家制造业峰会。美国商务部技术署的国家标准与技术协会在制造业扩展项目（MEP）的外联网站点建立了电子商务中心区域。通过中心区域，制造业扩展项目中心的职员可以增强对电子商务概念的理解，并分享电子商务的经验。

（4）小企业管理局的具体措施。美国小企业管理局已经为小企业提供了一些在线服务，并在网上以“小企业教室”栏目开设电子商务课程（http://classroom. sba. gov），这些课程主要包括与政府和非政府资料提供者的多种链接。小企业局与信用卡公司开展合作，努力增加有资格与政府和民营部门持有信用卡者进行信用卡交易的小企业，并向小企业提供成本更低的信用卡交易服务。小企业局还开发了向小企业提供信息的因特网基础系统。

（5）美国农业部（USDA）一直为小企业的电子商务问题提供扩展服务。在由 Purdue 大学农业企业中心主办的农业企业全国会议上，电子商务扮演了一个重要的角色。该会议调查了 3 500 个农业企业使用电子商务的情况。如蒙佛特州的合作扩展人提供了一个电子商务工作室。为了帮助农业及其他客户，这些人员在美国农业部的直接营销网站上创造了“国际链接”（www. usda. gov/da/smallbus），还为佛蒙特州的出口商管理电子清单。明尼苏达大学的扩展服务开发了因特网在线学习模型，并为那些想开展电子商务活动的 250 家乡村企业进行测试。

11.1.5 美国小企业的融资结构

美国政府对国内小型企业的政策性贷款很少，政府主要通过小企业管理局制定宏观调控政策，引导民间资本向小企业投资。小企业的融资方式主要有：①小企业业主的自身储蓄，占小企业投资的45%左右；②小企业主从亲朋中的借款，占小企业投资的13%左右；③从商业银行贷款；④金融投资公司贷款，由美国小企业管理局主导的小企业投资公司和风险投资公司是小企业筹集资金的一个重要来源，它与商业银行贷款一起约占29%。但小企业投资公司和风险投资公司投资的贷款利率要比商业银行贷款的利率更高；⑤政府资助，即主要由小企业管理局向小企业提供的数量很小的直接贷款，约占1%；⑥证券融资，这部分资金只占4%左右。

1. 商业银行贷款

由于小企业的经营风险较大，资信比大企业低，商业银行一般不愿为小企业提供贷款。为解决这一问题，美国小企业管理局通过向小企业提供担保，使小企业获得金融机构的贷款。当然，贷款利率会因为风险较大因而比大企业贷款高出2~5个百分点。在具体操作上，美国小企业首先向小企业管理局提出申请；小企业管理局对担保对象规定一定的前提条件，对符合条件的小企业提供担保；一旦担保成立，即小企业管理局向金融机构承诺，当借款人逾期不能归还时，保证支付不低于90%的未偿还部分，但小企业管理局提供的担保贷款不超过75万美元，担保部分不超过贷款总额的90%。管理局担保的平均贷款额是24万美元，偿还期为11年。

2. 金融投资公司

金融投资公司也分为两种形式，即小企业投资公司和风险投资公司。小企业投资公司是为小企业提供融资服务的创业投资公司。具体融资形式可以是低息贷款，也可以是购买和担保购买该公司证券。但获得许可和融资支持的小企业投资公司，只能投资于合格的小企业，不能直接或间接的长期控制所投资的企业，投资的方向主要是小企业的发展和技术的改造。风险投资公司亦属于民间投资机构。在美国，以微电子技术、信息技术为代表的新技术产业发展迅速，这就促使许多科技型企业家从美国的大学、研究所、大企业、大公司中独立出来，成立开发型的小企业。风险投资公司预期于创新可能产生的高效益，对此类勇于创新投资的小企业进行资金投入，为那些难以得到贷款的小企业提供贷款，以促进小企业的科技开发和创新。

3. 政府资助

政府资助主要包括三种类型：（1）由小企业管理局向那些有较强技术创新能力、发展前景较好的小企业发放直接贷款，但数量有限。（2）小企业管理局向受自然灾害的小企业提供自然灾害贷款。这种特殊的帮助，其目的在于使那些经营状况良好的受灾企业得以重建。（3）小企业的创新研究资助。小企业是美国一支重要的技术创新力量，美国一半以上的创新是在小企业中实现的，小企业的人均发明是大企业的两倍。为了促进美国小企业的科研开发，美国国会根据《小企业创新发展法》，于 1982 年制定了小企业创新研究计划。该计划规定，所有划拨研究与发展费用超过一亿美元的，政府有关部门必须按照一定的比例向小企业创新计划提供资金，用于资助小企业开展科技开发和技术成果转化。

§11.2　欧盟国家促进中小企业成长的政策体系

11.2.1　欧盟国家中小企业的行政管理与社会环境

（1）加强法律法规建设，实现扶持中小企业措施的法制化和系统化。例如，意大利于 1991 年通过了“扶持中小企业创新与发展法”，将扶持的目的、范围、方法手段、管理机构的设置及运作方式等集中在一部法律中予以确定，使中小企业扶持措施在法律化的基础上走向综合化、系统化，防止在实际操作中出现章法混乱现象。德国政府对中小企业的扶持是多方面的，从中小企业宏观体制和立法，到公共信息服务、人才培养和技术创新等方面的支持，形成了一个多项法律和政策措施相配套的体系。这些法律的制定和实施，确立了中小企业的法律地位，对保障中小企业的利益，促进中小企业的发展和进步发挥了积极的作用。

（2）设立中小企业的专门管理机构，对中小企业的发展提供全方位的服务。1971 年，英国在工业部设立了“小企业服务局”，并特别任命了一位专门负责中小企业的工业大臣。1978 年，为了鼓励合作社类型的小企业发展，英国又在工业部设立了“合作发展局”，并在全国建立了 70 个地方合作发展机构。在意大利，对中小企业的扶持统一由工商手工业部具体组织实施，工商手工业部长每年须就“支持中小企业创新与发展法”的实施情况，向经济规划部际委员会提出报告（经济规划部际委员会是由相关部长组成的一种机构），政府可根据工商手工业部长的报告及建议，对中小企业扶持政策举措进行统一协调。德、法等国也都设有专门的中小企业管理或服务机构。

11.2.2 欧盟国家对中小企业的融资，财税政策

中小企业发展面临的最大困难是自有资金不足、银行贷款难以及借贷成本高等。欧盟一方面作为中间人，协调银行与中小企业之间的关系，鼓励银行金融创新，更好地为中小企业服务；另一方面则增加资金投入，并利用欧盟的政策金融工具向其提供贷款。同时，欧盟还利用其自身的特殊地位，积极推动欧洲中小企业资本市场的建设。首先，加大金融机构对中小企业的贷款力度。针对中小企业经常遇到的贷款难的问题，欧盟委员会于 1993 年专门创立了“圆桌会议”，会员由金融机构资深代表和中小企业代表团组成，目的在于探讨中小企业面临的融资问题。为了更好地满足中小企业贷款需要，欧盟理事会于 1994 年设立了欧洲投资支出专项（EIF），其主要任务是为中小企业提供中长期贷款担保。其次，直接增加资金投入。作为欧盟的政策性银行，欧洲投资银行（EIB）积极向中小企业的投资活动进行融资。从 1990 年以来，已有近 45% 的工业与服务业援助资金提供给了中小企业。在 1997 年，欧洲投资银行引入了一项 10 亿

欧元的阿姆斯特丹特别行动方案（ASAP），相当一部分用于支持高新技术中小企业。最后，开辟中小企业直接融资渠道。1996 年 6 月，欧盟专为高速成长的中小企业设立了类似于美国 NASDAQ 的二板市场——EASDAQ。截止到 1998 年 5 月，已有 26 家上市公司，总市值达到 12.3 亿欧元。同时，欧盟各成员国实行金融优惠政策，以减轻中小企业负担。如法国政府 1996 年决定设立发展银行，由政府拨出专款，直接向中小企业贷款或为创办中小企业设立担保风险基金，解决中小企业贷款难的问题。

11.2.3 欧盟国家为中小企业间的合作创造条件

首先，欧盟设立了“中转中心”（Relay Centre），鼓励欧洲研究成果的交流和促进创新咨询与培训支持。到 1995 年，欧盟与冰岛、挪威已设立了 52 个中转中心。其次，欧盟推出了“合作技术研究行动”（Cooperative Research Action for Technology）计划，其目的是使缺乏足够研究和技术开发能力的中小企业从官方的欧盟补贴中获益。最后，欧盟在 1994 年推出了第四个总体研究规划（1994～1998 年），该规划总预算高达 130 亿欧元。为鼓励和支持中小企业的参与，欧盟专门制定的支持措施之一是：对两个中小企业之间的合作，在起草项目建议书时进行市场调查、项目可行性研究、合作伙伴寻找等所需费用，欧盟提供部分补贴，最高可达 45 000 欧元或全部费用的 75%。欧盟各国也采取多种措施鼓励中小企业之间的合作。例如，德国的一些州政府认为中小企业之间的合作是消除或减少与中小企业规模有关的多种劣势的契机；而外部采购、联合市场研究和联合市场开拓（德国和国外）、联合联络和联合顾问中心，以及销售合作关系的建立，是达到这个目的的途径。法国也鼓励研究实验室与制造工业和工业服务业中小企业之间的合作。

11.2.4 欧盟国家对中小企业的技术创新支持

欧盟高度重视通过技术创新来提高中小企业的竞争力，并采取多种方式引导中小企业参与欧盟的科研计划，加强中小企业与科研机构的联系。欧盟委员会的创新与研究行动计划对欧盟的研究与创新政策提供了一项完整的方法，特别致力于改善中小企业在研究以及创新方面投资的条件，其中涉及中小企业的政策包括：（1）加大技术创新力度，改善创新条件，增加创新投入，努力创建新一代技术型企业，尤其是高新技术企业；（2）到2010年，务必使欧盟科研经费总额达到GDP的3%，其中2/3来自私人投资；（3）完善创新政策，主要目标是建立中小企业创新的支撑体制，促进企业与大学间的研发合作，改善风险资本准入条件，制定创新产品与服务公共市场运行规则，加强创新者之间的合作，建立地区的“创新极区”。另外，共同体研究与开发信息服务机构（CORDIS）则为中小企业提供有关欧盟研究和创新活动的全面信息（包括计划的执行、结论等），同时还帮助中小企业寻找合作研究伙伴，寻找研究活动的潜在资金来源等。创新传播中心（IRCS）负责向中小企业提供技术和创新方面的帮助，协助他们确认技术要求和合理技术，帮助他们参与欧盟研究开发计划。同时，欧盟各成员国为鼓励中小企业开展技术创新，给中小企业提供了全面的服务计划。如丹麦工商部和丹麦技术研究所一起资助设立了5~10个地区性技术创新中心，他们除了承担引进一系列技术创新项目的任务外，还为企业提供技术培训，组织研发活动和提供资本。德国、西班牙、瑞士、荷兰也都为中小企业的各种研发活动提供资金援助。

11.2.5 欧盟国家对中小企业社会化服务体系的建设

（1）为给中小企业提供各种信息咨询和教育培训。欧盟建立了欧洲信息中心，向企业提供有关欧洲市场的各种信息，反馈欧盟委员会提供的各种服务，以便欧盟委员会充分考虑中小企业的特殊问题。欧盟信息中心将直接帮助并指导中小企业找到合适的欧盟网络或服务供应商。为提高中小企业员工的素质，不少欧盟国家还对企业员工进行培训。在德国，各地都有政府部门开办的为当地中小企业培训员工、对中小企业员工进行知识更新或改行培训的职业教育中心，经费由政府拨款，企业只为自己职工出部分培训费。德国政府还帮助一些小企业到有条件的大企业去培训自己的职工，必要时甚至提供资助。

（2）为中小企业提供基础设施支持。意大利等国通过建立工业园区和开发区等形式，为中小企业提供基础设施和公用技术设施，形成中小企业集群经营模式，发挥地区集聚效应，提高公用设施的利用效率、节约土地和加强环境保护。

另外，通过加快信息网络建设，为中小企业提供各种信息服务。欧盟 1999 年上半年在因特网上开通了“企业之窗”网站，帮助中小企业了解欧盟统一大市场的情况变化，寻求发展空间。英国贸工部 1997 年下半年在因特网上开通了“商业联系”网站，向中小企业提供最具权威的市场动态、行情分析、产品基本标准等，这些在中小企业的经营决策中都发挥了重大作用。

需要指出的是，在欧盟内部，由于成员国在实质上保留了制定中小企业政策的权利，欧盟意识到自己的权利是有限的。与职业组织之间的进行对话说到底是为了理解企业家地位以及企业的实际运行，根据实际的需要采取必要的政治行动。为创造就业、促进增长和竞争而发挥中小企业潜力的唯一方式是，将中小企业发展中的各种伙伴的努力和动力结合起来。欧盟与上述地区合作的基本目的是支持第三国的经济发展，尤其是在具体的项目合作中通过中小企业的合作达到这个目标。

欧共体投资伙伴（The European Community Investment Partners，简称 ECIP）项目支持欧盟企业与当地公司组成合资企业，尤其是中小企业之间结成合资企业。这个计划按 4 种不同的投资项目来提供资助或贷款：第一种用来支持寻找投资伙伴和进行项目认定；第二种用来支持可行性研究或试验性项目；第三种在资本方面支持合资企业；第四种在费用方面支持培训、管理和技术援助。第一种项目中的行动完全是倾向于支持中小企业的，第二种项目中 80% 以上的行动也是如此。

§11.3　日本促进中小企业成长的政策体系

11.3.1　日本政府的中小企业政策

第二次世界大战之后，日本中小企业之所以能在经济发展和社会稳定方面一直都具有举足轻重的地位，是与日本政府对中小企业的政策支持和扶持分不开的。日本是世界发达国家中中小企业政策最主动、最稳定、最完善的国家之一，有很多方面值得中国参考借鉴。

1. 完善的中小企业管理机构体系

日本是世界上中小企业管理机构体系最完善的国家，它不仅在通产省（现经济产业省）设立了中小企业厅，还依据《中小企业基本法》设立了具有各种职能的审议会，包括中小企业政策审议会、中小企业经营领域调整审议会、中小企业现代化审议会、中小企业稳定审议会等。它们作为总理大臣或省、厅首长的咨询机构，负责研究审议有关中小企业的政策和法律。政府从财政预算中拿出大量资金，建立了一批自上而下的官助民办、官办民营或官民协办的遍及全国的管理机构网络。即由中小企业厅、中小企业厅派生机构、中小企业审议会、社会团体与企业联合会构成的管理组织体系。

2. 扶持中小企业发展的政府理念

日本中小企业政策是随着第二次世界大战之后日本经济恢复逐步形成的。战后日本在经济恢复过程中，经济政策的重心是把资金和材料等重点投入到某些基础产业部门。大企业在此产业扶持政策支持下，积极进行生产合理化和设备投资，扩大企业规模。相对地，中小企业因资金取得困难，无法进行必要的投资，机器设备老化，其境遇随着日本经济成长逐渐恶化。结果，中小企业和大企业的差距越来越大，形成日本经济独特的“双重结构”。中小企业被普遍认为：规模过小但数量过多；经营基础薄弱，彼此间存在过度竞争；多数为家族式小型企业。

由于在日本的现代化大企业与建立在非现代化基础上的中小企业之间出现了两极分化，因而消除大企业和中小企业之间的“双重结构”便成了当务之急。同时由于对外贸易的扩大和现代科技的发展，大企业向中小企业领域扩张的需求也急迫起来。在这种状况下，日本政府对中小企业问题开始认真对待，从纠正“双重结构”的目标出发，先后制定了一系列中小企业政策，并为指导今后的政策而于 1963 年制定了《中小企业基本法》，作为日本中小企业政策的纲领性法规。

3. 针对中小企业的法律保障

中小企业成为日本经济发展的一支重要力量，是与日本高度法制化的市场经济环境，日本政府采取促进和扶持中小企业的法律和政策措施分不开的。日本是发达国家中中小企业立法最健全、最完善的国家。1949 年以来，日本政府先后制定了 30 多个有关中小企业的法律，形成了相对独立，较为完整的中小企业法律体系。这些法律的制定和实施，确立了中小企业的法律地位，对保障中小企业的利益，促进中小企业的发展和技术进步发挥了积极的作用。

尤其是 1963 年颁布的《中小企业基本法》，是中小企业发展的纲领性法规，被称为日本中小企业宪法。其指导思想在于改善大企业与中小企业间存在的生产力、工资、就业结构等各方面的差距，提升中小企业生产效率，以实现中小企业的产业升级，使之成为日本经济中一支十分活跃而重要的力量。其政策体系由推动中小企业设备现代化、事业共同化、企业规模适度化等各种政策所组成。该法强调要改善不利于中小企业活动的市场环境，如防止过度竞争、确保公平化外包企业的交易及事业活动机会等。重视政府政策性介入市场，以改善中小企业所处的交易、竞争、需求环境等。

4. 日本对中小企业的扶持政策

长期以来，日本政府不遗余力地通过各种扶持政策，积极推进中小企业发展，营造日本中小企业发展的良好环境。

（1）长期坚持推行系统的中小企业政策。第二次世界大战以后，日本政府一向支持和扶持中小企业的发展，主动对中小企业在国民经济中的分工地位与关系进行政策指导和整合。他们根据不同时期经济形势特点与中小企业的任务，重点推出某一方面的政策措施，根据形势变化及时调整，并长期坚持不懈。

（2）倡导“垂直型”企业分工体系。为了加速经济增长，消除经济发展初期在经济结构上出现的少数垄断性的大企业与大量较落后的中小企业长期并存的“双重结构”矛盾，日本政府一方面对中小企业采取保护、扶持政策，让中小企业尽快实现现代化；另一方面采取各种措施促成大、中、小企业密切结合，形成“垂直型”分工协作体系。

（3）重视中小企业集群发展。为加强中小企业的横向联系，促进技术创新，日本政府建立了“园地协同组合”制度，作为倡导和扶持中小企业的一种主要形式。所谓“园地协同组合”就是将分散在市区的中小企业组织起来，迁移到市郊指定地区集中在一起，建设现代化的生产和生活设施，使中小企业的技术水平和结构得以改善，同时也有利于整顿市容市貌、防止污染、解决交通运输困难等。“园地协同组合”制度的建立，解决了单一中小企业由于规模小、资金匮乏、无力进行独立的技术创新或者存在严重的技术创新规模不经济等问题，通过各个中小企业在地域、产业、生活等方面的联合协作，共同进行对各方都有利的技术创新活动，从而提高了各个单一企业的技术创新能力与效率。

（4）重视中小企业的技术创新。第一，为扶持中小企业的技术创新，日本政府采取了一系列政策措施。①制定相关的法律法规；②对中小企业进行技术开发指导；③对中小企业技术创新提供税收优惠；④对中小企业技术创新提供资金补助；⑤为中小企业培养技术人才；⑥支持中小企业技术交流。第二，建设中小企业科技服务体系。日本的中小企业科技服务组织体系以科学技术厅和通产省为主体，由官方、地方公共团体和民间科技服务组织组成。第一个层次是政府层面，包括科学技术厅下设的科学技术振兴事业团、通商产业省中小企业厅下设的中小企业综合事业团等体现政府意志、不以赢利为目的的科技服务机构；第二个层次是以各国立、公立科研机构为基础的中小企业科技服务组织；第三个层次是民间从事科技服务的组织。其中有官方的、半官方的和以赢利为目的的组织。根据法律，这些机构承担政府指定的服务时，其经费由政府全部或部分提供。对于由政府全额拨款的科技服务机构，其内部实行企业化管理。

（5）重视有利于中小企业发展的融资体系的建设。日本企业融资体制的最大特点是与其经济体系中垄断性大企业与中小企业并存的“两重结构”相对应的双重融资体制。即长期信用银行和大型都市银行承担向大企业提供金融服务的功能；而中小企业的生存和发展主要依靠在政府支持下逐步建立起来的一整套中小金融机构。在强化上述机构机能的同时，日本政府也在政策上加大了对中小企业的金融支持力度。具体支持措施包括：完善中小企业信用担保制度；建立健全中小企业经营安全网，实行特别贷款制度；创设由信用保证协会为中小企业发行公司债提供信用担保的制度；创设支持风险企业发展的特别融资制度等。

（6）支持中小企业的人才培养。日本各都、道、府、县都设有为中小企业培训职工的专门技术学校和中小企业大学，采用多种形式为中小企业培养人才。政府实行强化人才培养制度，在全国建立了多级、多层次的员工培训基地，通过培训，提高他们的管理水平、技术水平。在培训管理人才方面，在都、道、府、县和九大城市设培训机关，培训分为短期和长期两种。长期培训是以中小企业管理人员和骨干经营人员为对象，培养他们具有现代化经营管理的必要知识和才能。短期培训是以中坚管理人员和行政管理人员为对象，根据本地区的实际情况，培训有关人员的经营基础知识和实际知识。各级培训部门的教学和科研费用80%由政府财政拨款，只有少量的费用由员工自付。

（7）积极建设提升中小企业竞争力的服务体系。第一，积极建设或扶持为中小企业提供经营、技术指导和信息咨询的服务机构。包括：①企业家培训机构；②技术革新开发机构；③信息服务机构。第二，建设促进中小企业出口和国际化的服务机构。日本“贸易振兴会”在促进中小企业出口和国际化方面发挥了重要作用。其主要职责是：进行海外市场调查，组织和派遣对国外投资的中小企业赴海外考察；由驻国外的有经验的人员为中小企业提供关于国外投资的咨询服务。其咨询业务的范围包括：向广大中小企业提供“振兴会”在海外搜集到的信息资料；接受有关海外企业信用的委托调查；就贸易机会、贸易实务、市场动向、商品动向以及处理索赔等问题提供咨询。日本政府规定中小企业委托“振兴会”进行海外市场调查时，调查费的50%由政府负担。

11.3.2　面向21世纪的日本中小企业政策导向

进入20世纪90年代，日本经济逐步进入低速成长期，加上世界经济全球化发展、日元升值、贸易保护主义盛行、高龄化社会到来等经济社会环境的大幅度变化，中小企业的发展出现了分化。一方面，大批中小企业纷纷倒闭、破产，中小企业的开业倒闭率由早先的开业率高于倒闭率转为开业率偏低的状况，中小企业家数明显减少。特别是制造业与零售业的情形更为严重，开倒业率呈逆转情形；另一方面，知识经济的兴起、产业结构软体化、金融体系改革以及政府放宽管制等制度环境的变化，有利于中小企业向多元化发展，中小企业的生存和发展空间扩大。

在这种情况下，日本政府感到有必要对中小企业政策进行再检讨。1993年日本中小企业政策审议会基本检讨小组的期中报告指出：随着中小企业国内外经济环境发生变化，原《中小企业基本法》旨在改变中小企业和大企业间存在“双重结构”的政策理念不再合适，急需因应转型需要而调整，以协助中小企业迈向21世纪。为此，日本政府于1999年11月修订了《中小企业基本法》。

新的《中小企业基本法》首先确立了中小企业在21世纪日本经济社会中所扮演的角色，期待中小企业在新世纪能发挥主动性、灵活性与创造性功能，成为日本经济成长的原动力。具体地说，日本政府希望中小企业在经济社会中具备下列功能：①强化市场竞争性，促进市场竞争力与经济社会的新陈代谢；②推动创新活动，创造革命性技术与扩展产业领域；③创造就业机会，发挥企业家精神，实现自我；④推动地方经济社会发展，成为地方产业集聚、商业集聚的核心。

为培育中小企业发挥上述功能，新的中小企业政策指导思想不再视中小企业为应受扶助的“弱者”，而依“使用者付费”、“活用民间能力”、“市场竞争原理”以及“普及便利性的政策措施”等方针，鼓励与支持中小企业创新创业与进行经营转型，培育具备自主性的中小企业，希望中小企业在21世纪成为日本经济活力的推动力，加速日本产业的升级换代。围绕新的指导思想，日本中小企业政策体系也呈现大幅度转变，转向重点构建以市场竞争条件、中小企业创新创业辅导体系、经济安全体系为核心的政策体系。

1. 构建市场竞争条件

为改善中小企业市场机能的不足，强化市场竞争能力，新政策从以往防止过度竞争、振兴出口以及确保竞标机会等观点来扶持中小企业，转而着眼于以下几点：

（1）确保资金取得与资金供给多元化。重新检讨融资担保制度，技术、市场成长性与经营者能力等非财务性因素列入融资评估指标。改善资本市场，加强债权流动性，检讨公司债发行制度，以及利率、偿还期限等也将朝多样化发展，以满足中小企业多元化后资金需求的多样性。

（2）充实与加强企业经营资源。重新检讨中小企业诊断式制度，培育专家辅导创业企业。调整行政机关功能，在政策执行上引进竞争原理等。

（3）重视人力资源开发。重新检讨劳工移动环境、退休金与年金制度，改善福利设施及中小企业退休金互助制度，强调中小企业劳工移动成本的减轻、劳动条件的改善、活用外部人才机制的建立以及人才培育的强化等。

（4）强化组织机能，分享经营资源。重新检讨中小企业事业团的高度化融资制度及中小企业团体中央会的体制等，强化策略联盟及企业间的相互联系，促进中小企业的技术创新与制度创新。

（5）确保交易合理化与公平活动机会。重新检讨独占禁止法排除条款的中小企业卡特尔以及行政直接介入市场的行为等，加强外包代金法的运用，改善公共工程招标作业以及推动中小企业信息化等。

（6）改革中小企业税制。提供税收特别措施，协助中小企业稳定经营基础及开发新事业领域，从减轻税负的观点提供税收奖励。

2. 构建中小企业创新创业辅导体系

为协助中小企业成为“自立型专业中小企业”，新政策从以往追求规模经济效益等为主要课题的辅导措施，转而从经营转型、创投事业、创新事业以及技术开发等课题拟定辅导策略，协助创业者开创新商机与转型：

（1）创业投资、创新辅导策略。政策上，改善创投、创新事业的投资环境，简易化与公开化相关的支援措施；制度上，改善风险投资资金取得环境，加速开放二板市场，强化投资正在孵化的企业功能与体制等。

（2）企业转型辅导策略。扩大引进现代化设备为中心的辅导措施，将信息化投资、研发、引进技术、拓展市场、人才培育等课题都涵盖在内。

（3）技术开发辅导策略。改善技术开发基础设施，明确公立、国立研发机构以及大学等核心研发机构功能，加强官、产、学合作，建立日本版的 SBIR 体系，包括扩充预算、推动技术开发成果的事业化以及活用外部研发资源等。

3. 构建经济安全体系

随着经济全球化发展，企业面临的国际竞争压力增强，尤其是中小企业受到的冲击普遍大于大企业。为缓和环境变迁的冲击，帮助中小企业转型或稳定发展，中小企业经济安全体系的构建成为 21 世纪日本中小企业政策最重要的目标之一。

（1）构建紧急危机化解机制。包括在金融方面提供信用保证及低利融资等，强化经营基础以及划分与大企业间事业活动领域等。

（2）构建风险相关的保险体系。中小企业因风险性高、收益性低，民间保险机构往往不愿承保，因此强调要提供行政上的保险性支援，如构建互助合作制度，包括防止破产互助、退休金制度等。

（3）构建破产机制。检讨与制定破产相关的法令，包括创设中小企业可简单与迅速应用的重整手段，简化事业失败者再起的手续等。

§11.4 韩国促进中小企业成长的政策体系

11.4.1 中小企业相关的主要机构和组织体系

1. 总统中小企业委员会

韩国政府曾经提出了两个口号。其一是："21 世纪——中小企业的时代"；其二是："中小企业——经济增长的发动机"。正是出于这种认识，韩国政府于 1998 年 2 月组建了总统中小企业委员会（The Presidential Commission on Small and Medium Enterprises，简称 PCSME），标志着韩国政府开始承认和强调中小企业在经济中的重要性。PCSME 主要负责制定全国中小企业发展政策，在政策调整上扮演核心的角色，主要任务是组织、协调和监控产业资源部长、中小企业管理局及其他相关部门的方案。

PCSME 通过和中小企业紧密合作推动中小企业促进政策的实施，调节和处理中小企业可能遇到的问题，PCSME 评估和调整所有相关的政府政策，加强他们的实施效果。PCSME 对问题进行通盘考虑，在此基础上建议改进政策以消除"瓶颈"的制约和冗余的规则，PCSME 不断进行政策创新，为中小企业提供更适宜的环境。

2. 韩国中小企业管理局

韩国中小企业管理局（Small and Medium Business Administration，简称 SMBA）是韩国政府负责制定和实施中小企业政策的政府部门，成立于 1996 年 2 月 9 日，是韩国的中央政府机构，同时也是总统中小企业委员会的秘书处。中小企业管理局通过执行总统中小企业委员会秘书处的功能来帮助政府支持全国大约 270 万个中小企业的协作合作，打破市场限制，并提出中小企业发展方案供总统参考。中小企业管理局正是通过这种渠道对政府管理中小企业起到了重要的作用。

3. 韩国中小企业振兴公团

韩国中小企业振兴公团（Korea Small Business Corporation，简称 SBC）是一家成立于 1979 年的非营利性政府机构，旨在通过金融支持、技术咨询、培训和国际产业合作等方式，促进中小企业的发展和繁荣，适应经济发展的需要。SBC 下设 18 个处室、15 个地区办事机构和 5 个海外机构，现有雇员 706 人。

4. 韩国中小企业协同组合中央会

韩国中小企业协同组合中央会（Korea Federation of Small Business，简称 KFSB）是依据韩国《中小企业合作工会法》于 1962 年成立的一家非营利性中小企业社团组织，旨在通过中央会成员的集体力量，保护中小企业的共同利益。

该组织的主要职能包括：调查和研究中小企业的普遍困难和“瓶颈”，组织产业组织合作，为解决方案和政策的制定提供建议；经营合作公会的互助合作基金；支持中小企业的人力资源开发，保护产品的销售渠道。

11.4.2 中小企业金融支持服务体系

从整体上看，韩国中小企业的融资以外源性资金为主，资金主要来自金融机构。20 世纪 90 年代中期以后，随着风险资本市场和高斯达克（KOSDAQ）市场的发展，风险资本作为融资渠道的作用逐渐得到加强。

1. 金融服务体系的主要构成

韩国中小企业金融支持体系如图 11 –2 所示。韩国中小企业金融支持体系的目的是帮助企业得到来自银行和非银行机构的资金，并降低资金的借贷成本。

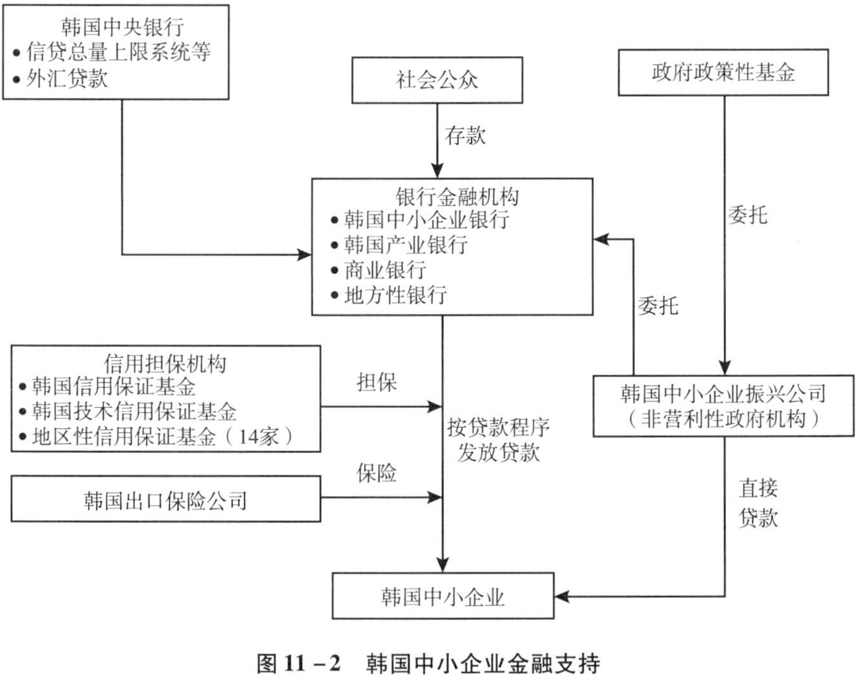

图 11 –2 韩国中小企业金融支持

目前，韩国中小企业融资体系已经基本建立，中小企业可以通过不同方式从各类金融机构获得融资服务。从资金来源上分，中小企业主要通过以下四种渠道获得资金支持：

（1）商业银行：通过常规贷款业务和商业票据贴现方式为中小企业融资。

（2）韩国中小企业银行：是由政府设立的专门为中小企业提供融资服务的专业银行。

（3）专项贷款：是根据各种安排或计划为中小企业提供的贷款，包括政府的专项贷款。这类贷款主要通过中小企业银行发放给中小企业，鼓励中小企业进行生产设备投资和开展研发活动。此外还有如合理利用能源基金贷款、促进创业基金贷款等。

（4）信用担保体系：通过信用担保机构，可以帮助中小企业获得银行贷款。在韩国的信用担保体系中，韩国信用保证基金（Korea Credit Guarantee Fund，简称 KCGF）和韩国技术信用保证基金（Korea Technology Credit Guarantee Fund，简称 KTCGF）是中小企业贷款的主要信用担保机构，前者为所有中小企业提供信用担保，后者主要为高新技术中小企业或风险企业提供信用担保。

金融体系为韩国中小企业融资起到了重要作用。为了改进对中小企业的金融支持，韩国金融管理机构采取了相应的措施，鼓励和引导银行和非银行金融机构扩大对中小企业的贷款和其他金融服务。

第一，中央银行通过相应措施，鼓励商业银行机构对中小企业贷款。主要措施包括三个：一是强制性规定金融机构对中小企业贷款的最低比例；二是支持信用总量上限系统；三是实施优惠贷款利率。

第二，成立中小企业银行。韩国 1961 年成立的“中小企业银行”是一家由韩国政府投资（政府持有该银行 77% 的股份），为政府实施促进中小企业发展相关政策的专业银行。银行设立的主要目的是支持中小企业的发展。

第三，设立国家信用担保基金，为中小企业贷款提供担保。韩国是亚洲第二个开展中小企业信用担保计划的国家，其信用担保体系由全国性的信用担保基金，即成立于 1976 年的韩国信用担保基金、成立于 1989 年的韩国技术信用担保基金和 14 个地方性担保基金组成，为向金融机构贷款而缺乏担保的中小企业提供信用担保服务。

第四，通过政策性基金的支持。政策性贷款主要由政府部门的政策性基金提供，通过专业银行向具备获得政策性贷款支持资格的中小企业发放。近年来，政府扶持中小企业发展的政策性资金呈上升趋势。与政策性资金相对应的是，20 世纪 90 年代以来，韩国政府预算中用于支持中小企业发展的预算也呈上升趋势。

第五，发展风险资本市场，逐渐改变中小企业融资单一化的状况。虽然韩国的风险投资早在 20 世纪 90 年代初期就已经出现，但一直处于缓慢发展状态。1998 年以后，韩国风险资本市场开始进入快速发展期。目前，韩国风险资本在 OECD 国家中居于前列，新建科技型中小企业普遍能够得到风险资本的支持。

2. 韩国风险资本的主要特点

韩国风险资本的主要特点表现在三个方面：

第一，政府是风险资本的主要提供者。韩国风险资本的来源主要是企业、机构投资者、养老金、风险投资公司、政府基金、个人投资者和外国投资者。

第二，风险资本主要投向经营年限少于 3 年的企业，主要行业为信息和通信技术产业。

第三，政府为风险投资提供担保。政府担保通过韩国技术信用担保基金（KTCGF）体现。KTCGF 一方面为风险投资者提供 70% ~100% 的担保，另一方面为一些风险企业发行的债券提供全额担保。

1996 年成立的韩国高斯达克市场（也称为二板市场）为中小企业通过资本市场直接融资提供了便利，对中小企业的外源性融资起到了一定的作用。

11.4.3 中小企业技术与市场支持体系

1. 中小企业技术支持体系

技术进步是企业提升市场竞争力的重要方式。韩国政府非常重视对中小企业的技术支持，试图通过技术支持体系提高中小企业的技术能力建设和技术推广。

韩国中小企业的技术支持体系主要由三个部分组成：国家和公共机构、公共研究机构和非营利性机构。国家和公共机构支持往往以技术援助、培训计划、信息服务和提供联合研究机会的方式对中小企业提供支持。大多数技术支持机构都提供多种形式的服务，通常得到政府金融和税收优惠的支持。公共研究机构主要是技术和生产力促进研究部门，它们一方面公开自己的研究和技术开发计划，鼓励中小企业参与；另一方面为中小企业与大企业之间建立联系提供支持，同时政府对有中小企业参与的项目提供补贴。非营利性机构由行业协会和政府共同出资组建，通过教育、培训和出版物，为中小企业提供关于标准和检验方面的服务。

为了适应高新技术革命带来的挑战，韩国政府试图通过相应的政策，帮助中小企业提升其技术和创新能力。韩国政府制定和实施了多种提高中小企业创新能力的政策措施。例如，中小企业管理局（SMBA）实施了一系列政策，并对其他各部的政策进行协调，等等。这些政策措施是构成韩国中小企业创新体系必不可少的部分，直接强化了中小企业的创新潜能，促进了与体系中其他角色之间的合作与交流。

韩国中小企业的研究开发部门和研究所在聘用研究人员方面、生产厂家在聘用合格的技术人员方面都要费很大劲。因此，SMBA 实施了一项针对解决中小企业聘用研究人员和技术人员问题的计划。根据该计划，凡在私营研究所工作满五年的研究人员，在中小企业生产厂家工作满三年的工业技术人员均可免服兵役。这两项措施在增强韩国中小企业的研究开发和生产能力方面极有裨益。财力拮据是阻碍韩国中小企业进行技术开发的最突出的“瓶颈”问题。该措施在中小企业开发新产品和改进现有产品方面给予财政援助：75% 的开发成本由财政援助负担，援助的最高金额为 1.5 亿韩元。如果中小企业的受助项目取得成功，则要偿还 30% 的政府资金。

由于财力单薄和抵押不足，中小企业在从银行和金融机构贷款时难度极大。该措施是为了简化技术优秀但资金不足的中小企业融资的手续。如果这些中小企业得到 SMBA 局长的举荐，那么它们在申请韩国技术信贷担保基金的贷款时将作为专案得到优先办理。

在业务活动中，中小企业的技术、组织和管理能力显得不足。因此，企业之间的合作与交流对增强它们的竞争力很有帮助。同一部门的中小企业一般不大容易合作，因为它们是直接的竞争对手。然而，分属不同部门的企业却可以非常轻松地以多种渠道和方法进行合作。该措施的目的就是通过分属不同部门的中小企业之间的技术和信息交流，促进共同的“瓶颈”技术和一体化技术的开发，从而提高中小企业的竞争力。对中小企业的资助分为：（1）形成交流团体；（2）开始交流活动；（3）合作研究开发活动；（4）合作开发技术的商品化四个阶段。

2. 中小企业市场支持体系

总体上来看，韩国中小企业有相对完善的市场支持体系，包括私人和非私人部门市场支持体系。中小企业根据它们的特点和所处行业，能够从不同的渠道获得市场支持。

政府部门早期的市场支持主要是针对大企业的出口支持，如 1961 年成立的“韩国贸易促进会”，该机构属于政府机构。但是，随着大企业海外市场拓展能力的建立，该机构的主要服务对象为中小企业，并在 1969 年设立了“韩国贸易公司”，但该机构更多地带有商业经营的成分。

私人市场支持体系由各种协会组成，其中最主要的是“韩国贸易协会”，它一方面鼓励成员之间的信息共享，另一方面也十分注重公共关系和游说的作用。此外，各类中小企业合作协会、行业合作组织等也构成了中小企业市场支持体系的重要组成部分。

11.4.4 中小企业的相关法律体系

从 20 世纪 50 年代以来，韩国政府相继颁布了一系列关于中小企业的法律，为保护中小企业的利益，建立适合中小企业发展的外部环境和加强中小企业间的合作提供了法律依据。

韩国关于中小企业的主要法律体系如图 11－3。主要法律内容如下：

《韩国宪法》第 123 条指出，国家保护和鼓励发展中小企业和自主组织。《中小企业基本法》对中小企业的经营范围、目标、支持政策的主要导向和管理等作了专门说明。1995 年，国家根据经济环境的变化，对其中的部分条款作了修正。《支持创立中小企业法》对创立公司的各种支持体系，如商业孵化、间接减免税收等作了专门规定。《帮助女性企业法》报告鼓励妇女创办企业、参与企业管理和一般经营的各种支持计划。《促进中小企业发展和鼓励购买其产品法案》和《支持中小企业结构调整和稳定管理专门措施的法案》对支持购买中小企业生产的产品、扩大中小企业的市场份额和改进中小企业的结构和管理体系作了专门规定。

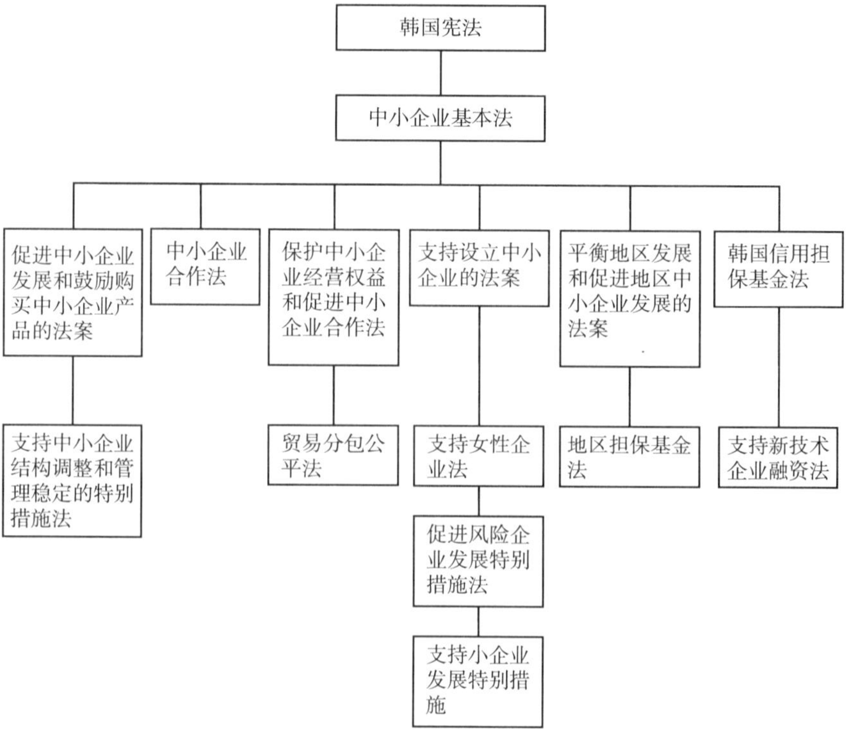

图 11－3 韩国与中小企业相关的主要法

《保护中小企业经营和鼓励中小企业合作法案》和《分包贸易公平法案》对防止大公司侵犯中小企业的经营和不公平贸易等作了规定，并鼓励中小企业之间的相互合作。《中小企业合作法》就合作社组织和互助基金运作等事项作了规定。《地区均衡发展和促进地区中小企业法》和《地区担保基金》通过促进地区中小企业的发展，达到大城市和省之间的均衡发展等作了专门规定。

11.4.5 韩国中小企业政策导向

韩国政府将中小企业政策目标定位在改进中小企业的结构和国际竞争力，弱化限制竞争的体制，使之适应新时代所赋予的要求。政府主要工作是减少对企业活动的限制，取消以保护中小企业为名义的不利于竞争的措施，鼓励中小企业按国际标准变革其管理模式。

1. 政府政策的主要导向

政府的政策在于构建这样的一个系统：通过公平竞争和营造一个以创造性为特色的中小企业和风险企业系统，使之能够拉动国民经济增长和创造具有创新精神的企业家队伍。政府为小企业建立一个发展的平台。

一是通过计算机化和自动化改革企业的生产和管理。为了建立一个企业能够自由经营的适宜的环境，政府建立了经常性监测服务系统，这有利于中小企业说出是什么因素阻碍了它们的发展。政府同时也大幅度降低了新建企业的设立门槛，使企业更有利于竞争。

二是扩大了委托培训和对技术工人的系统培训，帮助缓解中小企业劳动力资源短缺和提高人力资源的生产力。网络培训计划也得到扩大，以便满足以新时代和新知识为基础的信息社会要求。

三是通过公共机构、制造商联合建立品牌等活动，增加对中小企业产品的采购。

四是除了一般的信息服务计划外，在工厂计算机化和办公自动化方面给予了更多的支持。最终的目标是按不同要求实现电子商务。建立持续采办和全寿命支持标准（CALS），为建立更多的 POS 系统提供更多的培训计划。

五是继续扩大与海外企业和相关组织及机构的国际合作，帮助中小企业在世界社区中建立更好的地位和形象，提高其对世界市场的敏感度。

2. 政府公共服务机构的主要服务导向

政府机构的主要服务导向主要体现在韩国中小企业管理局方面。为了配合政府政策，中小企业管理局采取了一些相应措施，主要体现在：加强对中小企业的风险资本支持，营造有利于中小企业发展的外部环境，帮助中小企业提高技术创新能力，建立更为有效的支持中小企业的综合服务体系等方面。为了鼓励中小企业的发展，20 世纪 90 年代中期以来，韩国出台了一些主要针对风险企业的税收优惠政策。

韩国的中小企业服务体系是在 20 世纪 70 年代末开始逐渐形成的，发生重要变化是在 20 世纪 90 年代以后。总体上看，韩国中小企业的政府支持体系有以下特点：

第一，基本形成了符合本国经济社会背景的较为完善的体系，包括以总统中小企业委员会为中心的政府部门的公共服务体系；以银行体系为中心、包括非银行金融机构在内的金融支持体系；由国家和公共机构、公共研究机构和非营利机构组成的市场促进体系等。

第二，鼓励和促进中小企业发展的法律体系较为健全。从 20 世纪 60 年代开始，韩国政府陆续颁布了一系列旨在鼓励中小企业发展的规律，并根据经济发展的需要对已有的法律加以修订。

第三，从 21 世纪初开始，韩国加大了对中小企业能力建设的重视。很多资料表明，韩国中小企业管理局等政府部门加大了对中小企业能力建设的扶持力度，通过对企业家能力的培训，全面提升韩国的产业竞争力。

第 12 章

我国促进中小企业成长的政策分析

中小企业政策演变与中小企业发展一样都具有自身的价值和规律性，这个演变过程是伴随着中国中小企业在国民经济中的地位作用的变化而变化，也伴随着对中小企业认识的转变而推进的。进入 21 世纪，我国支持中小企业政策和规则框架初步形成，并取得了显著的成效。面对中小企业成长的需求，还需要在清醒认识，反思现有政策的基础上，规划和引导中小企业的未来成长。

§12.1 我国中小企业政策演进

新中国成立之后到现在，我国中小企业政策的发展经历了一个由单一到全面，由分散到集中的过程；而打破多种所有制界限的独立的中小企业政策也经历了一个从无到有、由不明确到逐渐明确的演进过程。

依据不同时期的政策特征，可将中小企业政策的演进过程划分为如下四个阶段。

第一阶段：1949～1977 年以“单一公有制”为特征的我国中小企业政策

从新中国成立直至 1956 年，通过制定和落实“没收官僚资本、赎买民族资本和使个体经济走合作化道路”政策，我国用了七年时间构筑起以全民所有制和集体所有制为基本内容的社会主义物质基础，这种“单一公有制”政策一直持续到 1978 年党的十一届三中全会之前。

在国民经济恢复时期与“一五”计划时期，中国的企业可以说全部是中小企业。在当时的情况下，由于政策措施得力，中小企业得到了很大发展。

“二五”计划时期，为实现“大跃进”，曾设想主要依靠地方工业的发展，大办中小企业，但各地一哄而上，带来了不少问题，给国民经济造成巨大破坏。1966 年“文化大革命”开始，大搞“进山钻洞”和“三线”建设，工业布局极不合理，造成了极大浪费。“四五”计划提出建立大中小相结合的钢铁工业布局，大力发展地方“五小”工业，又盲目建了一批小煤矿、小钢厂、小化肥厂、小电站、小水泥厂、小机械厂等。“十年动乱”使我国中小企业丧失了宝贵的发展时光。

1976 年 10 月，随着“四人帮”被粉碎，工业企业的恢复性整顿开始，但在此时直至党的十一届三中全会之前的两年里，经济建设中还存在着一些不合适的政策和做法。这一时期，由于指导思想上的片面性，“五小”工业上得过急、过猛，出现了很多问题：一是摊子铺得太大；二是项目上马缺乏论证和统一规划，布点重复；三是片面强调“土法上马”，设备陈旧，工艺落后，消耗大，成本高，质量差；四是对发展传统手工业和为大工业服务的项目重视不够。这些问题一直没有得到认真解决。同时，城镇集体企业受到很多“不公平”待遇，“小集体”街道企业无依无靠，农村社队企业条件更差。但这些企业是我国后来率先走向市场的企业，一方面积累了市场经验，另一方面为进一步发展打下了良好的基础①。

值得一提的是，20 世纪 70 年代初，国家对国有、集体中小企业的政策安排使数以百万计的回城知识青年得到了比较妥善的安置，这一历史性功绩将永载史册。

第二阶段：1978~1983 年以“分户口”和“所有制等级序列”为特征的我国中小企业政策

从 20 世纪 70 年代末开始，我国中小企业的构成发生了质的变化，由

① 谭剑：《我国中小企业政策沿革及评价》，载《中国工业经济》1999 年第 6 期，第 43 页。

原来单一的公有制经济转变为公有制经济和非公有制经济并存的局面。1979 年和 1981 年，国务院相继颁发《关于发展社队企业若干问题的研究》和《关于社队企业贯彻国民经济调整方针的若干规定》，扶持贫穷的社队办企业；农业银行发放低息贷款，实行低税或者免税政策，鼓励社队加工农副产品等，这是我国乡镇企业发展的开端。1981 年 7 月国务院发布《关于城镇非农业个体经济若干政策性规定》指出：在中国社会主义条件下，遵守国家的政策和法律、为社会主义建设服务、不剥削他人劳动的个体经济，是国家经济和集体经济的重要补充。同年 10 月《关于广开门路，搞活经济，解决城镇就业问题的若干决定》规定了个体劳动和个体经营是社会主义必需的劳动者，是光荣的。从而为个体工商业的发展扫清了障碍。1979 年，第五届全国人大第二次会议通过了《中华人民共和国中外合资经营法》，为外商直接投资进入中国提供了法律依据。1983 年 9 月，国务院颁布了《中华人民共和国中外合资企业法实施条例》，规定了可以设立中外合资企业行业，同时对合资企业设立的审批立项、注册登记、资本投入等做了一系列的规定，从而打开了对外合作的大门。在社会主义条件下，允许非公有制经济的存在和发展，这是马克思主义与中国实际相结合的范例。这一十分重要的政策举措为我国国民经济的健康发展注入了新的活力，同时也为后来中小企业群体的形成和发展奠定了坚实的基础。

这一时期，一方面对国有中小企业着重进行生产力和生产关系方面的调整；另一方面注重发展多种经济形式，使中小企业中占绝大多数的个体企业、私营企业和乡镇企业得到快速发展，并逐步形成了关于中小企业的“分户口”政策——个体企业、私营企业、乡镇企业和外资企业政策等。与此同时，我们也必须看到，由于多种原因的影响，改革开放后产生的国家、集体、私营、个体、外国投资者的不同产权所有，形成了在国民经济发展中的地位与作用由高到低的“所有制等级序列”。

这个“等级序列”在一定程度上意味着：不同企业享有的政策待遇由高到低。除了外商投资企业外，在规模上表现出由大到小；管理由高度集中的中央到分散划小的地方的变化；此外还包括企业的综合素质由高到低，由计划调节到市场调节，由主要集中于城市的第二产业到分布全国的第一、二、三产业等的变化。这些变化既有积极的一面，如促进经济结构的调整和市场调节机制的建立；同时，也有消极的一面，即不利于非公有企业积极性的提高。

在这一时期中最为显著的政策安排是使乡镇企业异军突起，并有了长足的发展。这不仅有力地促进了我国的产品出口、农村经济增长和农民就业；同时也创造了股份合作制等组织形式，是我国企业制度的一次重大创新。

第三阶段：1984~1994 年以“重大轻小”为特征的中小企业政策

1984 年 10 月，党的十二届三中全会通过的《关于经济体制改革的决定》提出增强国有企业活力，特别是增强全民所有制大中型企业活力是经济体制改革的中心环节，我国中小企业政策呈现出以“重大轻小”为特征的新的特点。

从 1984 年开始的第三阶段，企业规模作为一个重要因素在我国中小企业政策制定时开始引入，并成为以后中小企业政策制定的基础。1986 年 5 月，由原国家经委牵头原国家计委、财政部、国家统计局和原劳动人事部等部门参加，组成全国划分企业类型协调小组，负责研究制定全国统一的企业类型划分标准，在各工业主管部门的配合下第一次制定出全国统一的《大中小型工业企业划分标准》。自此，企业规模作为一个重要的因素在中国制定企业政策时开始引入。在当时，我国国有大中型企业虽然在数量上占全国工业总数的 2.5%，但工业产值却占全国工业产值的 45.6%，上缴国家利税占 60% 以上，并占据基础、支柱性主导产业。因此，从 1984 年开始，我国各项改革开放政策，在很大程度上是围绕着搞活搞好国有大中型企业这一中心展开的。相对而言，在一定程度上，作为国有大中型企业改革配套之一的中小企业改革政策，由于客观上“重大轻小”，在本阶段呈现如下两方面的特征：

第一，从国家重视程度来看，中小企业明显不及大中型企业。为了搞活后者，国家先后采取了一系列鼓励、优惠性措施，逐渐形成了比较完备的政策体系。相比之下，中小企业因先天不足而依赖性更强，客观上要求出台专门针对其特有的外部环境政策。

第二，从政策制定主体来看，国有大中型企业政策集中统一由中央政府制定，而中小企业政策则呈现出分散的特征，由地方政府制定。由于在这一时期我国中小企业尚未形成统一整体而成为政策制定的对象，同时更缺乏一个最高机构为首的全国协调机制。因此，这一阶段我国中小企业政策最大特征之一是，因地、因管理部门而异，分散而缺乏内在的统一。

第四阶段：1995 年至现在，统一整体的我国中小企业政策的产生

1995 年 9 月，党的十四届五中全会通过的《中共中央关于制定国民经济和社会发展“九五”计划和 2010 年远景目标的建议》提出了“抓大放小”，国企改革的政策进入一个新的转折。“抓大放小”就是通过下放国有中小企业到地方，从战线长、覆盖广，并且处于持续亏损、不占优势的国有中小企业经营的竞争性领域退出，有重点地抓好属于基础、支柱性产业中的大型骨干企业，特别是企业集团，从而调整国有经济结构，实现国有经济整体质量的提升。抓大放小，既是国有大中型企业改革的战略选择，也是中小企业在市场竞争中良好的客观结果。

1995 年 11 月，由原国家经贸委主管的政策指导性刊物《中国中小企业》正式创刊。

1998 年末，随着政府机构改革的顺利推进，原国家经贸委为了使中小企业发展的职能得到进一步明确，成立了专门负责制定和落实中小企业改革与发展政策的中小企业司，中小企业地位得到空前重视。

1999 年初，九届人大二次会议通过的《1998 年国民经济和社会发展计划执行情况与 1999 年国民经济和社会发展计划草案报告》在论及 1999 年国民经济和社会发展的主要任务中提到“加强对中小企业扶持力度”；在《政府工作报告》中也提及“支持科技型中小企业的发展”。尽管内容简单，但说明了统一整体的我国中小企业政策已初露端倪。

2000 年 7 月 6 日，由国务院发布、原国家经贸委主持制定的《关于激励和促进中小企业的若干政策意见》（以下称《政策意见》）正式出台。在《国务院办公厅转发国家经贸委关于鼓励和促进中小企业发展若干政策意见的通知》中指出：中小企业是推动国民经济发展、促进市场繁荣和社会稳定的重要力量，在推进国民经济适度增长、缓解就业压力、实现科教兴国、吸引民间投资和优化经济结构方面，发挥着越来越重要的作用。各地区、各部门要进一步转变观念，提高认识，采取有效措施，加大对中小企业特别是高新技术类以及能增加产品品种、提高产品质量、填补市场空白的中小企业的扶持力度，促进中小企业健康发展。

《政策意见》的提出，在我国 50 余年中小企业发展史上首次打破了

所有制、地域、行业的界限，力图为中小企业营造一个公平竞争的市场和社会环境。在《政策意见》的第七、八两部分明确规定“本意见适合于城乡国有、集体、私营、股份制、股份合作制、合资制和个人独资等各类中小企业”。

《政策意见》的出台，从诸多方面为中小企业的发展提供了良好的政策环境，同时也为中小企业的立法工作提供了可靠依据。

2002 年 6 月 29 日，中华人民共和国第九届全国人民代表大会常务委员会第二十八次会议审议通过《中华人民共和国中小企业促进法》（以下简称《中小企业促进法》），并于 2003 年 1 月 1 日起执行。《中小企业促进法》是我国第一次用立法的形式，明确制定我国中小企业的政策目标。该法第一条规定，立法的目标是为了改善中小企业经营环境，促进中小企业健康发展，扩大城乡就业，发挥中小企业在国民经济和社会发展中的重要作用。

《中小企业促进法》从资金支持、创业扶持、技术创新、市场开拓、社会服务五个具体的方面详细规定了中小企业享有的权利和应尽的义务，把我国促进中小企业成长发展纳入了法制化轨道。

2005 年 2 月，国务院发布由国家发改委、国务院办公厅联合起草的《国务院关于鼓励支持和引导个体私营等非公有制经济发展的若干意见》（以下简称《意见》）。《意见》从非公有制经济市场准入机制、政府对非公有制经济的财税金融支持、对非公有制经济的社会服务、维护非公有制企业和职工的合法权益、引导非公有制经济提高自身素质、改善政府对非公有制经济的监管以及加强对发展非公有制经济的指导和政策协调七个方面进一步制定了关于鼓励和促进非公有制企业的政策目标。

由于我国非公有制经济中绝大部分为中小企业，所以从该文件中不难看到我国政府第一次明确鼓励中小企业进军垄断行业，给予中小企业市场主体地位、公平待遇，以及竞争的自由。该文件除了提出在金融财税等方面支持中小企业，也关注到了要支持企业经营者的培训，这些都将为促进和发展中小企业起到了深远的影响。

2006 年 3 月，《中华人民共和国国民经济和社会发展第十一个五年计划纲要》提出了中小企业成长工程。随着中央关于促进中小企业和非公有制经济发展的一系列方针政策的贯彻落实，政策扶助体系逐步完善，服务体系建设迈出新的步伐，有利于中小企业和非公有制经济发展的外部环境正在形成。10 月，财政部、国家发展和改革委员会联合发布了《中小企业发展专项资金管理办法》，其中规定，我国已设立专项资金用来支持中小企业专业化发展、与大企业协作配套、技术进步和改善中小企业发展环境等。该中小企业发展专项资金由中央财政预算安排。

2007年12月，国家发改委、财政部、国家工商总局等五部委纷纷表示将陆续出台配套政策，从融资比例，税收政策等方面力挺中小企业发展。

值得指出的是，仅凭几项《政策意见》或一部法律就可以认定“能解决所有中小企业问题”是极端片面的。我们必须对现行的中小企业政策进行全面深入分析的基础上，进一步有所创新。

§12.2 我国中小企业政策的现状与成效

12.2.1 政府专门用来扶持中小企业成长的政策措施

自20世纪80年代以来，我国政府专门用来扶持中小企业成长的政策措施主要有7项：其中计划类为2项，即星火计划和火炬计划；基础设施或基地类有3项，即生产力促进中心、技术市场和中小企业孵化器；投资基金1项，即科技型中小企业技术创新基金；中介机构1项，即中小企业信用担保机构。

1. 星火计划

星火计划旨在通过扩散先进技术、提供先进的技术装备、培训人员等方式促进乡镇企业的健康成长。这一计划从1986年开始实施，一直持续到现在。

2. 火炬计划

火炬计划是国家科技部在1988年开始推出的另一项旨在促进高新技术产品开发及商品化、产业化的政策。火炬计划的实施如同星火计划一样除了具有显著的经济效益以外，还为经济结构的调整及高新技术产业开发区的创建奠定了基础。

3. 生产力促进中心

生产力促进中心又称为中小企业技术创新中心，是国家科技部在 1993 年出台《关于建立生产力促进中心的若干意见》之后在各地组建的基础设施，旨在组织科技力量向广大中小企业提供技术咨询、技术诊断、技术转让和技术培训等项服务。截止到 2003 年，我国的生产力促进中心已发展到 400 余家，得到技术和信息服务的中小企业已达 20 余万户。

4. 技术市场

自 1985 年开始，我国政府以及国家科委等部门相继出台了多项关于技术市场的有关政策。多年来，进入技术市场进行交易的以中小企业为主。近几年，我国的技术市场年均成交额已达 500 亿元，签订技术合同 28 万多项。实践证明，技术市场已成为广大中小企业技术创新不可缺少的重要基础设施之一。

5. 中小企业孵化器（高新技术创新服务中心）

自 1994 年国家科委发布了《关于我国高新技术创新服务中心工作的原则意见》以来，截止到 2002 年，我国各种类型的中小企业孵化器已超过 200 家。

6. 科技型中小企业技术创新基金

1999 年 6 月 25 日由我国政府设立的科技型中小企业技术创新基金正式启动。经国务院批准设立的科技型中小企业技术基金，是一项专门用于促进中小企业技术创新活动的专项基金，首期经费总额 10 亿元人民币。根据中小企业和项目的不同特点，创新基金分别以贷款贴息、无偿资助和资本金（股本金）投入等不同方式支持科技型中小企业的技术创新活动。

创新基金的设立主要体现了政府的政策导向，通过这一举措（引导投入）来促进中小企业的技术创新和成长。

7. 中小企业信用担保体系

中小企业信用担保体系的建立可以缓解中小企业资金短缺的矛盾。1999年6月原国家经贸委发布了《关于建立中小企业信用担保体系试点的指导意见》以来，我国已有28个省、自治区和直辖市开展了中小企业信用担保试点。截止到1999年12月底，通过政府预算拨款、资产划拨、会员风险保证金和企业入股等方式筹集到担保资金40多亿元。

中小企业信用担保体系的建立为中小企业解决“资金难题”提供了一种可供选择的融资渠道。

8. 中小企业成长工程

2006年国家发改委在全国启动了中小企业成长工程①，标志着我国中小企业专项支持工作的全面启动。这项工程提出，“十一五”期间中小企业要紧紧围绕十六届五中全会确定的经济社会发展的指导方针、奋斗目标、主要任务和重要举措，坚持发展是硬道理，把增强自主创新能力作为中小企业调整结构、转变经济增长方式的中心环节，实施“中小企业成长工程”，进一步开创中小企业的新局面。

必须指出的是，有些政策措施，例如财税金融政策，有关知识产权方面的法律法规，有关教育培训政策等，虽然没有明确指出干预作用对象，但事实上也包括中小企业在内。从这个意义来说，我国中小企业政策并不仅仅指上述的8项。

12.2.2 国家支持中小企业政策和规则框架初步形成

经过十几年的发展和探索，国家支持中小企业政策和规则框架初步形成：如图12-1所示。

---

① 详见国家发改委中小企业司网站。

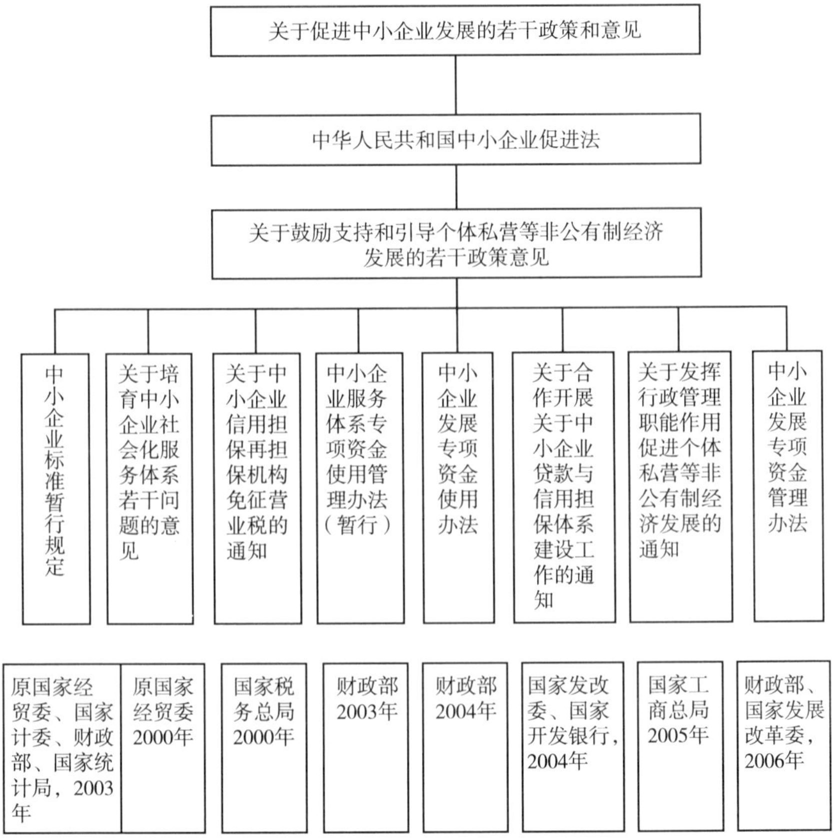

图 12－1　国家支持中小企业规则框架

应当指出的是，这些政策措施，对促进中小企业的发展起到了积极的推动作用。

12.2.3　国家支持中小企业的组织支持体系

20 世纪 80 年代中后期，随着改革开放的深入，中小企业作为国民经济发展的重要力量处于被忽视的状态的得到了改变，最终能够形成了现在政府行政管理机构、行业协会与商会、社会中介机构多层协作的中小企业组织支持体系。

1. 中小企业政府行政管理体系

（1）个体、私营企业主管部门。国家工商行政管理总局，是国务院主管市场监管和有关行政执法工作的直属机构，包括组织管理个体商户、个人合伙和私营企业的经营行为。

（2）乡镇企业主管部门。20 世纪 80 年代中期，随着农村经济的不断深化，乡镇企业异军突起，政府第一次设立了专门服务于中小企业的行政职能部门，即在中央和地方都设置了乡镇企业局。

（3）中小企业主管部门。20 世纪 90 年代中后期，随着社会主义市场经济体制的确立以及国际经济的变化发展，我国政府关于国民经济的管理方法也发生了巨大的变化。在强化宏观经济调控能力的同时，在行政机构的设置上也进行了深刻的变革，为集中运用经济管理职能创造了条件。

国家设置了国家经济贸易委员会，其下属的中小企业司直接负责中小企业的管理事务。进入新世纪以来，中央机构调整又将中小企业司划给国家发展和改革委员会，2008 年，中小企业司又划归工业和信息化部，更有效的加强了政府对中小企业的管理和服务。中小企业司的主要职能是：研究中小企业、非国有经济发展的有关问题，促进多种所有制企业公平竞争，共同发展；研究提出扶持中小企业发展的政策和具体措施，加大对中小企业发展的宏观指导和支持；指导和促进中小企业的对外合作，健全完善中小企业服务体系；协调中小企业和国有经济发展中的问题。

此外，政府还成立了跨部门的全国推动中小企业发展工作领导小组，该小组由原国家经贸委（后改为国家发改委）牵头，科技部、财政部、中国人民银行及国家税务总局参加，给中小企业发展提供政策指导和具体帮助。

在地方上，目前有 11 个省市建立了直接主管中小企业的中小企业局，为中小企业发展提供直接的帮助。

2. 中小企业行业自律组织

（1）个体、私营企业协会。该协会是城乡个体劳动者组成的具有社团法人地位的社会团体，以团结、教育、引导个体劳动者守法经营、文明经营，促进个体经济健康发展为目标。

（2）乡镇企业协会。乡镇企业协会是农村经济组织或者农民投资的企业为主，在乡镇、村举办的各类企业和有关经济、科研、教育单位以及有关团体自愿组成的联合性、非营利性的社会组织。目前，中国有全国性的中国乡镇企业协会和众多乡镇企业协会。

（3）中小企业协会（发展促进会）。2002 年《中小企业促进法》的颁布，明确了国家的中小企业战略方针，极大的促进了中小企业自律组织的整合与建立，各地为中小企业提供专项服务的中小企业协会、中小企业发展促进会蓬勃发展。这些组织本着“服务中小企业，促进中小企业发展”的宗旨，依托政府的力量，扶持中小企业的发展，充分发挥政府与企业、企业与市场的“桥梁作用”。

（4）中小企业国际合作协会。该协会的内容包括，对外宣传国家改革开放和对外合作的有关政策和法规，介绍国家经济建设的要求、意图、产业政策和吸引外资的导向，传播国际经济合作的成果与经验；发展同国外有关团体组织、公司、企业的联系和友好往来，建立合作关系，推动中小企业间多种形式的经济技术合作；为中小企业、公司和有关经济团体提供信息、咨询服务；调查了解中小企业对外合作和发展中的有关情况和问题，向政府有关部门反映他们的意见和要求；举办适合中小企业需要的各种培训班，帮助中小企业提高技术水平和经营管理水平；举办多种形式的国际展览及洽谈活动，等等。通过这些活动，积极组织、推动、协调中小企业国际合作事业的发展，在中外中小企业间发挥了桥梁作用，推动了中小企业的技术进步和外向型经济的发展。

12.2.4 “十五”以来的主要成就

中小企业数量巨大，渗透在社会经济的各个领域，因此各国政府都越来越重视支持中小企业的成长。“十五”期间，党中央、国务院及各级政府高度重视中小企业的发展，特别是近年来，把促进中小企业的发展放在更加突出的位置，出台了一系列的法律法规，使中小企业迎来了历史上发展的最好时期。我国政府非常重视中小企业的发展，继 1998 年原国家经贸委推动各地积极培育中小企业担保机构后，2004 年证监会在深圳证券交易所启动中小企业板。2005 年人民银行总行又专门下发文件要求各商业银行制定办法解决中小企业融资难的问题。国务院 2005 年也下发了

《国务院关于鼓励支持与引导个体私营等非公有制经济发展的若干意见》，指导政府支持非公有制经济的发展。各地政府也在积极推动中小企业成长，江苏、吉林、广东、内蒙古等更多的省（市）都在积极推动担保机构对中小企业融资的支持作用，继2004年浙江启动综合支持的企业成长计划后，2005年山东省也启动了中小企业成长支持计划。综合中央与地方政府的举措，"十五"以来在推动和促进中小企业成长的政策措施方面取得了一系列的成就。

1. 促进中小企业发展的法律框架和政策体系已经初步形成

2002年6月，全国人大颁布实施了《中华人民共和国中小企业促进法》，把中小企业的改革与发展工作纳入法制化的轨道。几年来，各地区、各部门认真宣传贯彻，制定配套政策，依法开展工作，努力改善中小企业经营环境，促进了各类所有制中小企业的创立和发展，取得了初步成效。

2. 社会化服务体系逐步建立和完善，发展环境趋向良好

（1）逐步完善社会化服务体系。各级政府都把服务体系建设作为促进中小企业发展的一项重要工作，按照社会化、专业化、市场化的原则，充分发挥行业协会、商会、大专院校、科研机构的作用，鼓励培训、信用担保、技术支持、信息服务、管理咨询、市场开拓、国际合作等社会化服务机构的发展。中央和地方政府安排专项资金，重点支持中小企业的专业知识培训、创业辅导、信用信息征集、技术创新、国际市场开拓、公共服务采购和服务体系建设。到2004年底，各类中小企业综合服务机构已达246家。建设开通了中国中小企业信息网和省级、地市分网，为几十万户中小企业免费提供政策、市场信息。建设创业基地，为新创办的4万多家小企业提供了创业辅导和代理服务。对20多万户中小企业开展了信用等级评价和信用信息征集。实施"国家中小企业银河培训工程"，先后对12万多名中小企业经营者进行了免费培训。

（2）努力缓解中小企业发展的资金"瓶颈"。在间接融资方面，扩大了利率浮动范围，改进了信贷考核办法和奖惩机制，并在商业银行中设立中小企业信贷部门，提高了小企业的贷款比重。国家开发银行依托地方商

业银行和担保机构，开展以中小企业为服务对象的转贷款、担保贷款等业务。2005 年用于中小企业的信贷资金规模突破 100 亿元，比去年增加了 1 倍。目前，全国已设立中小企业担保机构 2 188 多家，累计受保企业达 19 多万户，累计担保金额 3 000 多亿元。直接融资方面，在证券市场上推出了中小企业板块，加快创业板市场建设，完善证券公司代办股份转让系统，规范发展产权交易市场；鼓励中小企业以股权融资、项目融资等方式筹集资金，允许符合条件的企业发行债券；支持创业投资企业和中小企业投资公司的发展。同时，改进保险机构的服务方式，开展面向中小企业的产品和服务创新。

（3）加大企业技术创新支持。鼓励中小企业自主开发新产品、新技术，填补市场空白；支持中小企业积极采用先进技术、先进生产工艺和设备，提高产品质量。从 1999 年开始，国家设立了“科技型中小企业技术创新基金”，扶持了 5 000 多家具有自主知识产权的高技术企业。鼓励中小企业与大企业建立协作配套关系，促进中小企业专业化发展；积极培育各类专业技术服务机构，逐步建立中小企业公共技术支持平台。2004 年和 2005 年，中央财政预算安排了中小企业发展专项资金，共支持了 481 户中小企业的技术进步项目，带动了约 88 亿元的社会投资。实施了“国家中小企业信息化推进工程”，推动建立了中小企业信息化推进联盟，启动“百万中小企业上网”，全面推进中小企业信息化，提高中小企业的技术创新能力和信息技术应用水平。

（4）引导企业提高管理水平。鼓励企业借鉴、吸收国内外先进的管理经验，加强内部管理，促进中小企业由“传统家族制企业”向“现代企业”转变。2005 年 10 月底，在全国私营中小企业中，有限责任公司已超过 180 万户，占私营企业总数的 65%。引导中小企业完善符合现代企业制度要求的规章制度，建立安全、环保、卫生、劳动保护等方面的责任制。强化劳动合同管理，依法维护中小企业职工和经营者的合法权益。

（5）增进国际合作和交流。积极支持中小企业参与国内外展览和展销活动，成功举办两届 APEC 中小企业技术交流暨展览会和两届中小企业博览会。2005 年的“第二届中国中小企业博览会暨中法中小企业博览会”吸引了中外企业 5 000 多家，共签订贸易、合作、投资协议 2.3 万个，总签约金额 426 亿元。2004 年和 2005 年分别成功举办了“首届中美中小企业与创业投资论坛”、“首届东亚促进中小企业发展与投资高层研讨会”和“中国中小企业创新发展高级研讨会”。我国政府积极参加 APEC 和

OECD 中小企业部长会议，牵头成立了 APEC 中小企业服务联盟，开展了中法、中德、中意、中英、中美等多个国家和国际组织间的技术交流与合作。

§12.3 我国中小企业政策存在的主要问题

尽管这些年我国在中小企业政策的制定和实施方面取得了实质性的进展，但与形势的变化和中小企业的发展需要相比，在政策层面还存在着一些问题。中小企业政策存在的问题主要表现在如下几个方面：

随着市场经济的深入发展和中小企业在国民经济中的地位、作用日益突出，政府对中小企业的重视程度空前提高，政策措施日益完善。但是不管是政策的实用性、指向性，政策的着力点及整体框架都还存在着一些需要完善的地方。总体上分析，有四个方面，一是从政策工具的数量和适用上来看，与大企业相比，数量偏少，在适用方面不够公平，这与中小企业数量占企业总数的 99% 以上形成了极大反差。也许有人认为，我们以前制定的政策既适合于大型企业（或企业集团），也适合于中小企业。但制定政策和执行政策并不是一回事，由于多年来我们的思维一直受“重大轻小”的影响，在具体执行中常常会“走样”。例如，国务院 1997 年 1 月 3 日颁布的《质量振兴纲要（1996～2010）》，其干预对象理应是所有类型的企业，但在实际执行中却把更多的精力用于大型企业（或企业集团），而对中小企业关注很少或不予关注。根据原国家经贸委中小企业司和国家质量技术监督局质量司对全国 2 000 家中小企业质量管理状况的调查结果显示；生产不合格产品的中小企业竟达到 26%。

近些年来，国家出台的政策多数是按照企业规模和所有制性质制定并实施的。与大企业相比，中小企业在适用政策方面不够公平。同时，在经济转型过程中，市场规则和秩序尚未形成，也使中小企业的生存和发展困难重重。由此可见，各级政府在对大型企业投以过多政策关注的同时，也应该且更需要关注中小企业的成长与发展。

二是从政策指向（或对象）来看，主要是扶持那些科技型，特别是高科技中小企业的技术创新，诸如火炬计划、中小企业孵化器、科技型中小企业技术创新基金等。

在我们的政策中，对于上述类型以外的其他中小企业的技术创新，关注得还不够，诸如加工制造业中的中小企业技术创新问题。这部分中小企业数量多，问题也较多，如产品单一，设备陈旧等。如果我们的政策措施（如采取技术改造政策）能够将这部分中小企业激励起来，那将会对我国经济发展产生不可估量的重大作用。另外，对中小企业，特别是处于第三产业的中小企业成长重视不够，我们在该领域中的政策也几乎是“空白”。

我们的政策指向侧重高新技术产业中的中小企业，这一点并没有错。但与此同时，我们也不应忽视传统产业中小企业的成长和持续健康发展。传统产业只有大力开展技术创新，才能够实现其升级换代，否则没有第二条路可走。而从目前来看，我国的中小企业政策在这方面仍很薄弱，亟须加强。

三是从政策的着力点来看，应更加重视中小企业成长服务体系的建设，特别是基础性服务设施的建设。这无疑将有助于中小企业生产经营和持续创新活动的开展。但也不能不看到，在这一点上至少存在两个方面的问题：①多数政策并未触及“如何提高中小企业成长能力”这一核心问题。因为这一核心问题是我们构建成长政策的基本出发点和立足点，如果这一核心问题得不到有效解决，我们试图通过改变外在环境来促进成长能力的提高是根本不现实的。②中小企业成长的外部环境包括硬环境和软环境；对于前者我们比较重视，而对于后者则重视不够。软环境主要是指非物质形态的环境，主要包括制度环境（政策法律、产权制度等）、管理体制环境，以及社会文化环境等。事实上，软环境对中小企业成长的影响也是十分深刻的。

四是从政策体系的框架结构来看，尚存在着明显不足。如果我们按照政策体系的“五要素法”来对现有的中小企业成长政策进行划分的话，五个方面所占的比例约为：成长能力政策为0；供给政策占45%；需求政策为0；环境政策占20%；基础设施政策占35%（注：这种分析是针对所有有关中小企业政策措施进行分析后得出的）。

由此可以看出，构建面向未来的中小企业成长政策体系除了应对供给政策和基础设施建设政策加以完善外，重点应解决的是，制定和出台有关如何提高中小企业成长能力方面的政策（例如，类似于大型企业的企业技术中心等）；制定和出台有关满足中小企业成长需求方面的政策（例如，政府采购等）等等。

§12.4 “十一五”时期我国促进中小企业成长的政策取向

第十届全国人民代表大会第四次会议通过的《中华人民共和国国民经济和社会发展第十一个五年规划纲要》中明确提出了“实施中小企业成长工程”，国务院也将实施成长工程列入了2006年工作要点。“十一五”期间在全国范围内推动实施中小企业成长工程，是国家坚持以科学发展观统领经济社会发展全局做出的重大决策，是进一步贯彻落实《中华人民共和国中小企业促进法》以下简称《中小企业促进法》和《国务院关于鼓励支持和引导个体私营等非公有制经济发展的若干意见》以下简称《若干意见》的重大部署，是“十一五”时期做好中小企业和非公有制经济工作的行动纲领，既具有深远的历史意义，又具有重大的现实意义。

国家发改委中小企业司在《中国中小企业发展报告（2007）》中指出：在新的形势下，促进中小企业又好又快发展，要坚持以邓小平理论和“三个代表”重要思想为指导，全面贯彻落实科学发展观，按照构建社会主义和谐社会的要求，着力转变企业增长方式，提高企业自主创新能力，完善企业发展的外部环境，全面提高中小企业的整体素质和市场竞争力。实施中小企业成长工程，必须坚持从主要依靠数量扩张转变为更加注重质量提高；从主要依靠粗放型增长转变为更加注重可持续发展；从主要依靠单打独斗转变为更加注重协作配合；从单纯追求经济效益转变为更加注重提高经济效益与履行社会责任相结合。“十一五”时期，实施中小企业成长工程的目标是：促进中小企业加快发展，努力形成一批在管理和技术上达到或接近国际先进水平的中小企业，培育一批科技含量高、拥有自主知识产权和品牌的产品，发展一批特色明显、结构优化、体系完整的产业集群；促进中小企业新增城镇就业和吸纳农村转移劳动力达到一个新水平；使中小企业单位产值能耗降低、单位产值用水量降低、污染物排放量减少等指标达到全国平均水平；使中小企业社会责任得到履行，诚信水平明显提高，精神文明建设不断加强。

12.4.1 推动政策法规体系建设

政策环境是实施成长工程的基本保障，“十一五”期间各级政府将进一步完善促进中小企业和非公有制经济发展的政策体系。

一是抓紧研究制定促进中小企业和非公有制经济发展的具体措施及配套方法。加快进度出台《中小企业促进法》和《若干意见》的实施细则和配套措施；加快制定与市场主体相关的法律法规，确立各类企业平等的市场主体地位。

二是加快清理和修订阻碍中小企业和非公有制经济发展的法律法规和政策规定，消除制约其发展的体制性障碍。清理和修订的重点是现行规章、规范性文件及其他文件在市场准入、财税金融支持、社会服务、权益保护和政府监管等方面与《若干意见》不一致的规定。清理的范围是县级（含县级）以上地方各级人民政府及其所属部门，国务院各部委、各直属机构及有关单位制定的规章、规范性文件以及其他文件。根据清理情况，对主要内容与《若干意见》不一致的，将按法定权限和程序明令废止；个别条款与《若干意见》不一致的，按权限和程序予以修改。

三是加快垄断行业和领域改革，建立和完善科学的市场准入制度。按照《若干意见》的要求，继续稳步有序扩大市场准入，鼓励符合条件的各类社会资本进入电力、石油、铁路、民航、金融、电信等垄断行业和领域；对中小企业和非公有制经济在投融资、对外贸易、产业政策和配套服务上与其他所有制企业一视同仁；提高政府透明度，除国家法律、法规规定外，各类前置审批原则上取消。

四是加大财税支持力度。按照《中小企业促进法》的规定，加快制定《中小企业发展基金管理办法》等财税配套文件。各级政府加大对中小企业服务体系建设支持力度，扩大各类中小企业发展专项资金规模。预算内资金和国债资金也将按照公平原则，充分发挥财政资金的引导作用，支持符合国家产业政策的各类所有制中小企业。积极研究并落实中小企业税收优惠政策。

12.4.2 建立健全社会化服务体系

目前，中国中小企业社会化服务体系建设还处于起步阶段，加快建立健全社会化服务体系，既是中小企业发展的内在要求，也是为市场弱势群体提供必要的公共服务，建设服务型政府的迫切需要。

“十一五”期间各级政府将按照“政府扶持中介、中介服务企业”的理念，加大公共财政对服务体系建设的支持力度，继续实行政企分开和政事分开，通过授权、委托、招标等多种方式，加快服务体系建设由政府主导向市场主导的转变。政府积极培育创业辅导、融资担保、管理咨询、技术支持、人才培训、市场开拓、国际合作、信息咨询等专业化服务机构的发展，加快完善中小企业社会化服务体系。

政府充分发挥非营利中小企业服务机构、行业协会等在服务体系中的重要作用，组织带动社会服务资源，落实各项促进中小企业发展的政策措施；加强中小企业服务联盟等行业自律组织建设，逐步完善服务标准，建立执业资格和市场准入制度，健全价格约束机制，促进业务交流与能力提升，实现服务的规范化；加快建设中国中小企业信息网等服务网络，发挥其服务体系载体作用，运用现代网络技术，建立服务资源数据库，提高服务的即时性和有效性。

政府积极鼓励服务机构联合，支持服务机构（企业）培育多样化服务人才，取得多种资源，开展多项服务，鼓励采取服务连锁、服务加盟等多种形式，促进服务规范化、品牌化，不断扩大服务范围；引导服务机构加强职业道德教育，建立学习型组织，不断适应时代发展要求，提高服务质量和从业人员素质，增强创新服务能力。

加大创业扶持，鼓励创办小企业。政府加人创业扶持体系，推动形成“一个体系、一支队伍、一批基地”，即：建立一个优质高效的创业辅导服务体系；建立一支专职与志愿相结合的创业辅导员队伍；建立一批服务功能完善的中小企业创业基地；推进创业实训、创业孵化、创业发展的梯次培育，建立培育小企业发展的长效机制；切实落实鼓励自谋职业和自主创业的各项政策，逐步加大公共财政对创业基地、创业服务的支持力度；实施创业环境评价制度，不断优化创业环境。

12.4.3 提高中小企业的自主创新能力

提高自主创新能力，建设创新型国家是新时期我国经济社会发展的必然选择。与大企业相比，中小企业在技术创新方面具有数量多、效率高、周期短、成本低等独特优势。提高中小企业的自主创新能力，也是实施中小企业成长工程的关键环节。

第一，政府要加快完善鼓励中小企业自主创新的相关政策措施，贯彻落实国家中长期科技发展规划纲要的若干配套政策，完善支持中小企业技术创新的财政、税收、金融等相关配套政策措施，促进企业真正成为技术创新的投资主体、研发主体和科技成果应用主体；鼓励有条件的企业建立研发机构，鼓励中小企业有效利用社会资源，走联合创新、合作发展的道路，降低研发成本，提高创新能力，增强竞争力。

第二，政府要加快建立以企业为主体、市场为导向、产学研相结合的技术创新体系；充分发挥中介机构、行业协会、科研院所以及技术服务机构的作用，形成技术服务网络和技术专家队伍，加强面向中小企业的技术诊断、技术咨询、技术评估、技术中介服务；推动开展“中小企业专利行”活动，增强中小企业专利申报和保护意识，建立健全企业知识产权保护和开发利用的措施；加大政府采购中小企业自主知识产权产品的力度；表彰宣传中小企业自主创新典型，营造激励创新的舆论氛围。

第三，加快建立中小企业公共技术支持平台。在中小企业相对集中和具有产业优势的区域，政府重点支持建设一批中小企业公共技术平台，为企业提供设计、信息、研发、试验、检测、咨询、培训等支持和服务，提高中小企业群体的技术创新能力；鼓励有条件的企业与高等院校、科研机构、技术中介服务机构等共同投资，联合建立公共技术支持平台，加大对行业共性、关键技术的研发；鼓励科研基础设施共享平台定期向中小企业开放，支持高等院校、科研机构开放实验室，鼓励有条件的企业技术中心为中小企业提供技术服务。

第四，加快中小企业信息化建设。政府要加大“中小企业信息化推进工程”的实施力度，通过开展信息化培训、支持企业上网、推广企业信息化典型等活动，促进信息技术在企业的应用，引导企业加大信息化投入，实现创新过程智能化、生产过程自动化、管理方式网络化、商务运营电子化，提高企业竞争力。

12.4.4 大力推动中小企业结构调整和优化

当前，中小企业增长方式粗放、结构不合理的问题较为突出。中小企业结构调整是国民经济结构调整的重要组成部分，是推进经济结构战略性调整、提升企业整体素质和竞争力的关键。

一是因地制宜培育优势产业，推动产业升级。政府鼓励各地因地制宜，充分发挥地方资源、市场、技术等方面的比较优势，突出重点，逐步形成具有竞争优势和区域特色的主导产品和支柱产业；大力推广高效节能、降耗和清洁生产技术，注重先进技术的引进和消化吸收，推进高新技术产业化进程。要按照产业政策的要求，坚决依法淘汰产能过剩，产品档次低、质量差，资源浪费和污染环境严重的小企业。

二是支持中小企业与大企业协作配套。政府采取措施鼓励中小企业向“小而专、小而精、小而特、小而新”发展，走专业化分工协作的路子；鼓励和支持中小企业与大企业建立以市场配置资源为基础的、稳定的原材料供应、生产、销售、技术开发和技术改造等方面的协作关系；采取措施提升企业配套协作能力；支持有条件的企业通过兼并、收购、联合等方式，逐步壮大实力，发展成为主业突出、核心竞争力强的大公司、大集团。

三是鼓励引导产业集群发展。政府把产业集群发展与经济社会总体规划、城市（镇）规划建设联系起来考虑和布局，加快城市（镇）工业组团和产业集中区建设，提高产业集聚水平；加强科学规划引导，改善产业集聚条件，加快建立公共服务体系，积极发展支撑性服务业，完善产业综合配套功能，培育区域品牌，大力发展循环经济，推动产业集群升级示范区建设；发展一批以特色产业集群为依托的商品交易市场。

四是围绕社会主义新农村建设，加快县域经济发展。政府充分发挥中小企业在县域经济发展和增加农民收入方面的骨干作用，大力实施工业兴县、工业强县战略，发展农副产品加工业，推进农业产业化，带动农业和农村经济结构调整；统筹城乡区域协调发展，创新以工促农、以城带乡的长效机制，培育和发展县域优势产业、特色产业和龙头企业，引导和建立上下游产业和产品链，形成关联产业与龙头企业的聚集，提升和壮大县域工业实力。

五是加快发展服务业，提高服务业比重。政府积极支持中小企业发展现代服务业，创造条件进入现代物流、信息服务、金融服务、工程咨询、会计评估、创意设计、会展经济等领域，提升生产服务业的产业档次和现代化水平；鼓励和支持与人民生活水平和质量密切相关的中小型服务企业的发展，制定和完善相关支持政策措施；运用现代信息技术、现代经营方式和新型业态改造和提升传统的中小型服务企业，提高服务水平和效率；加快服务型中小企业的行业技术标准、市场准入标准和行为规范的制定和完善。

12.4.5　着力解决中小企业融资难的问题

中小企业要实现快速健康发展，必须在解决中小企业融资难问题上有所突破。政府要调动各方面力量，采取切实有效措施，满足中小企业多样化和个性化融资需求，积极构建多层次融资服务体系。

创新对中小企业的信贷服务。政府引导和鼓励金融机构改进信贷考核和奖惩管理方式，开发适宜中小企业特点的金融产品，简化贷款审批程序，加大信贷支持力度；积极探索对中小企业贷款给予贴息支持或风险补偿；继续推进政策性银行依托地方商业金融机构和担保机构，开展以中小企业为主要服务对象的转贷款和担保贷款业务。

拓展中小企业直接融资渠道。政府鼓励符合条件的中小企业到境内外上市，分步推进创业板市场建设，逐步建立小企业上市育成体系，扩大中小企业直接融资渠道；健全中小企业创业（风险）投资机制，疏通风险资本的进入和退出渠道，鼓励和支持中小企业创新发展；规范和发展产权交易市场，支持中小企业投资公司设立和发展。

政府加快构建多层次中小企业信用担保体系建设，建立和完善信用担保的行业准入、风险控制和补偿机制，建立中小企业信用担保基金和再担保机构，采取多种形式增强担保机构资本实力，拓展担保业务，扩大担保规模，加强能力建设，开展信用评级，加大财税政策支持力度，增强担保机构的担保能力和抗风险能力。

政府继续推进中小企业信用制度建设，加快建立适合中小企业特点的信用信息征集与评价体系以及失信惩戒机制，完善中小企业信用信息系统和信用档案数据库，开展诚信活动，逐步实现中小企业信用信息查询、交流及共享的社会化；将营造信用环境与提升中小企业融资能力相结合，使企业信用等级成为其获取贷款的重要依据；强化企业信用意识，健全企业信用制度，建立企业信用自律机制。

12.4.6 全面提高企业管理水平

管理也是生产力。加强管理，挖掘内部潜力，向管理要效益，全面提高中小企业素质和市场竞争力，这是企业发展的内在要求，也是实施成长工程的重要环节。

第一，强化企业基础管理。政府要推动企业健全各项基础管理制度，提升安全生产、劳动人事管理、财务管理、质量管理、营销管理以及现场管理水平；开展提升企业管理能力专项活动，研究制订引导和推动中小企业加强管理的政策措施，建立中小企业管理状况的评价标准，逐步形成促进中小企业加强管理的政策措施，建立中小企业管理状况的评价标准，逐步形成促进中小企业加强管理的激励和约束机制。

第二，加强企业组织制度建设。政府要积极推进企业进行公司制改造，逐步建立健全公司法人治理结构；按照精干、高效的原则，探索建立和调整适合企业特点、适应市场变化的组织机构，减少管理层次，缩小企业跨度；逐步形成较为科学的经营决策程序，基本实现决策科学化、民主化；研究有利于中小企业发展的组织制度和管理规范。

第三，大力实施品牌战略。政府鼓励企业积极开发高新技术、高附加值和技术密集型产品，培育自主品牌和优势产品；重点培育壮大一批名牌产品、驰名商标，扩大辐射范围，增强市场竞争能力，并利用名牌效应，提高资本运营能力；鼓励小企业联合注册和使用集体商标和原产地标识。

第四，推进管理创新。政府鼓励企业加强企业发展战略规划的研究，明确企业战略思想，战略定位和发展方向，增强战略规划对企业发展的指导作用；借鉴、吸收国内外先进的管理经验，采用先进的管理思想、管理技术和管理手段，实现企业管理的科学化、现代化。

12.4.7 实施人才强国战略，提高企业队伍素质

各级政府应遵循人才开发规律，坚持市场配置人才资源的改革取向，着力为中小企业营造有利于优秀经营管理人才大量涌现、健康成长的良好环境，形成鼓励人才干事业、支持人才干成事业、帮助人才干好事业的良好社会环境。

政府要统筹规划，整合社会资源，创新培训方式，开展多层次、多类别的专业培训和继续教育，切实提高中小企业经营管理者和职工队伍的素质；大力推动实施中小企业银河培训工程，发挥各级财政资助的公益性培训的引导作用，广泛利用高等院校的人才、教育、科技资源，开展高层次工商管理硕士学位的培训和教育；利用大型企业的技术、资金优势，开展大规模免费信息化培训；运用网络、卫星等先进手段开展大规模远程培训。“十一五”期间计划完成超过 1 000 万人次的培训。

政府加快推动建立健全职业经理人测评与推荐制度，加快企业经营管理人才的职业化，社会化进程，培养大批具有战略开拓能力，现代化经营管理水平的企业经营管理人才队伍和高水平的技术工人队伍；激励和支持企业建立自主培训体系，加快学习型企业的建设，提高企业专业技术人员和广大职工的综合素质。

12.4.8 加强合作与交流，提高中小企业对外开放水平

政府部门将积极鼓励和支持中小企业加强对外经济技术合作，加强政策支持，大力推进企业“走出去”便利化；加大财税融资支持，放宽外汇限制，加强保险服务，鼓励和支持中小企业积极开拓国内外市场；引导中小企业转变外贸增长方式，加快加工贸易转型升级，提高出口产品的档次和技术含量；鼓励企业更多的引进先进技术、关键设备，积极承接国际服务业外包转移，提高利用外资质量；鼓励中小企业到境外投资兴业，进行产品加工、输出劳务、建立营销网点、开展合作研发；充分发挥行业协会等在维护境外企业合法权益方面的作用，形成规范有序的竞争秩序；鼓励企业在境外建立资源开发型、技术开发型、贸易型实体以及技术研发机

构，带动和扩大国内设备、技术和产品出口；多渠道、多形式吸收外商资金，把引进资金、引进技术、引进智力紧密结合起来，提高企业招商引资水平。

加强与国外政府和国际组织间的合作交流，积极探索和开展我国与双边和多边中的小企业合作，在建立政府合作机制、信息共享、人才培训等方面取得实质性进展；落实 CEPA 协议，做好内地与港澳中小企业合作的各项工作；充分利用好中央财政和地方政府专项资金，支持中小企业参与国内外展览、展销活动，进一步办好中国国际中小企业博览会等。

加强国内地区之间中小企业的合作交流。政府鼓励东部地区有实力的中小企业积极参与西部大开发、东北老工业基地振兴和中部地区崛起，通过收购、兼并、重组等形式，带动和帮助中西部地区中小企业提高市场竞争力；加大面向中小企业的政府采购比例和份额，完善相关措施。

12.4.9 加强对中小企业生产经营状况的监测与分析

政府有关部门将不断健全中小企业、非公有制经济统计监测系统，定期发布中小企业运行动态，密切注视中小企业、非公有制企业生产经营状况和发展趋势，及时帮助解决中小企业资金、能源和材料供应，市场开拓，贸易摩擦等生产经营中的困难和问题；同时，建立中小企业成长性评价体系和中小企业创新能力评价体系；探索建立产业集群发展统计监控体系。

各级政府将及时向中小企业、非公有制企业公布有关产业政策、发展规划、投资重点和市场需求等方面的信息。按照《若干意见》要求，政府要从完善统计制度入手，建立和完善以新的企业划型标准为依据、以规模以下企业为重点、以抽样调查为基础的统计指标和监测体系，为政府决策提供科学依据。

附录一

中小企业成长评价指标权数征询表

表1　　中小企业成长性评价一级指标相对数征询表　专家姓名：

指标名称	极重要	很重要	重要	比较重要	有些重要
营利性指标					
稳健性指标					
加速性指标					

表2　　中小企业成长性评价二级指标相对数征询表　专家姓名：

一级指标	二级指标	极重要	很重要	重要	比较重要	有些重要
营利性	净资产收益率					
	总资产收益率					
稳健性	总资产收益变动率					
	成本利润率变动					
	费用利润率变动					
	资产负债率					
	流动资产变动率					
	收入现金率					
加速性	利润总额增长率					
	主营业务收入增长率					
	总资产增长率					
	净资产增长率					

表 3　中小企业成长力评价一级指标相对数征询表　专家姓名：

指标名称	极重要	很重要	重要	比较重要	有些重要
运营力					
保障力					
抗险力					
推动力					
提升力					

表 4　中小企业成长力评价二级指标相对数征询表　专家姓名：

一级指标	二级指标	极重要	很重要	重要	比较重要	有些重要
运营力	存货周转率					
	应收账款周转率					
	总资产周转率					
	附加经济价值					
	固定资产使用率					
	企业融资率					
	留存盈余比率					
保障力	销售利润率					
	资产报酬率					
	净资产收益率					
	市场覆盖率					
	市场应变率					
	市场拓展率					
抗险力	资产规模					
	有效资本率					
	自有资本构成率					
	流动比率					
	速动比率					
推动力	信息技术拥有率					
	信息技术保障率					
	信息技术投入增长率					
	设备先进程度					
	技术创新投入率					
	新产品开发成功率					
	新产品/新工艺产值率					
	出口外销率					
	外销增长率					
	出口产品质量指数					
	国际认证					
	利用外资水平					
提升力	管理费用变动率					
	管理费用收入率					
	促销费用收入变动率					

附录二

中小企业成长评价数据采集表

表1　　　　中小企业成长性评估数据采集表

企业章　　　　　　　　　　　　　　　　　　　　　　　　年　月　日

企业名称			联系人	
联系电话			传真电话	
单位地址			邮政编码	
所属行业			所属地市	
企业性质			电子邮件	
经营范围	主营项目			
	兼营项目			
资　产	年初资产总额		年初净资产	
	年末资产总额		年末净资产	
	本期应收账款借方增加额		年末流动资产	
负　债	年初负债总额		年末负债总额	
成本费用	主营业务成本		营业费用	
	营业外支出		管理费用	
收入利润	年末主营业务收入总额		年末利润总额	
	年末收入总额		年末净利润	

制表：

注：除本期应收账款借方增加额来源于应收账款总账外，其他数据均来源于资产负债表和利润表。

表2　　中小企业成长力评估数据采集表主表（必填）

企业章　　　　　　　　　　　　　　　　　　　　　　年　月　日

企业名称				联系人	
联系电话				传真电话	
单位地址				邮政编码	
所属行业				所属地市	
企业性质				电子邮件	
经营范围	主营项目				
	兼营项目				
资产类		年初	年末	速动资产	
	应收账款			流动资产	
	存货			无形资产	
	资产总额			待处理财产损失	
	净资产			其他资产	
				行业规模（估）	
负债类	负债总额				
	长期负债				
权益类	实收资本				
	所有者权益				
成本费用类	管理费用			长期负债成本	
	主营业务成本			促销费用	
	营业费用			利息支出	
收入利润类	主营业务收入			利润总额	
	其他业务收入			净利润	
	营业外收入			未分配利润	
	销售净收入			出口销售额	
技术创新	技术创新投入			创新产品销售额	
研发生产	在研产品数			在产品数	
	储备产品数			上市新产品数	
	新产品投产数			新产品总数	
其他	服务期内的信息技术值			信息技术总值	
				信息技术投入 年初	
				信息技术投入 年末	
	期末国内先进水平设备数			期末全部设备数	
	企业认证项数			同业总认证项数	
	生产总值			固定资产设计年生产值	
	引进外资额				

制表：

表 3 市场覆盖率统计表（必填）

企业章 年 月 日

地区数 / 产品	企业			行业（估）			覆盖率			
	一类	二类	三类	一类	二类	三类	一类	二类	三类	加权
A										
B										
C										
加权										

制表：

表 4 出口产品统计表（选填，没有出口产品不填）

企业章 年 月 日

产品	数量	金额	单价	行业出口均价	价格比
加权					

制表：

附录三

2006 年、2007 年中小企业板企业成长性评价排序表

表 1　　2006 年中小企业板企业成长性评价排序表

序号（2006）	股票代码	股票简称	营利性得分	加速性得分	稳健性得分	成长性得分	成长性修正得分
1	2230	科大讯飞	47.50	142.18	83.87	273.55	100.00
2	2258	利尔化学	130.04	39.59	86.66	256.29	93.69
3	2197	证通电子	70.49	96.24	88.86	255.59	93.43
4	2038	双鹭药业	54.75	26.20	168.28	249.22	91.11
5	2106	莱宝高科	68.94	12.15	162.35	243.44	88.99
6	2226	江南化工	72.30	60.00	89.48	221.78	81.07
7	2218	拓日新能	104.42	19.84	90.41	214.66	78.47
8	2210	飞马国际	38.75	121.62	51.46	211.83	77.44
9	2266	浙富股份	39.82	110.38	59.71	209.91	76.73
10	2048	宁波华翔	20.11	117.14	72.35	209.60	76.62
11	2215	诺普信	36.38	86.83	82.61	205.83	75.24
12	2069	獐子岛	55.03	43.00	104.53	202.56	74.05
13	2152	广电运通	54.76	58.25	87.65	200.65	73.35
14	2036	宜科科技	34.12	76.33	87.87	198.32	72.50
15	2153	石基信息	70.76	31.60	94.41	196.77	71.93
16	2109	兴化股份	43.66	92.26	58.06	193.98	70.91
17	2229	鸿博股份	86.81	12.45	94.15	193.42	70.70
18	2256	彩虹精化	44.57	81.43	66.30	192.29	70.29
19	2097	山河智能	35.08	84.90	71.38	191.37	69.96
20	2222	福晶科技	79.04	18.18	90.87	188.09	68.76

续表

序号（2006）	股票代码	股票简称	营利性得分	加速性得分	稳健性得分	成长性得分	成长性修正得分
21	2076	雪莱特	42.75	43.75	101.34	187.83	68.66
22	2147	方圆支承	60.08	52.39	72.99	185.46	67.80
23	2025	航天电器	70.16	-2.76	117.46	184.87	67.58
24	2033	丽江旅游	62.84	7.87	113.67	184.38	67.40
25	2119	康强电子	29.23	85.43	69.58	184.24	67.35
26	2171	精诚铜业	29.74	88.69	62.93	181.36	66.30
27	2195	海隆软件	50.79	26.18	103.36	180.33	65.92
28	2122	天马股份	69.16	45.17	64.84	179.18	65.50
29	2095	生意宝	68.11	-7.72	117.88	178.27	65.17
30	2022	科华生物	54.65	14.71	107.76	177.12	64.75
31	2227	奥特迅	66.27	26.40	83.60	176.27	64.44
32	2194	武汉凡谷	47.58	61.56	66.60	175.74	64.24
33	2028	思源电气	53.46	46.42	75.67	175.55	64.17
34	2123	荣信股份	79.03	20.88	73.19	173.10	63.28
35	2198	嘉应制药	64.51	21.78	84.24	170.53	62.34
36	2011	盾安环境	6.18	-31.25	193.66	168.58	61.63
37	2151	北斗星通	62.23	17.21	89.12	168.56	61.62
38	2111	威海广泰	47.56	54.69	65.91	168.16	61.47
39	2148	北纬通信	65.89	4.16	98.07	168.11	61.45
40	2063	远光软件	46.34	10.21	110.85	167.39	61.19
41	2063	远光软件	46.34	10.21	110.85	167.39	61.19
42	2096	南岭民爆	38.33	28.71	97.57	164.61	60.17
43	2143	高金食品	16.97	86.80	60.20	163.97	59.94
44	2241	歌尔声学	32.75	47.70	83.43	163.88	59.91
45	2150	江苏通润	48.68	30.87	83.70	163.25	59.68
46	2231	奥维通信	50.27	33.75	75.87	159.89	58.45
47	2107	沃华医药	63.56	11.39	84.28	159.22	58.21
48	2088	鲁阳股份	42.19	30.08	86.06	158.34	57.88
49	2250	联化科技	12.14	34.81	111.15	158.09	57.79
50	2007	华兰生物	40.97	26.26	90.22	157.46	57.56
51	2003	伟星股份	28.68	37.60	90.28	156.56	57.23
52	2030	达安基因	39.36	5.40	111.01	155.77	56.94
53	2235	安妮股份	26.44	50.99	77.41	154.84	56.60
54	2049	晶源电子	26.73	51.72	76.00	154.45	56.46
55	2192	路翔股份	35.63	52.67	64.67	152.97	55.92

续表

序号（2006）	股票代码	股票简称	营利性得分	加速性得分	稳健性得分	成长性得分	成长性修正得分
56	2084	海鸥卫浴	34. 27	42. 25	76. 15	152. 67	55. 81
57	2121	科陆电子	43. 20	25. 61	83. 36	152. 17	55. 63
58	2252	上海莱士	47. 45	14. 30	90. 29	152. 04	55. 58
59	2158	汉钟精机	47. 70	20. 43	82. 28	150. 41	54. 98
60	2161	远望谷	53. 44	1. 21	93. 88	148. 52	54. 29
61	2118	紫鑫药业	62. 37	7. 94	78. 15	148. 46	54. 27
62	2093	国脉科技	35. 43	4. 32	107. 41	147. 16	53. 80
63	2140	东华科技	27. 53	16. 00	102. 46	145. 98	53. 37
64	2154	报喜鸟	39. 63	14. 93	90. 75	145. 31	53. 12
65	2264	新华都	27. 63	37. 32	79. 53	144. 48	52. 81
66	2239	金飞达	49. 47	20. 54	74. 29	144. 29	52. 75
67	2221	东华能源	16. 18	38. 53	89. 34	144. 05	52. 66
68	2193	山东如意	20. 96	58. 41	64. 37	143. 74	52. 55
69	2032	苏泊尔	23. 89	32. 29	87. 36	143. 53	52. 47
70	2023	海特高新	31. 14	12. 59	98. 96	142. 69	52. 16
71	2010	传化股份	32. 38	5. 14	103. 57	141. 10	51. 58
72	2242	九阳股份	22. 13	1. 48	116. 81	140. 42	51. 33
73	2144	宏达经编	20. 39	51. 62	66. 96	138. 97	50. 80
74	2267	陕天然气	43. 37	33. 86	61. 49	138. 71	50. 71
75	2117	东港股份	43. 96	25. 55	68. 80	138. 31	50. 56
76	2046	轴研科技	27. 97	11. 15	98. 68	137. 80	50. 38
77	2056	横店东磁	31. 08	25. 83	80. 71	137. 62	50. 31
78	2249	大洋电机	34. 44	27. 37	74. 52	136. 33	49. 84
79	2024	苏宁电器	28. 54	34. 39	71. 43	134. 37	49. 12
80	2225	濮耐股份	25. 25	35. 73	72. 12	133. 11	48. 66
81	2137	实益达	41. 51	29. 91	61. 25	132. 67	48. 50
82	2174	梅花伞	29. 31	28. 80	74. 16	132. 27	48. 35
83	2029	七匹狼	28. 83	29. 88	73. 22	131. 93	48. 23
84	2183	怡亚通	58. 50	13. 43	58. 83	130. 77	47. 80
85	2268	卫士通	30. 20	10. 87	89. 08	130. 15	47. 58
86	2228	合兴包装	23. 44	34. 32	71. 39	129. 14	47. 21
87	2156	通富微电	25. 57	38. 96	63. 60	128. 13	46. 84
88	2013	中航精机	18. 11	36. 16	73. 56	127. 83	46. 73
89	2260	伊立浦	24. 38	32. 46	70. 69	127. 53	46. 62
90	2246	北化股份	33. 54	16. 10	77. 48	127. 11	46. 47
91	2255	海陆重工	28. 02	14. 78	84. 15	126. 96	46. 41

续表

序号(2006)	股票代码	股票简称	营利性得分	加速性得分	稳健性得分	成长性得分	成长性修正得分
92	2247	帝龙新材	41.75	8.60	75.46	125.81	45.99
93	2045	广州国光	18.46	33.85	73.47	125.78	45.98
94	2168	深圳惠程	49.16	-3.35	79.83	125.63	45.92
95	2188	新嘉联	33.05	23.98	68.50	125.53	45.89
96	2090	金智科技	33.84	7.27	84.19	125.29	45.80
97	2236	大华股份	36.84	12.19	76.22	125.25	45.79
98	2155	辰州矿业	33.08	29.47	62.17	124.72	45.59
99	2134	天津普林	38.58	24.65	61.39	124.62	45.55
100	2204	华锐铸钢	39.58	44.90	40.12	124.60	45.55
101	2245	澳洋顺昌	30.37	27.37	66.82	124.56	45.53
102	2008	大族激光	26.25	30.71	67.46	124.42	45.48
103	2100	天康生物	25.21	29.76	69.34	124.32	45.45
104	2232	启明信息	37.02	15.82	71.40	124.23	45.41
105	2073	青岛软控	37.58	5.97	80.35	123.89	45.29
106	2187	广百股份	24.58	13.94	85.22	123.74	45.23
107	2031	巨轮股份	40.38	7.47	75.44	123.29	45.07
108	2017	东信和平	13.56	39.06	70.52	123.13	45.01
109	2104	恒宝股份	31.83	-1.67	92.76	122.92	44.94
110	2219	独一味	32.88	4.31	85.37	122.56	44.80
111	2184	海得控制	31.72	11.04	79.11	121.87	44.55
112	2257	立立电子	34.02	22.55	65.20	121.77	44.51
113	2068	黑猫股份	20.14	38.15	63.45	121.74	44.50
114	2081	金螳螂	17.40	34.62	69.63	121.65	44.47
115	2212	南洋股份	37.18	6.88	77.45	121.52	44.42
116	2074	东源电器	20.14	22.70	78.00	120.84	44.17
117	2170	芭田股份	22.45	48.32	49.76	120.53	44.06
118	2243	通产丽星	31.78	14.19	74.34	120.30	43.98
119	2253	川大智胜	34.83	8.00	76.74	119.56	43.71
120	2004	华邦制药	34.17	8.19	77.17	119.53	43.70
121	2251	步步高	28.04	9.57	81.85	119.46	43.67
122	2209	达意隆	22.69	26.22	70.44	119.35	43.63
123	2244	滨江集团	36.62	52.87	29.63	119.12	43.54
124	2054	德美化工	22.78	8.50	87.75	119.04	43.52
125	2130	沃尔核材	47.26	21.32	48.97	117.55	42.97
126	2186	全聚德	28.00	15.70	73.30	116.99	42.77
127	2086	东方海洋	23.83	17.51	74.79	116.12	42.45

续表

序号（2006）	股票代码	股票简称	营利性得分	加速性得分	稳健性得分	成长性得分	成长性修正得分
128	2098	浔兴股份	19.40	20.61	76.04	116.05	42.42
129	2037	久联发展	24.04	10.08	81.78	115.90	42.37
130	2173	山下湖	29.62	35.20	50.83	115.64	42.27
131	2044	江苏三友	18.06	7.88	88.39	114.33	41.79
132	2237	恒邦股份	23.71	5.40	85.02	114.13	41.72
133	2129	中环股份	30.59	30.81	52.43	113.84	41.61
134	2091	江苏国泰	21.63	6.97	84.54	113.14	41.36
135	2169	智光电气	29.87	21.75	60.84	112.47	41.11
136	2208	合肥城建	40.57	8.23	63.66	112.45	41.11
137	2089	新海宜	27.14	-10.02	95.24	112.36	41.07
138	2083	孚日股份	18.54	31.21	62.56	112.31	41.06
139	2014	永新股份	24.42	7.24	80.29	111.94	40.92
140	2021	中捷股份	21.60	14.49	75.86	111.94	40.92
141	2019	鑫富药业	10.03	-38.30	139.38	111.11	40.62
142	2070	众和股份	29.36	9.30	72.44	111.11	40.62
143	2248	华东数控	24.60	40.10	46.29	110.99	40.57
144	2065	东华合创	27.37	2.88	80.70	110.95	40.56
145	2015	霞客环保	17.66	13.15	79.74	110.55	40.41
146	2079	苏州固锝	20.89	-5.33	94.70	110.26	40.31
147	2178	延华智能	33.49	7.08	68.73	109.30	39.95
148	2220	天宝股份	25.77	62.75	20.21	108.72	39.74
149	2214	大立科技	31.46	7.41	68.47	107.34	39.24
150	2141	蓉胜超微	20.36	12.96	72.43	105.75	38.66
151	2061	江山化工	28.40	20.61	56.45	105.46	38.55
152	2108	沧州明珠	29.96	-0.25	75.44	105.14	38.44
153	2051	中工国际	18.88	6.02	80.09	104.99	38.38
154	2216	三全食品	27.97	7.23	69.55	104.75	38.29
155	2179	中航光电	34.15	-2.32	72.42	104.25	38.11
156	2027	七喜控股	11.37	12.92	79.01	103.30	37.76
157	2240	威华股份	33.33	29.74	39.03	102.10	37.32
158	2114	罗平锌电	41.67	3.04	57.33	102.04	37.30
159	2234	民和股份	26.61	-0.45	75.27	101.44	37.08
160	2101	广东鸿图	24.31	0.84	76.20	101.35	37.05
161	2050	三花股份	20.68	3.12	76.70	100.50	36.74
162	2016	威尔科技	0.55	-62.48	161.48	99.55	36.39
163	2175	广陆数测	34.20	1.29	63.33	98.82	36.13

续表

序号（2006）	股票代码	股票简称	营利性得分	加速性得分	稳健性得分	成长性得分	成长性修正得分
164	2057	中钢天源	17.94	3.54	77.01	98.48	36.00
165	2035	华帝股份	16.81	-2.30	83.81	98.32	35.94
166	2009	天奇股份	23.60	3.23	70.94	97.76	35.74
167	2026	山东威达	21.32	-9.85	86.28	97.75	35.73
168	2162	斯米克	21.64	8.33	67.73	97.70	35.71
169	2120	新海股份	26.24	17.25	54.15	97.64	35.69
170	2102	冠福家用	21.08	-0.78	75.50	95.80	35.02
171	2094	青岛金王	16.76	-1.17	80.20	95.79	35.02
172	2217	联合化工	37.99	-15.05	72.74	95.68	34.98
173	2191	劲嘉股份	34.48	-5.27	66.29	95.50	34.91
174	2127	新民科技	23.37	8.54	63.48	95.39	34.87
175	2176	江特电机	31.04	5.50	58.57	95.11	34.77
176	2149	西部材料	19.30	9.75	65.51	94.56	34.57
177	2164	东力传动	31.15	15.52	47.67	94.34	34.49
178	2082	栋梁新材	10.80	18.43	64.15	93.39	34.14
179	2224	三力士	19.46	-2.50	75.70	92.67	33.88
180	2092	中泰化学	23.29	0.32	68.68	92.29	33.74
181	2116	中国海诚	20.84	-8.03	78.80	91.61	33.49
182	2062	宏润建设	14.87	3.51	73.11	91.49	33.44
183	2103	广博股份	25.93	-14.74	79.94	91.13	33.31
184	2199	东晶电子	32.53	13.50	45.06	91.09	33.30
185	2125	湘潭电化	15.17	7.95	67.92	91.05	33.28
186	2018	华星化工	18.00	9.90	63.12	91.02	33.27
187	2128	露天煤业	54.29	-9.13	45.67	90.82	33.20
188	2099	海翔药业	19.59	-8.90	79.62	90.31	33.01
189	2066	瑞泰科技	21.45	0.94	67.90	90.30	33.01
190	2163	三鑫股份	19.60	4.95	65.74	90.29	33.00
191	2262	恩华药业	11.37	4.36	74.14	89.87	32.85
192	2115	三维通信	24.60	3.46	60.63	88.69	32.42
193	2055	得润电子	14.28	-1.82	75.84	88.30	32.28
194	2060	粤水电	12.49	2.59	72.39	87.47	31.98
195	2040	南京港	28.35	-33.22	91.56	86.69	31.69
196	2211	宏达新材	31.58	9.53	45.33	86.44	31.60
197	2159	三特索道	16.66	2.48	66.60	85.73	31.34
198	2238	天威视讯	17.90	7.04	59.85	84.79	31.00
199	2077	大港股份	16.33	-4.23	72.57	84.67	30.95

续表

序号(2006)	股票代码	股票简称	营利性得分	加速性得分	稳健性得分	成长性得分	成长性修正得分
200	2005	德豪润达	4.10	-4.73	84.28	83.65	30.58
201	2043	兔宝宝	3.23	4.66	75.15	83.04	30.36
202	2080	中材科技	18.60	-0.97	65.17	82.81	30.27
203	2233	塔牌集团	17.30	11.09	53.07	81.46	29.78
204	2112	三变科技	15.96	-0.21	64.96	80.71	29.51
205	2085	万丰奥威	11.78	-6.30	75.04	80.53	29.44
206	2223	鱼跃医疗	31.82	-22.54	71.12	80.41	29.39
207	2053	云南盐化	24.11	0.02	55.95	80.08	29.28
208	2105	信隆实业	10.30	-4.57	74.14	79.87	29.20
209	2145	中核钛白	14.17	19.22	45.21	78.60	28.73
210	2064	华峰氨纶	20.60	-30.73	88.25	78.13	28.56
211	2160	常铝股份	14.18	-2.90	66.84	78.12	28.56
212	2110	三钢闽光	23.80	-11.36	65.22	77.66	28.39
213	2113	天润发展	17.96	10.46	48.53	76.95	28.13
214	2126	银轮股份	22.78	-3.20	55.31	74.88	27.37
215	2078	太阳纸业	17.40	-10.17	67.01	74.24	27.14
216	2071	江苏宏宝	15.33	-14.72	73.10	73.71	26.95
217	2157	正邦科技	11.69	-0.67	62.20	73.23	26.77
218	2041	登海种业	5.30	-58.25	126.08	73.12	26.73
219	2052	同洲电子	16.52	-10.16	66.31	72.67	26.56
220	2146	荣盛发展	36.35	13.93	20.02	70.30	25.70
221	2139	拓邦电子	20.01	-1.02	50.69	69.68	25.47
222	2034	美欣达	7.01	-17.73	75.72	65.00	23.76
223	2067	景兴纸业	14.91	-7.09	56.06	63.88	23.35
224	2058	威尔泰	19.97	-36.65	79.38	62.69	22.92
225	2059	世博股份	11.60	-25.41	70.70	56.89	20.80
226	2047	成霖股份	6.96	-21.76	70.60	55.80	20.40
227	2072	德棉股份	8.12	-5.21	49.21	52.12	19.05
228	2075	高新张铜	8.32	4.22	32.94	45.49	16.63
229	2124	天邦股份	21.57	-11.85	35.50	45.23	16.53
230	2087	新野纺织	5.72	-49.82	87.23	43.14	15.77
231	2001	新和成	8.32	-23.91	58.00	42.42	15.51
232	2020	京新药业	6.03	-21.36	54.94	39.61	14.48
233	2012	凯恩股份	4.52	-41.83	75.15	37.83	13.83
234	2002	江苏琼花	0.43	-57.92	68.23	10.75	3.93
235	2042	飞亚股份	-0.30	-70.54	63.87	-6.96	-2.55
236	2006	精工科技	1.57	-47.65	-5.41	-51.50	-18.83
237	2039	黔源电力	-5.86	-107.74	-23.05	-136.65	-49.95

表2　　　　2007年中小企业板企业成长性评价排序表

序号（2007）	股票代码	股票简称	营利性得分	加速性得分	稳健性得分	成长性得分	成长性得分修正
1	2019	鑫富药业	101.94	394.40	98.25	594.59	217.36
2	2011	盾安环境	30.99	300.00	75.78	406.77	148.70
3	2038	双鹭药业	97.30	39.02	206.17	342.49	125.20
4	2242	九阳股份	87.57	153.43	94.61	335.61	122.68
5	2250	联化科技	85.86	105.96	102.98	294.80	107.77
6	2064	华峰氨纶	82.58	117.15	83.06	282.78	103.37
7	2059	世博股份	17.74	125.47	136.85	280.06	102.38
8	2148	北纬通信	49.31	18.07	198.49	265.87	97.19
9	2258	利尔化学	112.55	6.76	100.09	219.40	80.20
10	2004	华邦制药	87.97	52.50	73.69	214.16	78.29
11	2106	莱宝高科	64.60	3.94	144.55	213.09	77.90
12	2252	上海莱士	84.20	13.20	115.37	212.78	77.78
13	2152	广电运通	60.56	58.89	92.67	212.13	77.54
14	2153	石基信息	67.07	38.10	106.77	211.93	77.47
15	2147	方圆支承	68.92	48.80	93.88	211.59	77.35
16	2195	海隆软件	39.33	22.81	141.00	203.14	74.26
17	2022	科华生物	69.21	14.33	116.65	200.19	73.18
18	2218	拓日新能	90.75	5.16	103.08	198.99	72.74
19	2095	生意宝	73.52	10.01	107.90	191.43	69.98
20	2161	远望谷	59.40	28.39	102.86	190.65	69.69
21	2033	丽江旅游	74.78	10.53	103.85	189.16	69.15
22	2266	浙富股份	49.84	68.60	67.31	185.75	67.90
23	2151	北斗星通	52.34	37.37	93.45	183.16	66.95
24	2249	大洋电机	63.23	43.22	72.43	178.87	65.39
25	2267	陕天然气	50.80	8.40	118.89	178.09	65.10
26	2063	远光软件	58.38	12.26	107.22	177.86	65.02
27	2025	航天电器	41.26	7.54	127.82	176.62	64.57
28	2236	大华股份	66.61	21.45	88.36	176.41	64.49
29	2138	顺络电子	54.89	24.13	94.91	173.94	63.58
30	2121	科陆电子	50.71	36.72	86.28	173.71	63.50
31	2205	国统股份	48.49	77.30	47.06	172.85	63.19
32	2222	福晶科技	76.25	3.28	92.24	171.77	62.79
33	2229	鸿博股份	71.59	8.31	91.77	171.67	62.75
34	2154	报喜鸟	45.89	36.52	88.74	171.15	62.57
35	2007	华兰生物	57.85	9.86	103.40	171.10	62.55
36	2198	嘉应制药	56.06	13.97	100.68	170.71	62.40
37	2194	武汉凡谷	48.57	32.84	88.39	169.79	62.07
38	2180	万力达	53.19	15.93	100.43	169.56	61.98
39	2230	科大讯飞	60.43	12.60	95.16	168.18	61.48

续表

序号（2007）	股票代码	股票简称	营利性得分	加速性得分	稳健性得分	成长性得分	成长性得分修正
40	2256	彩虹精化	59.13	16.93	91.84	167.89	61.37
41	2140	东华科技	20.88	28.79	118.06	167.72	61.31
42	2227	奥特迅	72.40	8.70	86.06	167.16	61.11
43	2028	思源电气	47.03	40.56	79.23	166.83	60.98
44	2237	恒邦股份	39.74	32.02	94.95	166.72	60.95
45	2051	中工国际	22.88	6.37	136.91	166.16	60.74
46	2129	中环股份	22.85	-5.75	147.23	164.33	60.07
47	2197	证通电子	40.27	34.72	88.99	163.98	59.95
48	2235	安妮股份	48.34	27.20	84.69	160.23	58.57
49	2024	苏宁电器	36.09	31.13	92.25	159.47	58.29
50	2215	诺普信	52.59	36.68	69.83	159.10	58.16
51	2088	鲁阳股份	50.31	17.55	89.94	157.80	57.68
52	2241	歌尔声学	49.71	63.02	44.90	157.63	57.62
53	2247	帝龙新材	58.57	15.70	82.67	156.95	57.37
54	2219	独一味	48.22	21.97	86.74	156.92	57.36
55	2158	汉钟精机	33.96	27.53	92.79	154.28	56.40
56	2150	江苏通润	37.24	22.24	94.47	153.94	56.27
57	2168	深圳惠程	35.26	8.14	109.79	153.19	56.00
58	2118	紫鑫药业	52.13	20.88	80.11	153.12	55.98
59	2268	卫士通	44.85	15.97	91.01	151.82	55.50
60	2128	露天煤业	49.13	16.91	85.78	151.82	55.50
61	2123	荣信股份	42.89	30.17	77.78	150.84	55.14
62	2255	海陆重工	38.68	20.97	91.17	150.81	55.13
63	2234	民和股份	46.88	29.77	71.53	148.18	54.17
64	2056	横店东磁	27.53	15.96	104.25	147.74	54.01
65	2264	新华都	45.76	24.00	77.58	147.35	53.86
66	2226	江南化工	55.54	4.23	86.12	145.88	53.33
67	2023	海特高新	29.70	8.82	106.31	144.83	52.94
68	2177	御银股份	45.65	39.39	59.36	144.41	52.79
69	2187	广百股份	22.25	23.34	98.01	143.59	52.49
70	2116	中国海诚	16.53	25.77	100.90	143.19	52.35
71	2104	恒宝股份	37.58	13.22	92.35	143.15	52.33
72	2207	准油股份	28.94	1.99	112.06	142.99	52.27
73	2032	苏泊尔	22.79	23.51	95.74	142.04	51.92
74	2134	天津普林	28.75	14.87	98.02	141.65	51.78
75	2137	实益达	28.75	14.70	98.02	141.47	51.72

续表

序号（2007）	股票代码	股票简称	营利性得分	加速性得分	稳健性得分	成长性得分	成长性得分修正
76	2003	伟星股份	38.82	18.71	83.79	141.32	51.66
77	2239	金飞达	51.46	13.67	75.95	141.09	51.57
78	2122	天马股份	38.20	43.13	59.11	140.45	51.34
79	2029	七匹狼	26.79	37.45	75.88	140.12	51.22
80	2190	成飞集成	31.19	6.83	101.82	139.83	51.12
81	2008	大族激光	30.62	38.36	70.79	139.78	51.10
82	2179	中航光电	33.19	21.32	83.83	138.34	50.57
83	2093	国脉科技	42.04	18.52	77.45	138.01	50.45
84	2107	沃华医药	44.88	12.69	79.53	137.10	50.12
85	2073	青岛软控	42.18	15.74	78.32	136.24	49.80
86	2251	步步高	31.40	17.92	86.20	135.51	49.54
87	2117	东港股份	29.71	11.92	93.49	135.13	49.40
88	2005	德豪润达	6.53	53.89	74.09	134.51	49.17
89	2200	绿大地	40.25	22.45	71.45	134.15	49.04
90	2183	怡亚通	10.65	72.02	51.35	134.02	48.99
91	2049	晶源电子	27.54	7.79	98.46	133.79	48.91
92	2130	沃尔核材	35.88	22.12	75.35	133.35	48.75
93	2018	华星化工	24.11	37.52	71.39	133.02	48.63
94	2185	华天科技	27.90	25.24	79.69	132.83	48.56
95	2047	成霖股份	11.38	14.31	107.04	132.73	48.52
96	2231	奥维通信	49.95	5.95	76.47	132.36	48.39
97	2096	南岭民爆	33.05	8.45	90.55	132.05	48.27
98	2257	立立电子	48.65	13.69	69.11	131.45	48.05
99	2214	大立科技	43.71	13.06	73.94	130.72	47.79
100	2156	通富微电	15.60	7.40	107.08	130.08	47.55
101	2217	联合化工	47.91	12.43	69.49	129.82	47.46
102	2046	轴研科技	30.93	4.71	93.33	128.97	47.15
103	2054	德美化工	29.72	13.62	84.83	128.18	46.86
104	2092	中泰化学	22.38	29.07	76.72	128.17	46.85
105	2196	方正电机	21.20	17.61	89.36	128.17	46.85
106	2014	永新股份	19.94	11.54	96.51	127.99	46.79
107	2031	巨轮股份	39.93	8.59	79.09	127.61	46.65
108	2115	三维通信	30.25	24.07	72.70	127.02	46.43
109	2243	通产丽星	38.13	11.17	77.36	126.66	46.30
110	2191	劲嘉股份	26.96	15.86	83.04	125.86	46.01
111	2212	南洋股份	38.24	3.48	83.89	125.61	45.92

续表

序号(2007)	股票代码	股票简称	营利性得分	加速性得分	稳健性得分	成长性得分	成长性得分修正
112	2109	兴化股份	32. 24	11. 00	81. 77	125. 01	45. 70
113	2164	东力传动	31. 75	21. 00	72. 20	124. 96	45. 68
114	2165	红宝丽	30. 84	31. 00	63. 01	124. 86	45. 64
115	2058	威尔泰	16. 61	3. 80	103. 73	124. 14	45. 38
116	2225	濮耐股份	35. 33	19. 88	68. 86	124. 06	45. 35
117	2001	新和成	13. 62	25. 99	84. 18	123. 78	45. 25
118	2132	恒星科技	29. 15	22. 48	72. 04	123. 67	45. 21
119	2036	宜科科技	13. 00	-1. 93	112. 55	123. 62	45. 19
120	2223	鱼跃医疗	42. 84	3. 42	76. 97	123. 23	45. 05
121	2221	东华能源	20. 56	8. 48	94. 00	123. 04	44. 98
122	2253	川大智胜	39. 24	8. 09	75. 68	123. 01	44. 97
123	2017	东信和平	18. 14	25. 94	78. 50	122. 59	44. 81
124	2041	登海种业	9. 31	13. 61	99. 66	122. 57	44. 81
125	2184	海得控制	20. 31	18. 56	83. 62	122. 49	44. 78
126	2131	利欧股份	24. 35	21. 84	76. 20	122. 39	44. 74
127	2224	三力士	23. 41	9. 45	89. 44	122. 30	44. 71
128	2186	全聚德	22. 12	10. 39	89. 74	122. 25	44. 69
129	2181	粤传媒	26. 92	7. 53	87. 29	121. 74	44. 50
130	2097	山河智能	38. 56	25. 66	57. 38	121. 60	44. 45
131	2076	雪莱特	36. 55	6. 21	78. 83	121. 59	44. 45
132	2103	广博股份	27. 13	7. 32	86. 20	120. 64	44. 10
133	2260	伊立浦	29. 43	11. 61	79. 43	120. 48	44. 04
134	2233	塔牌集团	27. 95	19. 02	72. 89	119. 86	43. 82
135	2174	梅花伞	24. 71	20. 04	74. 50	119. 25	43. 59
136	2189	利达光电	19. 39	8. 47	91. 04	118. 90	43. 46
137	2030	达安基因	34. 17	7. 17	77. 26	118. 60	43. 35
138	2127	新民科技	17. 94	24. 16	76. 28	118. 39	43. 28
139	2048	宁波华翔	21. 27	21. 95	74. 84	118. 05	43. 16
140	2040	南京港	21. 68	-7. 37	103. 39	117. 70	43. 03
141	2213	特尔佳	42. 33	11. 06	63. 90	117. 29	42. 88
142	2083	孚日股份	12. 21	10. 29	94. 45	116. 95	42. 75
143	2262	恩华药业	18. 54	20. 75	76. 68	115. 97	42. 39
144	2204	华锐铸钢	41. 47	19. 10	55. 38	115. 95	42. 38
145	2026	山东威达	23. 36	7. 24	84. 94	115. 54	42. 24
146	2065	东华合创	29. 85	10. 73	74. 63	115. 21	42. 12
147	2050	三花股份	21. 86	7. 33	85. 93	115. 13	42. 09

续表

序号（2007）	股票代码	股票简称	营利性得分	加速性得分	稳健性得分	成长性得分	成长性得分修正
148	2175	广陆数测	27.03	9.71	77.93	114.66	41.92
149	2238	天威视讯	20.80	0.54	92.89	114.23	41.76
150	2111	威海广泰	38.71	24.67	50.80	114.18	41.74
151	2087	新野纺织	13.04	4.87	95.36	113.27	41.41
152	2044	江苏三友	16.74	-0.97	97.22	112.99	41.30
153	2043	兔宝宝	14.33	4.33	94.26	112.92	41.28
154	2155	辰州矿业	24.64	17.92	70.24	112.80	41.24
155	2120	新海股份	21.30	18.32	73.18	112.80	41.23
156	2133	广宇集团	29.21	55.03	26.73	110.97	40.57
157	2228	合兴包装	31.82	24.36	54.33	110.51	40.40
158	2166	莱茵生物	27.52	10.87	71.88	110.27	40.31
159	2037	久联发展	18.90	0.01	91.05	109.96	40.20
160	2021	中捷股份	18.77	7.80	82.72	109.28	39.95
161	2206	海利得	35.42	5.97	67.85	109.23	39.93
162	2091	江苏国泰	20.93	2.84	85.27	109.04	39.86
163	2192	路翔股份	27.92	25.50	55.41	108.83	39.78
164	2013	中航精机	14.86	18.23	74.52	107.61	39.34
165	2193	山东如意	21.34	10.89	75.30	107.53	39.31
166	2199	东晶电子	25.72	10.39	70.52	106.62	38.98
167	2081	金螳螂	17.88	15.15	73.12	106.15	38.80
168	2141	蓉胜超微	15.21	10.28	80.45	105.93	38.73
169	2055	得润电子	17.96	12.72	74.83	105.51	38.57
170	2162	斯米克	14.70	4.50	86.00	105.20	38.46
171	2188	新嘉联	20.20	7.03	77.85	105.08	38.41
172	2100	天康生物	22.07	11.41	71.54	105.03	38.39
173	2009	天奇股份	22.37	20.67	61.97	105.01	38.39
174	2090	金智科技	26.67	1.34	76.82	104.84	38.32
175	2171	精诚铜业	17.51	20.04	67.14	104.70	38.27
176	2245	澳洋顺昌	30.97	13.91	59.80	104.69	38.27
177	2085	万丰奥威	13.20	7.94	83.26	104.39	38.16
178	2069	獐子岛	45.96	1.64	56.60	104.20	38.09
179	2084	海鸥卫浴	21.34	-1.02	83.68	104.00	38.02
180	2246	北化股份	33.46	0.65	69.86	103.96	38.01
181	2015	霞客环保	20.44	9.87	73.27	103.58	37.86
182	2178	延华智能	26.09	9.72	66.16	101.97	37.28
183	2082	栋梁新材	18.82	17.07	65.12	101.01	36.93

续表

序号(2007)	股票代码	股票简称	营利性得分	加速性得分	稳健性得分	成长性得分	成长性得分修正
184	2209	达意隆	24.58	9.14	67.00	100.72	36.82
185	2113	天润发展	16.39	3.24	79.34	98.97	36.18
186	2176	江特电机	24.49	17.76	56.58	98.83	36.13
187	2110	三钢闽光	26.68	13.68	58.06	98.42	35.98
188	2149	西部材料	17.49	11.60	68.68	97.77	35.74
189	2136	安纳达	13.67	5.71	77.99	97.37	35.59
190	2052	同洲电子	20.15	23.22	53.95	97.32	35.58
191	2010	传化股份	29.39	3.44	64.13	96.96	35.45
192	2066	瑞泰科技	19.90	20.61	56.14	96.65	35.33
193	2062	宏润建设	19.15	16.90	60.46	96.51	35.28
194	2053	云南盐化	16.99	10.24	69.22	96.45	35.26
195	2072	德棉股份	8.24	-0.02	87.98	96.20	35.17
196	2143	高金食品	12.83	14.67	68.70	96.20	35.17
197	2035	华帝股份	6.00	-6.97	96.69	95.72	34.99
198	2211	宏达新材	41.11	18.91	35.66	95.68	34.98
199	2098	浔兴股份	21.44	9.53	64.00	94.97	34.72
200	2074	东源电器	22.64	9.49	62.78	94.91	34.69
201	2216	三全食品	24.12	4.79	65.86	94.77	34.65
202	2144	宏达经编	15.41	4.37	74.86	94.64	34.59
203	2220	天宝股份	35.00	29.02	30.13	94.15	34.42
204	2099	海翔药业	11.04	-4.52	87.10	93.62	34.22
205	2169	智光电气	24.07	20.42	48.38	92.87	33.95
206	2173	山下湖	28.29	17.81	46.24	92.35	33.76
207	2160	常铝股份	10.92	8.77	72.33	92.02	33.64
208	2057	中钢天源	9.31	-3.94	86.27	91.63	33.50
209	2006	精工科技	2.15	1.16	87.51	90.82	33.20
210	2079	苏州固锝	13.75	-1.86	77.70	89.59	32.75
211	2102	冠福家用	14.08	0.09	75.29	89.46	32.70
212	2101	广东鸿图	19.00	2.36	67.64	89.00	32.53
213	2244	滨江集团	46.61	43.39	-1.23	88.76	32.45
214	2170	芭田股份	22.79	25.91	39.76	88.46	32.34
215	2080	中材科技	19.78	9.10	59.37	88.25	32.26
216	2089	新海宜	23.96	5.53	58.63	88.12	32.21
217	2163	三鑫股份	15.30	13.83	58.88	88.02	32.17
218	2078	太阳纸业	21.29	5.75	59.96	87.00	31.80
219	2201	九鼎新材	17.28	13.27	56.17	86.72	31.70

续表

序号（2007）	股票代码	股票简称	营利性得分	加速性得分	稳健性得分	成长性得分	成长性得分修正
220	2232	启明信息	37.53	3.88	45.19	86.60	31.66
221	2203	海亮股份	21.56	9.11	55.20	85.87	31.39
222	2240	威华股份	43.87	27.05	14.91	85.83	31.38
223	2157	正邦科技	13.18	16.68	55.46	85.32	31.19
224	2159	三特索道	22.96	8.91	50.63	82.51	30.16
225	2045	广州国光	21.73	5.11	55.65	82.48	30.15
226	2208	合肥城建	44.26	5.93	31.88	82.07	30.00
227	2077	大港股份	19.39	12.05	50.33	81.77	29.89
228	2068	黑猫股份	18.55	9.76	52.80	81.11	29.65
229	2126	银轮股份	14.35	12.69	51.69	78.73	28.78
230	2119	康强电子	21.75	14.80	42.15	78.70	28.77
231	2114	罗平锌电	29.42	14.52	33.09	77.03	28.16
232	2146	荣盛发展	37.64	28.21	9.98	75.83	27.72
233	2070	众和股份	18.67	3.90	53.19	75.76	27.69
234	2124	天邦股份	11.81	21.49	41.91	75.21	27.49
235	2105	信隆实业	8.05	-3.77	70.70	74.98	27.41
236	2027	七喜控股	9.70	-4.17	61.68	67.21	24.57
237	2071	江苏宏宝	3.41	-14.74	78.34	67.01	24.50
238	2086	东方海洋	17.95	12.80	35.18	65.93	24.10
239	2061	江山化工	21.45	-0.96	44.79	65.27	23.86
240	2060	粤水电	11.53	5.07	47.51	64.11	23.44
241	2139	拓邦电子	13.69	15.52	34.79	64.00	23.39
242	2034	美欣达	5.18	-3.04	60.87	63.01	23.03
243	2182	云海金属	13.84	16.80	32.30	62.94	23.01
244	2145	中核钛白	0.46	-18.26	80.42	62.62	22.89
245	2108	沧州明珠	17.97	2.36	42.13	62.46	22.83
246	2094	青岛金王	15.05	3.44	43.84	62.33	22.79
247	2210	飞马国际	34.17	18.40	7.46	60.04	21.95
248	2112	三变科技	11.84	8.87	34.31	55.02	20.11
249	2067	景兴纸业	12.94	18.57	13.50	45.01	16.45
250	2125	湘潭电化	-0.18	-15.40	56.06	40.48	14.80
251	2248	华东数控	4.89	-21.29	54.78	38.38	14.03
252	2002	江苏琼花	-17.45	-17.87	70.60	35.28	12.90
253	2039	黔源电力	7.38	26.97	-12.21	22.14	8.09
254	2020	京新药业	0.02	-16.11	28.10	12.02	4.39
255	2135	东南网架	10.27	1.14	-11.94	-0.53	-0.19
256	2075	高新张铜	36.55	6.21	-51.86	-9.10	-3.33
257	2012	凯恩股份	-10.13	-50.39	36.21	-24.32	-8.89
258	2016	威尔科技	-136.72	-87.21	77.88	-146.05	-53.39
259	2042	飞亚股份	-40.41	-710.41	55.51	-695.31	-254.18

参考文献

[1] 高正平:《中小企业融资新论》，中国金融出版社 2004 年版。

[2] 台湾经济部中小企业处:《2001 年中小企业白皮书》。

[3] 张玉利:《小企业成长的管理障碍》，天津大学出版社 2001 年版。

[4] 罗国勋:《二十一世纪中国中小企业的发展》，社会科学文献出版社 1999 年版。

[5] [韩国] 徐剑峰、朴姬福:《中小企业》，东方出版社 1995 年版。

[6] 刘东、杜占元:《中小企业与技术创新》，社会科学文献出版社 1998 年版。

[7] 陈乃醒:《中小企业经营与发展》，经济管理出版社 1999 年版。

[8] 邓荣霖:《中小企业制定与市场经济》，中国人民大学出版社 1999 年版。

[9]《简报·2005 年中国成长型中小企业发展报告》，国家发展改革委中小企业司 2006 年第 14 期（总第 275 期）。

[10] 杨松玲:《影响中小企业成长轨迹的因素实证研究》，2003 年 3 月 31 日。

[11] 万兴亚:《中小企业成长原理与方略》，人民出版社 2005 年版。

[12] 林汉川、管鸿禧等:《我国中小企业竞争力评价与实证研究》，中国财政经济出版社 2004 年版。

[13] 伊查克·爱迪思:《企业生命周期》，中国社会科学出版社 1997 年版。

[14] 马歇尔:《经济学原理》，商务印书馆 1981 年版。

[15]《看得见的手——美国企业的管理革命》，商务印书馆 1987 年版。

[16] 小艾尔弗雷德·D·钱德勒:《企业规模经济与范围经济》，中国社会科学出版社 1999 年版。

[17] 范柏乃、沈荣芳、陈德棉:《中小企业信用评价指标的理论遴选与实证分析》，载于《科研管理》2003 年第 11 期。

[18] 修振海、王龙伟：《风险投资的项目评价指标体系研究》，载于《中原工学院学报》2002 年第 3 期。
[19] 乔冒玲：《构建企业成长性评价指标体系初探》，载于《南京工业大学学报》2002 年第 3 期。
[20] 王竹：《企业成长性模型及评估体系研究》，载于《福建行政学院学报》2003 年第 1 期。
[21] 薛虹：《高科研初创企业管理风险评价体系的研究》，载于《西安工业学院学报》2004 年第 6 期。
[22] 毛运祥：《基于时序立体数据表的上市公司成长性综合评价》，载于《上海大学学报》2004 年第 12 期。
[23] 慕静：《基于主成分分析法的中小企业成长性评价模型及其应用》，载于《系统工程理论方法应用》2005 年第 8 期。
[24] 陈晓红：《基于 GRA 的中小上市公司成长性评价研究》，载于《证券市场导报》2005 年第 5 期。
[25] 隋波：《企业成长评价模型》，载于《系统工程》2005 年第 6 期。
[26] 程海峰：《基于层次分析的企业成长性评价模型研究》，载于《统计与决策》2005 年第 9 期。
[27] 王举颖：《基于 BSC - ANP 科技型中小企业成长评价研究》，载于《科学与研究》2006 年第 8 期。
[28] 李国伟：《高新技术企业成长影响因素及其影响力初评研究》，载于《科技与经济》2006 年第 5 期。
[29] 李柏洲：《中小企业成长理论评述及其创新研究》，载于《科技进步与对策》2006 年第 12 期。
[30] 李柏洲：《层次分析法在高技术企业成长力评价中的应用》，载于《高科技与产业化》2004 年第 9 期。
[31] 杨红丽：《从企业绩效评价指标体系的历史演进看发展趋势》，载于《经济视角》2007 年第 3 期。
[32] 陈英梅、丛静：《企业活力评价指标体系的建立与综合评价》，载于《辽宁工学院学报》2004 年第 6 卷第 1 期。
[33] 李先江：《企业发展力三要素的和谐性分析》，载于《理论月刊》2007 年第 1 期。
[34] 《2005 年中国成长型中小企业发展报告》，国家发展改革委中小企业司《简报》2006 年第 14 期（总第 275 期）。

［35］张玉利：《中小企业成长中的复杂性管理及知识显性化问题研究》，载于《外国经济与管理》2002 年第 3 期。
［36］谢康：《企业成长的四道门槛》，载于《IT 经理世界》2003 年第 23 期。
［37］王元、梁桂：《中国创业风险投资发展报告 2006》，经济管理出版社 2006 年版。
［38］《2007 年中国创业投资市场研究报告》，www. chinaventure. com. cn.
［39］李维安：《现代企业活力理论与评价》，中国财政经济出版社 2002 年版。
［40］梁汉星：《从机会成长到竞争力成长》，载于《民营经济报》2005 年 1 月 28 日。
［41］黄津孚：《企业发展潜力：评价、分析与挖掘、提升》，经济管理出版社 2001 年版。
［42］许晓明、徐震：《基于资源基础观的企业成长理论探讨》，载于《研究与发展管理》2005 年第 2 期。
［43］傅慧：《两种资源基础观模型：界定与研究启示》，载于《科技管理研究》2006 年第 26 卷第 11 期。
［44］许可、徐二明：《企业资源学派与能力学派的回顾与比较》，载于《经济管理》2002 年第 2 期。
［45］安景玲、齐二石：《基于资源与能力的竞争力理论研究综述》，中国论文下载中心。
［46］薄西迪：《赢在成长力——企业持续成长的原动力》，经济管理出版社 2006 年版。
［47］约翰·拉塞尔：《成长力企业持续盈利的 10 大策略》，企业管理出版社 2004 年版。
［48］保罗·托马斯：《成长力》，国际文化出版公司 2004 年版。
［49］詹姆斯·柯林斯、杰里·I·波勒斯：《基业长青》，中信出版社 2005 年版。
［50］阿里·德赫斯：《长寿公司》，经济日报出版社 1998 年版。
［51］金碚：《竞争力经济学》，广东经济出版社 2003 年版。
［52］毛蕴诗：《广东企业 50 强——成长与重构》，清华大学出版社 2005 年版。
［53］贾书章：《中小企业存在和成长的不同阶段之经济学释义——兼议我国中小企业的成长路径》，载于《集团经济研究》2006 年第 28 期。

[54] 杨文斌：《企业能力与企业成长动态关系研究》，载于《集团经济研究》2006 年第 5 期。
[55] 周晖、彭星间：《企业生命模型初探》，载于《中国软科学》2000 年第 10 期。
[56] 李允尧、王国顺：《动态企业理论述评》，载于《中南大学学报（社会科学版）》2004 年第 5 期。
[57] 郝臣：《中小企业成长制度环境评价研究》，载于《现代管理科学》2005 年第 10 期。
[58] 修振海、王龙伟：《风险投资的项目评价指标体系研究》，载于《中原工学院学报》2002 年第 3 期。
[59] 周国红、陆立军：《科技型中小企业成长环境评价指标体系研究》，载于《数量经济技术经济研究》2002 年第 2 期。
[60] 朱顺泉：《基于突变级数法的上市公司绩效综合评价研究》，载于《系统工程理论与实践》2002 年第 2 期。
[61] 齐安甜：《基于成长期权的企业价值评估模型》，载于《管理工程学报》2003 年第 1 期。
[62] 张晓兵、黄建：《金融风险评价指标体系及综合评价方法研究》，载于《统计与信息论坛》2003 年第 3 期。
[63] 隋波：《企业成长评价模型》，载于《系统工程》2005 年第 6 期。
[64] 程海峰：《基于层次分析的企业成长性评价模型》，载于《统计与决策》2005 年第 9 期。
[65] 于春红：《中小高科技企业动态信用评价研究》，载于《哈尔滨商业大学学报》2006 年第 3 期。
[66] 王向阳、徐鸿：《企业成长性标准的界定研究》，载于《中国软科学》2001 年第 7 期。
[67] 张玉利、任学锋：《小企业成长的管理障碍》，天津大学出版社 2001 年版。
[68] 李维安等：《现代企业活力理论与评价》，中国财政经济出版社 2002 年版。
[69] 徐向艺：《企业制度变迁与管理创新》，山东大学出版社 1997 年版。
[70] 金碚：《竞争力经济学》，广东经济出版社 2004 年版。
[71] 黄津孚：《企业发展潜力——分析评价与挖掘提升》，首都经济贸易大学出版社 2001 年版。

[72] 杨杜：《企业成长论》，中国人民大学出版社 1996 年版。
[73] 胡大立：《企业竞争力论》，经济管理出版社 2001 年版。
[74] 张玉利、徐海林：《中小企业成长中的复杂性管理及知识显性化问题研究》，载于《南开大学学报》2002 年第 4 期。
[75] 王向阳、徐鸿：《企业成长性标准的界定研究》，载于《中国软科学》2001 年第 7 期。
[76] 邬爱其、贾生华：《国外企业成长理论研究框架探析》，载于《外国经济与管理》2002 年第 12 期。
[77] 陈海秋：《企业竞争力的评价方法与指标体系研究述评》，载于《工业企业管理》2004 年第 5 期。
[78] 尚增健：《我国中小企业成长性的实证研究》，载于《财贸经济》2002 年第 9 期。
[79] 范柏乃、沈荣芳、陈德棉：《中国风险企业成长性评价指标体系研究》，载于《科研管理》2001 年第 1 期。
[80] 陈高林：《成长期民营中小企业扩张战略研究》，载于《四川大学学报》2005 年第 1 期。
[81] 许晓明、徐霞：《基于资源基础观的企业成长理论探讨》，载于《研究与发展管理》2005 年第 4 期。
[82] 许正良：《基于内在结构的企业核心竞争力评价体系》，载于《吉林大学学报（工学版）》2004 年第 1 期。
[83] 《企业成长与战略管理——山东大学企业管理专业博士生选读论文》，山东大学管理学院自编 2002 年第 1 期。
[84] 吴价宝、达庆利：《企业核心能力的系统识别》，载于《中国软科学》2002 年第 10 期。
[85] 顾一希、吴满琳：《工业企业可持续发展及其评价方法研究》，载于《上海理工大学学报》2001 年第 23 期。
[86] 王爱华等：《企业可持续发展指标体系研究》，载于《生态经济》2001 年第 1 期。
[87] 李新春、胡骥：《企业成长的控制权约束》，载于《南开管理评论》2000 年第 3 期。
[88] 张玉利、段海宁：《中小企业生存与发展的理论基础》，载于《南开管理评论》2001 年第 2 期。
[89] 周建军、王韬：《高科技企业成长性评价体系初探》，载于《科技管

理研究》2002 年第 4 期。
[90] 齐二石、王玲、李钢:《企业管理竞争力及其评价体系研究》,载于《天津大学学报(社会科学版)》2004 年第 1 期。
[91] 杨雄胜、杨臻黛:《企业综合评价指标体系研究》,载于《工业企业管理复印报刊资料》。
[92] 王惠芬:《企业发展潜力的等级划分及其案例分析》,载于《中国科技论坛》2003 年第 1 期。
[93] 周建军、王韬:《高科技企业成长性评价体系初探》,载于《科技管理研究》2002 年第 4 期。
[94] 中国企业联合会课题组:《企业竞争力指标体系的开发与应用》,载于《经济与管理研究》1999 年第 6 期。
[95] 云俊、陈江、张帆:《高新技术企业融资担保信用风险指标体系及评价方法》,载于《武汉大学学报(信息与管理工程版)》2006 年第 10 期。
[96] http://www.cb.com.cn 中国经营报网站。
[97] http://www.ceea.gov.cn 中国企业评价网。
[98] 国家国有资产管理委员会:《国有资本金效绩评价规则》。
[99] 国家发展与改革委员会:《中小企业标准暂行规定》。
[100] 张俊喜、马钧、张玉立:《中国中小企业发展报告 NO.1》,社会科学文献出版社 2005 年版。
[101] 王维红:《美英日扶持中小企业政策的研究》,载于《经济问题》2006 年第 5 期。
[102] 郭子雪:《欧盟对中小企业的扶持及其借鉴》,载于《河北大学学报(哲学社会科学版)》2004 年第 6 期。
[103] 孙明华:《西方各国中小企业扶植理论比较研究》,载于《福建论坛》2007 年第 8 期。
[104] 李雪梅:《国外政府扶持企业技术创新政策探析》,载于《企业活力》2007 年第 8 期。
[105] 何雯茜:《日本中小企业发展的经验对我国的启示》,载于《内蒙古科技与经济》2007 年第 2 期。
[106] 胡振虎、夏厚俊:《国外中小企业政策比较及政策借鉴》,载于《商业研究》2005 年第 2 期。
[107] 宋祎:《政府支持中小企业融资的国际借鉴及对策》,载于《生产

力研究》2006 年第 10 期。
[108] 谭剑:《我国中小企业政策沿革及评价》, 载于《中国工业经济》1999 年第 6 期。
[109] 刘震宇:《走向统一集中的我国中小企业政策》, 载于《改革》1999 年第 6 期。
[110] 王瑞铺等:《中国经济体制改革总览》, 解放军出版社 1995 年版。
[111] 国家发改委中小企业司网站 http://zxqys. ndrc. gov. cn/.
[112] 陈乃醒、傅贤治:《中国中小企业发展报告 (2005 ~2006 中小企业发展与产业集群)》, 中国财政经济出版社 2006 年版。
[113] 浙江省中小企业局网站 www. zjsme. gov. cn.
[114] 山东省中小企业办网站 www. smesd. gov. cn.
[115] 国家发展和改革委员会中小企业司:《中国中小企业发展报告(2007)》, 机械工业出版社 2007 年版。
[116] The Core Competence of The Corporation Prahalad, K. andHamel, Harvard Business Review, 1990.
[117] Managing The Core Competence for Corporate Renewal: Towards a Managerial Theory of The Core Competencies Doz, INSEAD Working Paper, 1994.
[118] The Theory of The Growth of The Firm, Penrose Oxford University Press, 1995.

后　记

美国经济学家杰格仕·谢斯和拉金德拉·西索迪亚在他们所著的《3法则》一书的导言中写道："我们发现了一个令人惊讶的规律。就是在每一个行业中，占统治地位的企业数目限制为3个，任何大于或者小于这个数目的数字都是暂时的。"而且认为："越来越多的证据表明，'3法则'在欧洲和亚洲市场中发生的频率比以前大得多，尤其是随着全球化的到来，这种现象更加明显。"成熟的市场之所以最终会形成这样的结构，是因为企业追求效率。"当追求效率演化成无益的过度竞争时，大多数市场会做出合乎逻辑的反应。在不成熟市场中占多数的新企业经历一次重组后，通常会接连发生几次重组，最终会出现3个最重要的企业"。

两位作者依据众多公司的市场发展史所揭示的"3法则"规律，对于认识和分析我国的市场结构是极其宝贵的工具和框架。到目前为止，我国的市场应该说还是不成熟的，但即使从这个不成熟的市场演进来看，"3法则"规律在中国同样是在一定程度上得到了印证。我国的一些行业如葡萄酒、微波炉等基本由前几位企业主宰市场；一些行业如家电业的彩电、冰箱、洗衣机、空调等都经历了从100多家向5~10家的演进；一些行业如汽车行业正在经历着这样的演进。这就说明，真正能够做大做强的企业最终只有少数几家，大多数企业仍将是中小企业。

置于改革开放30年的背景下，作为数量最多、比例最高的企业群体，我国中小企业的成长发展有了长足的进步，但在新的环境下，其现况与趋势依然不容乐观。2008年8月3日，第二届广东中小企业经济论坛在广州落下了帷幕，中小企业面临的"融资难、成本攀升"等窘境引起国家监管机构、工商业界人士高度关注。据国家发改委中小企业司发布的统计结果显示，在国际经济形势增速放缓，国内宏观调控结构调整等因素影响下，今年相当部分中小企业面临资金链断裂等困难。据初步统计，2008年上半年有6.7万家规模以上的中小企业倒闭。

其实我国中小企业的生命力非常脆弱，平均寿命仅为3～5年。随着全球产业不断发展变化，我国中小企业面临的融资难、社会服务体系不健全、政府支持政策不配套、企业自身技术创新不够、管理薄弱、人才短缺等一般性问题依然存在。同时随着国际经济形势在全球化背景下的动荡不安，以及美国次贷危机引发的全球金融危机的后续影响，中国的中小企业还面临着一些新的问题和挑战：劳动力成本上升、资源价格上涨、环保治理等因素都会使企业成本增加，企业压力越来越大，低成本战略受到挑战；中小企业过去单纯依靠资源投入实现经济增长、单纯依靠生产劳动密集型产品获得利润的思路必须改弦易辙。

以上问题的存在都关乎到中小企业的持续健康成长。也正是基于这样的思考，我们在借鉴专家学者们已有研究成果的基础上，从企业成长的角度提出了中小企业五维度分层评价体系，并结合中国中小板企业的财务数据进行了专题案例研究。目的在于提供一种思考和方法，构建一种尺度和坐标，为中国中小企业的评价体系研究添砖加瓦。

本书是我和天津国正投资咨询公司常务副总经理余大胜先生合作的结果。大胜在山东大学攻读MBA学位时，我作为他的指导教师，我们就曾在山东省中小企业办公室张登方处长的指导下，进行过山东省成长性中小企业的甄选评价工作。大胜勤勉好学，沉静理性，善于思考，是一位很有前途的青年才俊，本书凝结着他的思考和智慧。

我本人对中小企业现实问题的关注始于我的社会兼职。1998年我担任了山东省家具协会的副会长，有机会接触辅导更多的中小企业，并有幸在2008年获得了中国家具协会成立二十周年“杰出贡献奖”。同时我还与清华大学的魏杰教授一同被聘为山东省德州市民营经济研究会的顾问，并为山东省德州、莱芜、东营、临沂等地市不同行业的千余家中小企业讲授过《中小企业持续发展的驱动要素》、《中小企业的十大竞争力》等专题。在与越来越多中小企业负责人的接触过程中，我一直被他们创业的激情与成长的困惑震撼着，也促使我在脑海里勾勒着“中小企业成长系统竞争能力”的研究轨迹。尽管零散发表过“中小企业市场营销的战略选择”、“环境趋同条件下中小企业的十大盈利模式”等学术论文，但囿于自己的能力和精力，对中小企业的研究应当说还刚刚开始。

幸好山东大学管理学院院长徐向艺教授将本书列入企业管理创新丛书系列出版，这对我是一种鞭策和鼓励，我必须不负师恩，继续从实践和理论的契合上深化对中国中小企业的研究与思考。经济科学出版社的吕萍老师对本书的出版，给予了鼎立支持，责任编辑田媛老师细心的指点和出色的工作，为本书增色不少。我的研究生冯伟、陆东辉、郭帅在文献整理、书稿编排、数据分析等方面也做了大量工作。在此深表谢意！

大学毕业至今，我一直主要从事学生的思想政治教育与管理工作。20多年来虽无建树，但育人的理想与责任、学生的评价和认同一直激励着我不计得失、尽心工作。不仅如此，在培养大学生成长、成才的实践中，我愈发感觉到，无论是工作的方式方法，还是育人者自身的专业知识结构，高等学校大学生思想政治教育工作者的专业素养和学术背景，对当代青年学生知识学习体系和人格培育体系的有机融合至关重要。于是我一直努力将教育管理工作与教学科研工作进行最大限度的结合，以期通过自己多年的工作经验和不断汲取的专业知识，引导青年学生全面成长。因此还要特别感谢山东大学管理学院党委左金朝书记、石清云副书记；感谢杨惠馨副院长、吉小青副院长、刘洪渭副院长、戚桂杰副院长、卞江副院长、王惠兰主任；感谢王兴元教授、赵炳新教授、刘岗教授、陈志军教授、丁荣贵教授、王益明教授、潘爱玲教授、钟耕深教授；感谢学院学生工作办公室年轻的同事们，正是他们在工作上的关心、支持和学术上的鼓励、帮助，才使我有了今天的环境与心境。

自然还要感谢我的亲人们。“谁言寸草心，报得三春晖”，每一次哪怕是微不足道的收获，都包含着年迈父母殷切的期望；我的岳父母大人和我的爱人，承担了全部的家务，在呵护小儿的成长中付出了很多，对我的工作给予了全力支持，我在体验大家庭温暖的同时，永远心存感激！

王德胜

2008年9月于山东大学